国家科学思想库

科学文化系列

科学与人生

中国科学院院士传记

程裕淇传

耿元生　潘云唐　琚宜文／著

科学出版社

北　京

内 容 简 介

程裕淇是我国首位从事变质岩（混合岩）研究的学者，首次在我国划分了区域变质带，是我国变质岩石学奠基人。他与其他学者一起提出了矿床成矿系列概念，增强了区域找矿效果，是我国著名的矿床学家。程裕淇在前寒武纪地质研究领域颇有建树，是我国著名的前寒武纪地质学家。程裕淇为推动我国地质科技对外合作与交流，提高我国的地质科技水平，为公益性地质队伍建设殚精竭虑。他在地质科研和科技管理方面都做出了突出贡献。

本书客观、全面、完整地记录了程裕淇院士为地质科学辛勤耕耘的一生，总结了他的学术成就，以及敏于思考、勤于探索、勇于开拓、善于总结的学术作风和工作态度，彰显了他的精神风范和人格魅力，以期继承和发扬他的学术思想，为年轻学子提供学习楷模，并激励他们为我国的科学、教育事业做出贡献。

本书适合以求知为人生追求的青年学子和广大地质工作者阅读与参考。

图书在版编目（CIP）数据

程裕淇传 / 耿元生，潘云唐，琚宜文著. —北京：科学出版社，2022.6
（科学与人生：中国科学院院士传记）
ISBN 978-7-03-072106-8

Ⅰ. ①程… Ⅱ. ①耿… ②潘… ③琚… Ⅲ. ①程裕淇–传记 Ⅳ. ①K826.14

中国版本图书馆 CIP 数据核字（2022）第 064557 号

丛书策划：侯俊琳
责任编辑：张 莉 / 责任校对：韩 杨
责任印制：李 彤 / 封面设计：有道文化

科学出版社出版
北京东黄城根北街 16 号
邮政编码：100717
http://www.sciencep.com

北京虎彩文化传播有限公司印刷
科学出版社发行 各地新华书店经销
*
2022 年 6 月第 一 版 开本：720×1000 1/16
2022 年 8 月第二次印刷 印张：17 1/4 插页：5
字数：280 000

定价：98.00 元

（如有印装质量问题，我社负责调换）

程裕淇，著名地质学家、科技管理专家，我国现代地质科学研究的开拓者之一，我国变质岩学科和前寒武纪地质的主要奠基人。曾任中国地质科学院名誉院长、地质部副部长等。1912 年 10 月出生于浙江省嘉善县一个塾师家庭，自幼酷爱地理，1933 年毕业于清华大学地学系，1938 年获利物浦大学哲学博士学位。2002 年 1 月在北京病逝，享年 90 岁。程裕淇是我国首位从事变质岩（混合岩）研究的学者，首次在我国划分了区域变质带，是我国变质岩石学奠基人。他于 1939 年发现了昆阳磷矿，对川西等地的铁矿、金矿及其他类型矿产进行过研究。中华人民共和国成立初期为国民经济恢复与发展组织领导了辽宁弓长岭和湖北大冶的铁矿研究与勘查工作，与其他学者一起提出了矿床成矿系列理论，增强了区域找矿效果，是我国著名的矿床学家。程裕淇在前寒武纪地质研究领域也颇有建树，是我国著名的前寒武纪地质学家。他在任全国政协委员和常务委员期间多次提交相关提案，为《中华人民共和国矿产资源法》的制定和实施做了大量工作。程裕淇为推动我国地质科技对外合作与交流，提高我国的地质科技水平，为公益性地质队伍建设殚精竭虑。他在地质科研和科技管理方面都做出了突出贡献。

1980 年 10 月，程裕淇（左）在甘肃地质考察时与孙大光部长在炳灵寺石窟前合影

1980 年 7 月，程裕淇与参加第 26 届国际地质大会的部分代表在法国巴黎合影，
前排左起：黄汲清、程裕淇、叶连俊、穆恩之，
后排左起：卢衍豪、王曰伦、胡承志、朱夏、陈庆宣

1980 年 9 月，部分在京清华大学校友欢迎校友张民觉教授（前排中）（1933 年第五级）（中排左二：程裕淇）

1982 年 9 月，出席中国科学院地学部会议时与部分学部委员（院士）合影（左一：王鸿祯，左二：黄汲清，中：程裕淇，右二：徐克勤，右一：秦馨菱）

1986 年 9 月，程裕淇（左二）在海德堡大学讲学期间与该校副校长、矿物岩石系系主任及长春地质学院地质系张秋生教授（右一）合影

1988 年 12 月，在中国地质学会第 33 届大会上，程裕淇（左二）、黄汲清（右二）与中国地质学会第 33 届理事长朱训（右一）、秘书长王泽九（左一）合影

1992 年秋，程裕淇在鲁西进行地质考察

1991 年，程裕淇在办公室阅读文献

1992 年 9 月 20 日，程裕淇（左四）等与来访的台湾地区地学界同仁合影
（左三：阮维周，右四：毕庆昌，右三：李庆远，右二：江博明）

1995 年 1 月 18 日，出席中国科学院春节团拜会
（左：涂光炽，右：程裕淇，后：张玉台）

1998 年 4 月，程裕淇（左二）与严东生（右一）、张楚琨（右二）、
师昌绪（左一）在新加坡植物园合影

1998 年 6 月，中国科学院第九次院士大会全体地学部院士合影
（前排座席左六为程裕淇）

2001 年 10 月，全家为程裕淇庆祝生日（坐者从左到右分别为：
程裕淇夫人谭娟杰、程裕淇、中国科学院医务室房桂明医生，
右侧站立者为长子程学枢，左二站立者为二子程学林）

2000 年秋，程裕淇与夫人谭娟杰在怀柔疗养

总　序

中国科学院学部科普和出版工作委员会决定组织出版“科学与人生：中国科学院院士传记”丛书，这是一件很有意义的文化工程。首批入传的22位院士都是由各学部常委会认真遴选推荐的。他们中有学科领域的奠基者和开拓者，有做出过重大科学成就的著名科学家，也有毕生在专门学科领域默默耕耘的一流学者。每一部传记，既是中国科学家探索科学真理、勇攀科学高峰的真实情景再现，又是他们追求科学强国、科教兴国的一部生动的爱国主义教材。丛书注重思想性、科学性与可读性相统一，以翔实、准确的史料为依据，多侧面、多角度、客观真实地再现院士的科学人生。相信广大读者一定能够从这套丛书中汲取宝贵的精神营养，获得有益的感悟、借鉴和启迪。

中国科学院学部成立于1955年，经过50多年的发展，共选举院士千余人，荟萃了几代科学精英。他们中有中国近代科学的奠基人，新中国的主要学科领域的开拓者，也有今天我国科技领域的领军人物，他们在中国的各个历史时期为科学技术的发展做出了历史性的贡献。“五四”新文化运动以来，一批中国知识精英走上了科学救国的道路，他们在政治动荡、战乱连绵的艰难岁月里，在中国播下了科学的火种，推动中国科技开始了建制化发展的历程。新中国成立后，大批优秀科学家毅然选择留在大陆，一批海外学子纷纷回到祖国，在中国共产党的领导下，开创了中国科学技术发展的新篇章。广大院士团结我国科技工作者，发扬爱国奉献、顽强拼搏、团结合作、开拓创新的精神，勇攀世界科技高峰，创造了举世瞩目的科技成就，为增强我国综合国力、提升自主创新能力做出了重要贡献，为国家赢得了荣誉。他们的奋斗历程，是中国科学技术发展的历史缩影；他们的科学人生，是中华民族追求现代化的集中写照。

当今世界，科学技术已成为支撑、引领经济社会发展的主要动力和人类文明进步的主要基石。广大院士不仅是科学技术发展的开拓者，同时也是先进文化的传播者，在承担科技研究工作重任的同时，还承担着向全社会传播科学知识、科学方法、科学思想、科学精神的社会责任。希望这套丛书的出版能够使我国公众走近科学、了解科学、支持科学，为全民族科学素养的提高和良好社会风尚的形成做出应有的贡献。

科学技术本质是创新，科技事业需要后继有人。广大院士作为优秀的科技工作者，建设并领导了一个个优秀的科技创新团队；作为教育工作者，诲人不倦，桃李满天下。他们甘当人梯、提携后学的精神已成为我国科技界的光荣传统。希望这套丛书能够为广大青年提供有益的人生教材，帮助他们吸取院士们追求真理、严谨治学的科学精神与方法，领悟爱国奉献、造福人民的科技价值观和人生观，激励更多的有志青年献身科学。

记述院士投身我国科学技术事业的历程和做出的贡献，不仅可为研究我国近现代科学发展史提供生动翔实的新史料，而且对发掘几代献身科学的中国知识分子的精神文化财富具有重要意义。希望“科学与人生：中国科学院院士传记”丛书能够成为广大读者喜爱的高品位文化读物，并以此为我国先进文化的发展做出一份特有的贡献。

是为序。

2010年3月

序

程裕淇院士是国内外著名地质学家，是我国现代地质科学的开拓者之一，是“我国变质岩石学之父”、矿床成矿系列理论的创立者和前寒武纪地质的主要奠基人。他在地质专业领域的许多方面都有卓越的成就与贡献。程先生也是地质科技管理方面的专家，在地质科技管理体制、科技规划、学科设置以及矿产资源立法、国际科技合作交流方面做出了十分重要的贡献。程先生一生重视实践，他不仅踏遍了包括 31 个省（自治区、直辖市）以及台湾地区的矿山和各种地质点，还先后深入欧洲、美洲和亚洲的 17 个国家进行野外地质考察与地质矿产研究，是我国进行实地地质观察最多的地质工作者之一。他多次率团参加国际地质大会和国内外召开的许多专业性国际学术交流会，先后接待和会见国外著名地质学家和国际会议组织者达数百人，是我国从事国际交流最多、最广的地质学家之一，也是十分熟悉和了解国外地质机构和地学发展趋势的科学家之一。他对推动我国地质科技进步和扩大我国地质工作在国际地学界的影响付出了辛勤的劳动，贡献很大。他为我国早期与苏联的地质科技合作、第 30 届国际地质大会在中国的成功召开、中法首轮青藏高原的合作研究都做出了重要贡献。

程先生自 1933 年从清华大学地学系毕业后即深入野外从事各种地质矿产调查研究工作。从 1937 年在英国苏格兰地区研究变质岩开始，他始终把野外地质调查工作作为地质研究的基础，一直到他 88 岁高龄时还始终坚持野外地质调查和研究。正是长期的野外工作和不断开拓性的研究，使他在变质岩（包括混合岩）的区域岩石分类命名、变质基性火山岩的原岩恢复、递增变质带和区域变质带的划分、混合岩化作用的成因类型划分、混合岩化与成矿作用、变质深熔作用、前寒武纪地层的多次总结、早前寒武纪同位素年代学研究等方面做了大量创新性和开拓性的工作。20 世纪 60 年代初期，为了加强变质岩区的普查与区调工作，程先生与同事们合作编写了《变质岩的一些基本问题和工作方法》一书，该书在当时对全国变质岩分布区的地质填图和研究起到了很大的指导与推动作用。程先生在强调野外地质观察是基础的同时，也强调了综合研究对提高科研水平的重要作用。他与同事们系统地总结了我国铁矿的成因类型、分布规律，并指出找矿方向，对推动和提高我国铁矿的普查找矿起到了理论指导和指明方向的作用。与有关同志合作后，在全面总结火成岩成矿、沉积岩成矿和变质岩成矿的基础上，提出了“成矿系列”的概念，后来经陈毓川等进一步发展和完善，已成为我国最重要的成矿理论之一，在地质找矿方面已取得重要成果。

程先生与杨遵仪、王鸿祯合作，分工总结了我国区域岩浆岩和变质岩的特征与演化规律，联合撰写了英文版 *The Geology of China* 一书，并在英国伦敦出版，对国外地质学家了解中国地质起了很大作用，扩大了中国地质工作对国外的影响。程先生还亲自组织部分省区的地质专家总结编写了《中国区域地质概论》，并修编了 1∶500 万中国地质图，为发展我国的地质事业做出了重大贡献。程先生不仅重视地质工作的基础调查和科学研究，同时急国家之所急，积极投身地质找矿实践。20 世纪 30 年代在云南首次发现了磷矿，在中华人民共和国成立前参加了新疆石油和长江中下游等地区铁矿找矿工作。50 年代初期，参加了辽宁鞍山式条带状铁矿的详查和湖北大冶夕卡岩型铁矿的详勘工作。程先生在地质部地矿司工作期间，负责指导全国黑色金属的普查找矿工作，并亲自指导白云鄂博铁矿的详勘和四川多种铁矿类型的详查工作，为中华人民共和国成立初期的铁矿资源保障做出了重要贡献。

程先生不仅在地质研究和普查找矿中亲力亲为，还十分关心地质工作的长期持续发展。他参与或主持过多次地质系统及全国性的地质科技发展规划和计划（如早期的中苏合作计划、《1963—1972 年科学技术发展规划》）的编制，以及地质工作规范、重大地质勘查和科研项目的制定。他预见到我国前寒武纪地质和有关矿产研究的必要性与重要性，在地质部宋应副部长的支持下，于 1956 年首先在地质矿产研究所成立了前寒武纪地质、变质岩和有关矿产研究室，并亲自担任研究室主任，为改变我国前寒武纪研究的落后状况起到了引领和带领作用。他预见到同位素年代学在地质研究中的重要性，于 1957 年赴苏联考察，了解了苏联同位素地质的研究情况后，率先在地质研究所（地质矿产研究所于 1957 年更名为地质研究所）邀请苏联同位素地质专家讲课，培养人才，引进设备，经多方筹备于 1958 年成立同位素地质实验室，为后来同位素地质的发展打下了良好基础，这些都对我国地质工作的发展与提高产生了重大影响。

程先生长期担任各种地质行政和科学技术领导职务，了解地质工作的性质，熟悉地质工作和研究的规律，向国务院和部领导提出了不少地质工作的改革建议，不少意见和建议得到了领导的重视与采纳。在担任全国政协委员和常委期间，他带头提议全国人民代表大会尽快制定《矿产资源法》，经过多次修改最后获得全国人民代表大会通过，为我国矿产资源的法治建设立下了汗马功劳。之后，他又多次提出矿产的综合利用问题等重要建议，其中不少已得到落实。

程先生长期担任《中国地质》、《地质学报》（中、英文版）和《中国地质科学院院报》主编，他认真审查稿件，一丝不苟，有时还要亲自编写或修改英文摘要，为促进地质科学的传播和交流、提高刊物的质量起到了重要作用。

程先生编写、合作编写和发表的科学论文、专著、报告、报刊文摘等达 400 余篇（部），在学术上有广泛的影响。他曾获得国家自然科学奖、何梁何利基金科学与技术进步奖、李四光地质科学奖特别奖，以及相关部门奖等多种奖励。他一直关心和重视地质人才的培养，亲自培养硕士、博士和指导博士后多名，他们大都已成为科技骨干和学术带头人。他晚年将获得的何梁何利基金科学与技术进步奖奖金捐出作为中国地质科学院研究生的奖励基金。

作为程先生的长期追随者，我于 1946 年从重庆大学一毕业就被中央地质调查所录取，被分配到程先生担任主任的矿物岩石研究室工作。后来机构变化较大，但将近 60 年，我绝大部分时间都在程先生的指导下从事地质研究工作。我是他未入门的学生，他是我从事变质岩石学研究的启蒙者，他引领我终身从事前寒武纪地质与有关矿产的研究。多年来，我得到他的教育、教诲和帮助，获益甚多。

程先生一生以满足国家需求、维护国家利益为自己的奋斗目标，把自己的地质找矿实践融入国家建设的爱国情怀。他一生追求科学真理、一丝不苟、不断探索创新的奋斗精神，一直激励、鼓舞着年轻同志在攀登科学高峰的征程中不断努力、不断前进。

2022 年是程先生 110 周年诞辰暨逝世 20 周年，《程裕淇传》得以出版。我相信，程先生爱祖国、爱人民、爱科学的崇高品德，不断创新、勇攀地质科技高峰的开拓精神，科学严谨、一丝不苟、亲力亲为、勇于实践的优良学风，会对年轻一代地质人产生重要影响，并能把他的这些优良品德继承并发扬光大。这是对程先生最好的纪念。

沈其韩

中国科学院院士

2022 年 1 月 15 日

目录 CONTENTS

第一章　地质之路，人生抉择（1912—1938 年）

一、时代孕育，承继家风

人杰地灵的中国江南小城嘉善县地处太湖流域杭嘉湖平原，位于浙江省东北部、江浙沪两省一市交会处。县城魏塘镇东距上海 90 千米，西至杭州 110 千米，南濒嘉兴港 35 千米，北接苏州 91 千米，处于长江三角洲的中心地带。境内沃土平川，河荡密布，气候宜人，物产丰富，素有“鱼米之乡”“银嘉善”的美誉。

嘉善历史悠久。境内文化遗址出土的文物证实，早在 6000 多年前的马家浜文化时期已有先民在沼泽开田，种植水稻和饲养牲畜。嘉善县历史上出过不少名人，有元代画家吴镇，明代进士袁黄、魏大中，明代状元钱士升，清代进士蒋振鹭，等等。到了近现代，嘉善先后走出了顾功叙[①]、高尚荫[②]和

① 顾功叙（1908—1992），地球物理学家。1929 年毕业于上海大同大学，1936 年在美国科罗拉多州矿业学院获硕士学位。曾任中国科学院地球物理研究所副所长等职，1955 年当选为中国科学院学部委员（院士）。

② 高尚荫（1909—1989），病毒学家。1930 年获东吴大学学士学位，1935 年获耶鲁大学博士学位。曾任中国科学院武汉病毒研究所所长等职。1980 年当选为中国科学院学部委员（院士）。

张钟俊[①]等中国科学院院士。

1912年10月7日，程裕淇出生于历史悠久、物产丰富、人文荟萃的浙江省嘉善县。这一年在中国历史上是不平凡的一年。年初孙中山宣布中华民国成立，标志着中国几千年封建专制制度的结束。程裕淇就出生在中国从封建走向共和、从专制走向民主、从禁锢走向自由的历史大变革时期。

程氏在嘉善虽非名门望族，但一直以教育为本。程氏先人程素庵在清道光年间就捐田兴办义学。光绪《嘉善县志》中记载："乡先生程素庵富而好礼，于道光九年创捐义塾田五百亩有奇。凡里中寒素子弟，均入塾肄业。饮食教诲，不啻贤父兄之诱掖。大吏请于朝，得奉温纶奖异有加。一时慕义之士闻风兴起，陆续捐置田四百亩有奇。分立三斋：曰'养正'，启蒙也；曰'时习'，授经也；曰'文艺'，习举业也。盈科而进，曲成不遗。一切度支，量入为出。章程规议，井井有条。历数十年如一日。"[②]。从祖辈延续到程裕淇的父亲程成鉴这一代仍以塾师为业。程成鉴在晚清曾考上过秀才、贡生，后在家里开办了私塾。程裕淇的母亲谢兰是家庭妇女。程裕淇上有一兄长，下有一令人疼爱的妹妹。程裕淇的哥哥先在商务印书馆当练习生，后任师范学校语文教师。程裕淇5岁开始发蒙，就读于程氏私立的秉义小学。9岁进入县立第一高级小学，当时课业非常繁重，但在父亲的督促和年长5岁却在同一个班的同父异母的姐姐帮助下，他不仅跟上了学习进度，成绩还在班上名列前茅。

1923年，11岁的程裕淇进入嘉善县浙江省立第二中学上学。但进入中学不久家庭连遭变故，父亲和哥哥先后不幸病逝，家中失去了主要经济来源，家境急剧恶化。此时，程裕淇刚刚上中学，家中还有年幼的妹妹需要抚养。母亲一方面千方百计设法让他坚持完成学业，另一方面又希望他能及早谋生缓解家庭困难，于是就让他在初中二年级时上了商科，以便毕业后可去商行、银行求职。然而，他并没有按照母亲为他设计的未来去努力，而是带着对当时社会的不满，以坚定的信念、优异的成绩、广泛的兴趣萌发出好好干一番事业、在科学上取得相当成就的理想和抱负。他在读

① 张钟俊（1915—1995），自动控制学家。1934年毕业于国立交通大学，1938年获美国麻省理工学院博士学位。曾任上海交通大学自动控制系主任等职。1980年当选为中国科学院学部委员（院士）。

② 转引自2016年5月21日《嘉兴日报》"嘉善版"上的文章《天上飘来过云雨 润绿嘉禾万顷田——寻访清咸丰八年嘉善县令薛时雨旧踪》。

的浙江省立第二中学1927年停办时，处于困境、已上高中一年级的程裕淇通过自我拼搏辗转到了位于杭州市的浙江省立第一中学，在文科一部学习。到了省会城市杭州，程裕淇的眼界更加开阔，学习更加用功，成绩也更加优秀，他也积极在为将来考进一所好大学而做各种准备。尽管在文科部学习，但为了考取理想的大学，他不仅注重学好文科课程，还认真学习理科课程，尤其重视英语学习。

嘉善、杭州优越的地理位置和家庭的熏陶，使程裕淇自小就对自然和地理产生了浓厚的兴趣。幼年玩耍时无意中注意到家门前流淌的河水一早一晚流向相反，这一受海洋潮汐影响所引起的自然变化，使程裕淇十分好奇，他问爸爸、问哥哥，终于弄清楚其中的奥妙，这也萌发了他对大自然的强烈好奇心。还在上小学的时候，父亲不仅要求他完成课堂学业，而且让他阅读《三国演义》和《东周列国志》，结合家藏的《皇清一统舆地全图（分省）》，核对古今地名的异同和作战行军路线，还让他背诵、记忆浙江省的府、县名称。很多孩子对枯燥的地名、古今地名的差异深感头痛，但是聪慧的程裕淇却能把它们在脑海中形成相互连接、方位清晰的一幅地图，逐步确立了他对地理与历史学习的志向。初二上商科时，在地理老师和英语老师的帮助下，他能用英语把世界各国若干重要的地名背得滚瓜烂熟，不仅对中国地理，而且对世界地理有了初步的认识。母亲本来希望他通过商科的学习能尽早到商社或银行工作，看他对地理这样感兴趣就支持他继续高中的学习，以后能考上理想的大学，为国家做些贡献。程裕淇学业成绩优异，地理知识十分丰富，对各地风土人情有无限的兴趣。程裕淇的家地处浙江省与上海市交界之处，是长江三角洲的繁华地带，舟车方便，四通八达，中学时他总喜欢利用寒暑假出外游览考察，涉及的范围包括长江和钱塘江下游的城镇、岛屿等。游览使他强化了对家乡附近地理位置的认识，也对人文地理产生了浓厚的兴趣。

1924年9月24日下午1点多钟，程裕淇与家里人同去省城杭州观光旅游，他们一行人进岳王庙之前还目睹了雷峰塔巍峨的身影，在岳王庙内游览时听见来自南边的轰隆巨响。从岳王庙出来，只见雷峰塔那个方向泛起烟尘大雾，原来具有历史意义的雷峰塔倒了。那天风较大，程裕淇目睹了雷峰塔倒塌的一幕，认为是大风所为，感叹大风威力之大，也激发了他对大自然的求知欲。

二、地质志向，清华岁月

程裕淇在上高中的时候就立志要考取国内最好的大学，有着报效祖国的远大理想并为此积极准备。从师友的交谈中，他认识到，中国在鸦片战争（1840 年）后已落伍了，国弱民贫。同时也了解到，近代的教育和科学事业是从 19 世纪末 20 世纪初才开始的，尤其是高等教育，最有代表性的大学大概要数京师大学堂了，该校于辛亥革命以后改称北京大学。后来他又听说了清华学堂。

历史给了程裕淇可以上清华大学的一次机会。

1900 年（清光绪二十六年，岁次“庚子”），八国联军攻占北京，强迫清政府在 1901 年签订了不平等的《辛丑条约》，规定中国向八国赔款 4.5 亿两白银（按当时人口计算，每个中国人要赔一两白银），这便是“庚子赔款”。1906 年 3 月 6 日，美国传教士明恩溥（Arthur Henderson Smith）在白宫向西奥多·罗斯福（Theodore Roosevelt）总统建议，用美国所获得的清朝政府的“庚子赔款”在中国兴学和资助中国学生到美国留学。在明恩溥等人推动之下，罗斯福总统向国会提出赞助中国教育的咨文，1908 年由国会通过（美国当年获“庚子赔款”白银 3200 多万两，折合 2400 多万美元，赞助清政府的教育经费为 1160 余万美元）。清政府对罗斯福总统等表示“领情”和感激，并于 1909 年成立了游美学务处，确定以北京海淀附近的皇家园林清华园作为学校建设的地址，设立游美肄业馆。1910 年底，将该馆改名为清华学堂。1911 年 4 月 29 日该学堂正式开学（这一天至今还是清华大学的校庆日）。1912 年民国政府成立后将清华学堂更名为清华学校。为尝试人才的本地培养，1925 年设立大学部，同年开办国学研究院。

辛亥革命后，北洋政府腐败无能，各地军阀内部派系林立，军阀割据一方，广大人民生活在水深火热之中。为了实现国家统一，结束军阀割据的局面，1926 年 7 月广东国民政府领导的国民革命军 10 万人正式出师北伐，1928 年国民政府的北伐军推翻了北洋政府，北京改称北平，清华学堂更名为国立清华大学。

正值这个历史时期，17 岁的程裕淇于 1929 年高中毕业，与浙江省立第一中学的十余名同学一起报考清华大学，到上海参加入学考试。此后不久，程裕淇与同学孙增爵、尚传道、杨大士、王国元等很荣幸地收到了录取通知书。9 月程裕淇与孙增爵等一行五人经过两夜一天的火车劳顿到达北平，入住清华大学三院学生宿舍最南一排的六人房间，房间南有垂柳和花台，西有网球场。

1928 年，清华大学时任校长罗家伦[①]基于中国国土范围之广而民众地理知识之贫乏，决定在清华大学创办地理学系，提出“我们不但要从文史上谈论地理，我们还要在科学上把握地理”。1928 年 11 月，清华大学成立了地理学系，系主任翁文灏[②]为地理系设计了地理、地质和气象三个方向，已经具备了地学的基本框架。1932 年该系更名为地学系，下设地理、地质、气象三组，1929 年正式招生，长期以来喜欢地理课的程裕淇顺理成章地进了地理系。这一年地理系的同学有杨遵仪[③]、王植[④]、张兆瑾[⑤]、祁延霈[⑥]和黄中孚[⑦]。黄中孚主修地理学，其他人则主修地质学。其中杨遵仪初入学时学的是经济学专业，由于受同寝室程裕淇的影响而改学地质学专业。在同学中，程裕淇年龄最小，只有 17 岁，杨遵仪、王植、张兆瑾三人均为 21 岁。

地质组的师资阵容十分强大，除系主任翁文灏是中国地质科学界的领导人外，先后担任教授的还有著名地质学家葛利普[⑧]、袁复礼[⑨]、谢家

---

① 罗家伦（1897—1969），五四运动的学生领袖和命名者，中国近代著名教育家、思想家和社会活动家。曾任清华大学第一任校长。

② 翁文灏（1889—1971），浙江省鄞县（今鄞州区）人，1912 年获比利时鲁汶大学博士学位。回国后任农商部地质调查所所长，1932 年创办清华大学地学系。曾任国民政府行政院院长。

③ 杨遵仪（1908—2009），1933 年毕业于清华大学地学系，1939 年获耶鲁大学哲学博士学位。曾任北京地质学院教授、普查系系主任等职。1980 年当选为中国科学院学部委员（院士）。

④ 王植（1908—1983），江苏省常熟县人。1933 年毕业于清华大学地学系，并在清华大学攻读研究生，后留校任助教。曾任山西省地质局总工程师等职。

⑤ 张兆瑾（1908—），曾用名弋之，浙江江山人。1933 年毕业于清华大学地学系，获理学学士学位。曾任长春地质学院教授兼地质矿产陈列馆主任、中国科学院海洋研究所研究员等职。

⑥ 祁延霈（1910—1939），山东省益都县人。现代考古学家。1933 年毕业于清华大学地学系。1937 年赴延安，加入中国共产党。先后任新疆学院教育系系主任、哈密专区教育专员。

⑦ 黄中孚（生卒年不详），1928 年入清华大学工学院，次年转入新成立的地理系，是清华大学足球队、排球队、棒球队队员，毕业后赴美学习，获美国春田学院体育学士学位。回国后任四川大学体育部主任。

⑧ 葛利普（1870—1946），毕业于麻省理工学院，1900 年获哈佛大学博士学位。1920 年来华，同时任地质调查所古生物室主任和北京大学古生物学教授。

⑨ 袁复礼（1893—1987），河北徐水人。1913—1915 年在清华学校高等科学习，1915 年留学美国，1920 年获哥伦比亚大学硕士学位。1932 年参与创办清华大学地学系，并任系主任。1952 年后任北京地质学院教授。

荣[①]、冯景兰[②]、孙云铸[③]、斯行健[④]等。他们先后讲授的主要课程有普通地质学、矿物学及光性矿物学、岩石学、地文学、地貌学、古生物学、古植物学、地史学、地层学、中国地质学、构造地质学、矿床学等。

清华园原是清朝园林熙春园的一部分，熙春园后分为东部的清华园和西部的近春园，1860 年英法联军焚毁近春园，清华园幸存。清华园内风光秀丽，宁静可以安心学问，雅致可以陶冶情操，俊美可以追求完美。清华园秀美的园林风光使程裕淇心旷神怡，庄严肃穆的现代化建筑物使他焕发出求知做学问的激情。

此后清华大学校长梅贻琦在就职演讲中有“所谓大学者，非谓有大楼之谓也，有大师之谓也”的名言，程裕淇对地理系的大师充满了敬仰之情。

首先让他崇敬的是系主任翁文灏。翁文灏和程裕淇是浙江同乡。翁文灏出生在一个绅商家庭，祖辈曾在清廷做过官。1902 年，翁文灏 13 岁便考中了秀才，打下了坚实的文学、历史基础，年稍长又赶上新潮流，到上海法国天主教会办的震旦学校学习现代科学和外文。1908 年，翁文灏到欧洲留学，考入比利时的鲁汶大学。临毕业时，翁文灏用当时最先进的偏光显微镜对比利时境内的大型岩浆岩体进行了研究，在导师指导下解决了一些问题，完成题为“勒辛地区的石英玢岩研究”的毕业论文。该文材料丰富，立论清晰，为比利时地质科学填补了岩浆岩岩石学的空白，具有首创意义。该文立即在该大学研究通报上公开发表，轰动了比利时地质学界，学校破格直接授予他这个大学本科毕业生博士学位，他因此成为我国科学史上获得地质学博士学位的第一人，也是我国最年轻的地质

① 谢家荣（1898—1966），上海市人。1916 年毕业于农商部地质研究所，1920 年获美国威斯康星大学硕士学位。曾任清华大学教授和地学系系主任、地质部地质矿产司总工程师等职。1948 年曾当选为中央研究院院士，1955 年当选为中国科学院学部委员（院士）。

② 冯景兰（1898—1976），别名冯淮西、冯怀西。河南省唐河县人。矿床学家。1916 年考入北京大学预科，1921 年获哥伦比亚大学硕士学位。曾任教于清华大学地学系，兼任地学系系主任。1957 年当选为中国科学院学部委员（院士）。

③ 孙云铸（1895—1979），江苏高邮人。我国古生物学奠基人。毕业于北京大学地质系。1927 年获德国哈勒大学博士学位。曾任中国地质科学院副院长等职。1955 年当选为中国科学院学部委员（院士）。

④ 斯行健（1901—1964），浙江省诸暨人。地层学家。1926 年毕业于北京大学地质系，1931 年获柏林大学博士学位。曾任中国科学院古生物研究所所长等职，1955 年当选为中国科学院学部委员（院士）。

学博士（24 岁）。翁文灏 1914 年初回国，到农商部地质研究所[①]（实际上是培养人才的地质专科学校）任教，因他有博士学位，就被任命为讲师，不久晋升为教授。他和章鸿钊、丁文江[②]都是该所的主要创始人与负责人。该所只在 1913 年招了一届学员共 36 人，到 1916 年结业时剩下 22 人，共有 18 人获得毕业文凭，算是我国自己培养的第一代合格的地质工作者，在我国地质学史上有“十八罗汉”之称。这些人充实了农商部地质调查所的人力队伍（丁文江任所长，章鸿钊任地质股长，翁文灏任矿产股长），使得我国整个地质调查工作得以全面推进，1916 年就被认为是我国地质调查事业的开局之年。

1921 年翁文灏任代所长，1926 年正式担任所长，实际领导了全国的地质调查与科学研究事业。此外，翁文灏在全国性学术团体和机构（如中国科学社等）也担任了领导职务。他不但是中国地质科学事业的创始人、奠基人之一，也是整个中国近代科学事业的重要领导者和开拓者之一。翁文灏深知培养人才是一切地质工作的基础，因而他又长期兼任北京大学、清华大学、北京高等师范学校（即后来的北京师范大学）等高等学校的教授、名誉教授。他在清华大学办起了地理系（后改名为地学系，包括地理、地质、气象三个专业），1931 年还短期代理过该校的校长。翁文灏把地质调查所作为各校师生的实习与研究基地，提供种种方便，安排所内专家去各校兼课，又让这些高等学校学生外出实习、考察，完成该所的生产和科研任务，还选拔各校地质专业毕业的高才生进入该所工作，充实力量，这样一来，这些高等学校又成了该所的人才后备基地。他把教学、科研、生产三者有机结合得非常紧密。例如，1930 年夏程裕淇刚读完大学一年级，翁文灏就亲自带领地质组的学生到北京西山进行野外实习，让他们在大自然的怀抱里广开眼界，把课堂上学到的理论与野外地质实践更好地结合，学到更多有用知识。程裕淇十分敬仰翁文灏先生，读了他的许多论著，其

① 地质调查所 1913 年成立时隶属于工商部，称为“工商部地质调查所”；1914 年工商部与农林部合并，地质调查所改称“农商部地质调查所”；1928 年地质调查所隶属于新成立的农矿部，改称“农矿部地质调查所”；1930 年农矿部与工商部合并为实业部，地质调查所改称“实业部地质调查所”；1938 年实业部与相关机构合并改组为经济部，地质调查所相应改称“经济部地质调查所”；1941 年为与省级地质调查所相区别，改称“中央地质调查所”。由于隶属关系变更名称较多，但该书中指的都是同一个地质调查所。——作者注

② 丁文江（1887—1936），中国地质事业奠基人。1911 年在英国格拉斯哥大学获得双学士学位。曾任工商部矿政司地质科科长、农商部地质调查所所长等职。1922 年创办中国地质学会。

中《理论的地质学与实践的地质学》一文中的一句话“我们中国人动不动就说我们中国地大物博，但要保享有的权利须要先尽研究的义务”深深打动了他，他不仅把这句话抄录下来，并铭记在心，还终生实践。

在这一时期，中国地质学会于1922年2月3日在北京成立，这是在中国成立时间最早的学术团体之一。中国著名地质学家及在华工作的外籍知名学者章鸿钊、翁文灏、王烈、丁文江、李四光等26位学者为发起人，章鸿钊为首任会长，谢家荣为首任秘书长。

然而，程裕淇敬佩的翁文灏并未能在清华大学长期任教。1929年，地质调查所青年地质学家赵亚曾[①]在云南考察时遇匪罹难，翁文灏惊闻此事后深感内疚，认为自己未能“专任所务”。1930年，他辞去系主任职务，改任名誉主任和名誉教授，专事地质调查所。此后，由袁复礼、冯景兰先后担任系主任。

程裕淇除努力学习书本知识外，还积极参加社会活动。清华大学常举办很多有意义的讲座、报告会，他十分爱听。读大学一年级时，农商部地质调查所的裴文中发现了“北京猿人”头盖骨，到清华大学来演讲发掘之经过，程裕淇听后很受启发和鼓舞。刚上二年级时，他参加了学校接待比他们晚一届新生的工作，带领新同学在校园游览，熟悉这个新的环境。

1931年9月18日发生了“九一八事变”，日本侵略者很快占领了东北。为使学生今后更好地为国效力，当时清华大学要求学生晨练，通过长跑练就强健的体魄。程裕淇一直坚持，到第二年同一年级的同学只有他和另外一位同学两人还在坚持长跑晨练。从大学开始的锻炼，为今后从事繁重的工作造就了良好的身体素质。

1931年程裕淇上二年级时，学校来了一位兼职教授——谢家荣，他是“十八罗汉”中年龄最小的，却是能力和成就最大的，深受翁文灏器重。谢家荣是农商部地质调查所的骨干和栋梁，多次出国留学和考察，他当时刚从德国归来，翁文灏就聘他兼任清华大学地学系教授，后来还代理过系主任。谢家荣的治学精神、学术水平等都令程裕淇非常钦佩，后来参加工作之初又受谢家荣的引领和教导，因此，程裕淇对他十分敬佩、尊重，并感叹他学识渊博，认识问题深刻。

---

① 赵亚曾（1899—1929），区域地质学家。1923年毕业于北京大学地质系，曾任农矿部地质调查所古生物研究室主任。1929年11月15日在云南昭通进行野外地质工作时被土匪枪杀。

1932年，程裕淇上大学三年级，清华大学教授袁复礼从新疆回来。袁复礼是清华学堂的校友，1915年他从该学堂高等科毕业后，去了美国留学，1920年获哥伦比亚大学硕士学位，回国后于1921年在农商部地质调查所任技师。1927年到清华学堂任教，不久即参加了中国与瑞典合作的中国西北科学考察团，一去就是5年，其中3年任中方代理团长［瑞方团长是著名探险家斯文·赫定（Sven Hedin）］。程裕淇1929年刚入清华大学时就听他人谈起袁复礼教授去大西北的感人故事，佩服他长期艰苦扎实的野外工作及取得的累累硕果。袁复礼给学生讲课不是平铺直叙的“填鸭式”，而是抓纲要、讲重点的启发式，他善于引导学生博览群书，自我完善对问题本质的认识，使他们既了解前人理性认识的精华，又注意其不足和有待研究解决的问题。他还十分注意培养学生的团队意识与合作精神，例如他在讲授“高等地貌学”课程涉及海洋地质作用时，就把美国地貌学家D. W.约翰逊（D. W. Johnson）的《海岸过程和海岸线发育》一书的要点讲了，再拟出一些问题的纲要，让程裕淇他们同班的5位同学分工阅读有关章节，之后再交流各自的读书心得，逐一讨论问题。这样做的好处是，学生以略多于阅读全书1/5的时间就基本掌握了全书的要点，还锻炼了学术讨论的能力，而就整个课程来讲，他们所学到的也远远超过了每周学习几个小时的教学内容。几十年后，程裕淇回忆起当时的情境时，还感慨颇深。联系到他后来自己带研究生时，都要深入学生们进行野外地质研究的地区，共同观察地质现象，讨论有关问题。他深情地说：“这也算是袁老师重视野外地质工作的教导在我行动上有所反映的一个侧面。”

当年的清华大学地理系非常重视野外实习，翁文灏要求学生“不但用耳用目去学，还要动手动脚去学”。地理系41门主修和选修课程中，包含室内实习、野外实习的课程就达25门。野外实习为大学二年级至四年级学生的公共必修课，他们多是利用每年春假到近郊或外地山区开展，实习结束后要做一份详细的实习报告。

1932年夏，程裕淇完成了大学三年级的课程，按照翁文灏不成文的规定，他们同班的几位同学，与北京大学、燕京大学地质专业的高年级同学总共20多人在临近毕业之前都要去参加实业部地质调查所的科研生产任务，具体是填制1∶25 000的北平西山万寿山至蓝靛厂的区域地质图。带领和指导他们的是王竹泉教授和谢家荣教授，王竹泉也是“十八罗汉”

之一，比谢家荣大几岁，也是留学美国归来的，后来在学术上所取得的成就也与谢家荣十分接近。巧合的是，“十八罗汉”中，只有他们两位成为学部委员（后改称院士）。谢家荣 1948 年当选为中央研究院首批院士，1955 年当选为中国科学院首批学部委员（当时属生物地学部，1957 年归地学部）。王竹泉 1957 年当选为中国科学院第二批学部委员（属地学部）。两位顶级地质大师指导他们开展区域地质工作，填制中等比例尺地质图，使他们受益良多。在给学生们讲解了野外填图的基本方法、交代了各种注意事项之后，两位大师回到原工作单位。20 多名学生分成 11 个小组，分地区开展区测填图工作。程裕淇与同班同学张兆瑾在一个小组，承担北平西山万寿山幅 1∶25 000 地质图的填制任务，范围包括万寿山及其以东的玉泉山，其西边的红山口、望儿山，直到温泉附近的白家疃，还包括这些山之间的平原。

程裕淇、张兆瑾二人携带了简单的行李和工具（当时主要是“老三件”——地质锤、罗盘、放大镜，因需要测量地形还带了平板仪）到工作地区从事观察记录、采集标本、测量和填制地质图等工作。他们从当年 6 月 28 日到 7 月 19 日，共在野外工作 22 天，其间渴了喝山泉水，饿了采摘几个野杏充饥。结束野外工作回到学校编写报告、绘制图件。报告由程裕淇执笔完成，主要内容有：第一章“地层系统”、第二章“构造”、第三章“地形及地文”、第四章“经济地质”。程裕淇晚年回忆起这次填图经历时写道：

> 我们每天早晨 5:30 出去，晚上六七点钟回来，约三个星期的时间内完成了野外填图任务。上二叠统双泉组就是当时计荣森[①]组、王植组和我们组填图时会商后划分出来的，还发现了一些新的断层和研究了中生代火山岩的宏观特征等。在填图过程中，谢家荣、王竹泉两位先生分别对各组填图进行具体指导，对质量进行了检查。回到学校后，突击了一天一夜，把草图搞出来了，然后各组进行汇报。我们填图时采用自定坐标，定点编号。这就是我第一次参加地质填图的情况，当然与现在比，还比较粗糙。[②]

① 计荣森（1907—1942），古生物学家。1930 年毕业于北京大学地质系，入实业部地质调查所任调查员。1941 年任中央地质调查所古生物研究室无脊椎古生物研究组主任。

② 程裕淇. 程裕淇文选・下卷. 北京：地质出版社，2005：1855.

由此可见，尽管当时条件艰苦、设备落后，但是这些青年学生早出晚归、全力以赴，不仅受到填图基本训练，还在一些方面取得了进展。

北京西山包括如今房山、门头沟、石景山、昌平等几个区，古称无定河的永定河贯穿其中。区内地质现象丰富，从连续的地层到房山岩体、从门头沟的煤矿到周口店的猿人头盖骨、从丰富的构造变形到冰川遗迹都有出露，很早就有国内外地质学家开展了地质研究，这里也成为中国地质和中国地质学家的摇篮。从19世纪中期开始，外国地质学家就开始了对北京西山的地质考察。1863年美国地质学家庞佩利（R. Pumpelly）对北京西山的煤矿进行了调查，德国科学家李希霍芬（Ferdinand von Richthofen）于1869年考察了京西玉泉山和昌平的南口，1871年又考察了从北京至门头沟斋堂、怀来矾山堡的沿途地质。1910—1912年，在北京大学任教的德国教授索尔格（F. Solger）博士在教学之余对北京西山进行了地质考察，并草绘了1∶20万西山地质图。1916年8月，在章鸿钊、丁文江、翁文灏以及瑞典人安特生（Andersson）的指导下，13名中国培养的第一批地质专业学生对北京西山进行了较系统的地质调查，绘制了第一批1∶5万北京西山地质图（出版时缩小为1∶10万），编写了第一本主要由中国地质工作者完成的中英文版《北京西山地质志》，并于1920年正式出版。直到20世纪50年代，"这部书和附图一直是多所大学地学专业教学的范本"①。这项主要由中国人完成的地质调查成果标志着中国地质调查工作的正式开始，也正是这一代人筚路蓝缕的开拓，造就了中国地质工作的开端。1916年以后地质调查所不再招收学员，在北京大学兼任教授的丁文江与北京大学协商，北京大学地质系的学生三年级以后参加北京西山的地质调查工作，成果可作为学生的毕业论文素材。这样从20世纪20年代到30年代，很多北京大学和清华大学地质系的学生曾在北京西山进行毕业实习，完成学位论文。在北京西山的锤炼，造就了我国一大批杰出的地质学家，如谢家荣、王竹泉、杨钟健②等。中华人民共和国成立后，这里又成为北京地质学院的实习基地，为中国地质事业培养了大批优秀人才，是我国几代地质学家的摇篮。程裕淇也同许多地质学家一样，在北京西山迈开

① 中国地质调查局. 中国地质调查百年画卷. 北京：地质出版社，2016：37.

② 杨钟健（1897—1979），中国古脊椎动物学的开拓者和奠基人。1923年毕业于北京大学地质系，1927年获德国慕尼黑大学哲学博士学位。1948年当选为中央研究院院士，1955年当选为中国科学院学部委员（院士）。

了探索地质奥秘的脚步，我们不应忘记北京西山为中国地质事业做出的突出贡献。

1932 年 8 月上旬，程裕淇带着自己写的报告和绘制图件的初稿到北平西城区兵马司 9 号实业部地质调查所谢家荣的办公室汇报这次区测填图工作。谢家荣听完汇报之后，首先向他们的辛勤劳动表示慰问，也肯定了他们所取得的成绩，譬如说，他们的成果相较 1920 年出版的叶良辅所著的《北京西山地质志》这部经典著作有了一些新的发现和进展。谢家荣也提出了若干有待进一步研究的问题，并进行了深入讨论。

在他们谈话间，在该所任职的黄汲清来到谢家荣办公室谈工作，谢家荣为黄汲清、程裕淇二人进行了相互介绍，二人高兴地握手问好。当时，黄汲清虽还很年轻（仅 28 岁），但在地质界已经是小有名气的青年才俊了。程裕淇早在很多地方直接或间接听到过有关黄汲清的很多传说。黄汲清在 1927 年还是北京大学地质系的学生时，就在《中国地质学会志》（英文版）上发表了论文，该论文被评为优秀论文，他还获得了 140 块大洋的重奖。1928 年，黄汲清从北京大学地质系毕业，考入农矿部地质调查所。1929—1930 年，黄汲清参加了丁文江领导的西南地质大调查。1930—1932 年不到两年间发表了 6 部专著，包括《地质专报・甲种》2 册和《中国古生物志・乙种》4 册。1931 年他随翁文灏去南京参加中国地质学会第 8 届年会，宣读了论文，当年即发表在《中国地质学会志》第 11 卷上。所有这些让黄汲清深受丁文江、翁文灏青睐。1932 年，丁文江、翁文灏又为黄汲清争取到中华教育文化基金会留学瑞士的名额，在很多同辈人看来，丁文江、翁文灏有把黄汲清培养为接班人的意思。

程裕淇当天与黄汲清是初次相会、相识，“百闻不如一见”，他的确觉得黄汲清风度翩翩，气宇轩昂，举止文雅，谈吐流畅。黄汲清也正好说起他正在积极办理各种手续，为出国留学做准备。他还说，北平西山是中国早期几代地质学家成长的摇篮，他们都是从北平西山地质调查研究中成长起来的，对谢家荣与程裕淇谈及的西山地质问题，黄汲清也参与了讨论。后来半个多世纪里，程裕淇与黄汲清有着很多次工作上的密切合作，建立了深厚的友谊，他们都成为中国乃至世界地质科学的一代宗师，为地质科学的发展做出了重大贡献。

1932 年秋到 1933 年夏程裕淇读大学四年级时，除了继续听课外，主要是完成毕业论文。他与祁延霈合写了一篇题为“北京长辛店、大灰厂、坨里间基本地质特征”的论文，后来通过答辩，两人都获得了理学学士学位，为他青年求学阶段画上了一个圆满的句号。由于程裕淇家道中落，在清华大学学习的四年，他都没有回家，放假时不是参加野外考察，就是在学校图书馆苦读，把全部时间都用在了刻苦学习上。

程裕淇清华大学毕业照（1933年）

程裕淇同班6位同学，1929年入学，1933年毕业，属于清华大学地学系第五级毕业生。程裕淇毕业时年仅21岁，是年龄最小的，后来所取得的成就、做出的贡献也是首屈一指的。他于1955年当选为首批中国科学院学部委员（院士），学术成就斐然。杨遵仪、王植、张兆瑾毕业时都是25岁，学术上也很有成就。杨遵仪是中国科学院学部委员（院士，1980年第三批当选），他长期在高等院校任教，先后在中山大学、清华大学、北京地质学院、中国地质大学等校任教授、系主任等职，2009年逝世，享年101岁。王植长期在地质矿产研究第一线担任业务技术领导，曾任中条山铜矿勘探队副队长，后任华北地质科学研究所副所长、南京地质矿产研究所高级工程师等职。张兆瑾一直在地质矿产研究部门任职，早年与程裕淇在实业部（经济部）地质调查所共事，后又任中国科学院长春地质研究所研究员及中国科学院海洋研究所研究员。祁延霈早年在国内地质部门做了很多工作，可惜英年早逝，事迹鲜为人知。黄中孚学的是地理学专业，长期在美国工作，参加清华大学校庆等活动时也会回国与大家欢聚。

三、地调所内，多方锤炼

1933年程裕淇从清华大学地学系毕业，面临就业问题。他敬仰的翁文灏当时任实业部地质调查所所长，所以他决定报考地质调查所。地质调查所从成立起就实行严格的考试进入制度，一般分为入职考试和试用期两个阶段。即使是北京大学地质系第一批毕业生、著名的古生物学家孙云铸先生也是通过考试进入该所的。发现“北京猿人”的裴文中先生 1927 年从北京大学地质系毕业时，当年考试没有通过，第二年继续考试通过才进入该所。

从清华大学毕业之后，程裕淇通过考试进入实业部地质调查所，接受一个月的考核，具体任务是填制北平西山西北部 1∶25 000 地质图。他在大学已接受过良好的基本功训练，顺利完成任务并通过了考核，1933 年 9 月正式进入实业部地质调查所。

当时的地质调查所已经建立了较完备的学科研究室，包括古生物研究室、新生代研究室、燃料研究室、矿物岩石研究室、地震研究室和土壤研究室等，程裕淇被分配到矿物岩石研究室从事研究工作。按照地质调查所的规定，新入所的地质人员为实习员（对外称调查员），一般要经过两年时间的实习才能升为技佐（相当于技术员），再经过 3—5 年的实际锻炼才能升到技士（相当于工程师），之后才有可能独立承担项目。入所后的前五年时间多是跟前辈学习，练基本功，到野外锻炼。

程裕淇进所的第一项工作，是在谢家荣带领下调查安徽省当涂、铜陵、繁昌和江西省九江等地的铁铜矿，他所学的矿物学、岩石学、矿床学等知识在这些著名的矿山现场得到检验。

1933 年 10 月初，程裕淇和陈恺被派到安徽省庐江县大矾山去勘查矾石矿，他们实地调查的时间共 8 天，地形测量和地质观察时间各占一半。他测制该区东西长约 7 千米、南北长约 6 千米总面积约 40 平方千米的产矾石地带之 1∶20 000 地形地质图。收集的资料及采回的标本带回室内整理、鉴定、化验后，得出了很好的研究成果，发现明矾石矿主要产于上白垩统的火山岩系内，火山岩和侵入岩中的主要矿物有次生石英、明矾石、高岭石、绢云母及赤铁矿等，乃由热液蚀变作用形成，蚀变作用有 5 种，即硅化、矾化、高岭石化、绢云母化及铁化。矿物生成次序也大致如此。根据测量数据估算出来的明矾石矿和明矾石储量分别约 3148.2 万吨和约 881.5 万吨，虽不如当时全国最大的浙江平阳明矾石矿，但也有相当规模了。当时全国明矾石产量每年最多不过三四百吨，所以开发潜力还是很大的。

当年 10 月 15 日，程裕淇出席了在地质调查所举行的中国地质学会第 10 届年会。当晚，中国地质学会理事长李四光在该所图书馆发表了演说，题目是“扬子江流域之第四纪冰川作用”，主要讲述了江西庐山之第四纪冰期，并认为有可能扩展到中国的中部和北部，在两个半小时的演讲过程中放映了许多幻灯片，演讲完毕后，葛利普、翁文灏、谢家荣、德日进、新常富、那林等中外著名地质学家展开了热烈的讨论，程裕淇和广大听众一样饶有兴趣。

1934 年春，程裕淇与熊永先一起到湖南益阳板溪调查锑矿。在这次调查中，程裕淇遇到自己所不熟悉的坑道工作，他边干边学，很快掌握了工作要领，如期完成了任务。

当年 4 月，程裕淇随谢家荣到福建省中东部调查了若干金属矿，工作了一个多月，收获颇丰。他们由福州市经厦门到安溪县去调查铁矿，较大的是潘田铁矿，其地层为中生代之石英岩、砂页岩（按化石似属中生代）和火山凝灰岩，铁矿是岩浆活动形成的，储量在 1000 万吨左右，属于中型铁矿，尤为可贵的是，它是品位很高的富铁矿，含铁量在 65%以上，而且硫、磷等有害元素极少，实为难得。另有一个珍地铁矿，是二叠纪石灰岩遭花岗岩侵入而形成的接触变质的夕卡岩型矿床，规模虽仅 150 万吨左右，远不及前者，但同样可贵的是，它也是平均含铁量为 50%—60%的富铁矿。此外，它还有一些零星伴生的矿物，可作为进一步找矿的参考。

另外，永泰县有四个钼矿，产在侵入中生代火山岩内的伟晶花岗岩脉及石英脉中，按大小依次是犁壁坑、焦坑、四视坑和鼓岭坑，前两者曾有过断断续续的开采，总产量不过一二十吨矿砂，后两者规模更小，没有多大价值。

最后，他们还去看过永春县铅坑的二叠系灰岩中小规模的方铅矿和闪锌矿，曾试采过，也因矿量小而停采。

1934 年冬，程裕淇奉命与本所的王曰伦、颜惠敏到湖南省宁乡县黄材镇一带调查铁矿，前一年曾先行调查过该矿区的湖南省地质调查所技士刘祖彝也陪同前往。他们在那里工作了一个半月，弄清了该铁矿产于上泥盆统锡矿山组的绿黄色页岩中，含铁矿层厚 0.5—1.7 米，纯矿层厚度可达 1 米，主要矿物是赤铁矿，分布范围较广，略大者有 10 多个矿区，含铁量多在 30%—50%，为中等品位矿石，就当时已有的 10 多个矿区初步统计，总储量约为 1175 万吨，亦属中等铁矿。这种铁矿床最早发现于湖南宁乡上泥盆统上部锡矿山组的泥塘里含铁段，其围岩是页岩，代表矿床

1934年底，程裕淇在湖南的野外工作照
（图片由李晨阳提供）

是宁乡县的插花庙铁矿，后来发现它不仅在湖南，在整个中国南方都有广泛分布，所以将其命名为“宁乡式铁矿床”（Ningxiang type iron deposit），这一术语很快就传遍国内外。在它的早期研究中，程裕淇也有一份贡献。

当年底，程裕淇又随谢家荣到湖南，先后调查了衡山、常宁县水口山、彬县桥口等地的铅锌矿。

完成上述矿产调查之后，程裕淇积极撰写文章，发表研究成果。1935年，作为第一作者，他与陈恺联名写的《安徽庐江明矾石矿地质研究》一文（中文及英文）发表在《地质汇报》第26号上。他还参与了以谢家荣为首，加上孙健初和陈恺共四人撰写的专著——《扬子江下游铁矿志》的工作，此书共有英文191页，中文78页，图版41幅，还附有他（第一作者）与陈恺合写的英文文章《江苏南京附近铁矿地质》。此书于1935年以《地质专报·甲种》第13号正式刊出，是我国矿床地质学早期经典之作。

另外，他出国留学前完成了与谢家荣（第一作者）合著的《福建安溪永春永泰地质矿产》（中文附英文概要）和《湖南中部铅锌矿地质》（中文及英文）两篇文章，以及与熊永先合著的《湖南沅陵县柳林汊金矿地质》（中文附英文概要），这三篇文章都在他出国之后的1936年分别发表在《地质汇报》第27号和第29号上。程裕淇这位刚大学毕业两年的大学生能在工作之初就取得如此大的成就，的确令人羡慕。

四、英伦求学，找准方向

地质调查所的三位创始人章鸿钊、丁文江和翁文灏都曾留学国外，深知当时中国与欧美在科技上的差距，因此都十分重视选派学生到国外深造，并作为培养人才的重要措施。

1935 年初，考虑到中国近代的落后，需要学习世界上最先进的科学技术，程裕淇毅然向地质调查所领导表达了想出国留学的意愿。翁文灏所长对此非常同意和支持。于是，程裕淇就报名参加了中英“庚子赔款”留学考试。由于所里地质工作任务繁重，他完全是利用业余时间复习功课。4 月初在北平留学考试结束后，他没有停留，仍按所里指示，随谢家荣赴福建调查地质矿产。不久之后，他在外地出差时欣喜地收到了被录取出国留学的电报。一回到北平，他很快向所里交接了手头上的工作，集中精力准备出国所需要的相关资料。当时所内给他指定了两位顾问导师——丁文江和李四光，这两位顾问导师主要对学生将要去学习的学校、专业、导师等提供指导和帮助。为此，程裕淇专程赶到位于南京的中央研究院，尽快找到任职总干事的丁文江请教，丁文江建议他，在英国进修深造时，就要以自己在当地获得的地质资料和当地的地质特点作为学位论文内容，还要借此机会到欧洲大陆有关国家去游学，以增长见识和阅历。另一位顾问导师李四光当时正在英国进行考察和学术交流，此后也给予了他相关指导。

1935 年 8 月 6 日，程裕淇从上海乘船，踏上了去英国留学的征程，同船去的还有张文裕、钱钟书和杨绛夫妇等，其中张文裕已在燕京大学取得硕士学位并留校任教，此次是到剑桥大学攻读博士学位。钱钟书是到剑桥大学英语系学习英国语言文学，后获副博士学位。出国那年，程裕淇 23 岁，张文裕和钱钟书 25 岁。他们在去英国留学的路上，从上海到伦敦要在海上漂泊一个月的时间，但是几位立志到国外学习后报效祖国的年轻人在一起总有说不完的话题，从对国家前途的担忧到对未来社会的憧憬，从各自的领域交流到对今后生活的展望，这段时间就在几个年轻人的交流和憧憬中悄然过去。

1935 年 9 月 13 日，他们一行人经过一个月的漂泊终于到达了英国伦敦，当日下午就到中国使馆报到。次日上午，程裕淇在伦敦中华协会与伦敦各大学中国委员会秘书 H. T. 希尔柯克（H. T. Silcock）谈话，了解了英国一些大学的有关情况。下午，他约一同来英国留学的杨曾威到伦敦城北郊李四光寓所拜访。李四光作为程裕淇的留学顾问导师，已对他的学习方向有了更深入的思考，他首先指出变质岩是三大岩类中重要的一种类型，与构造变形和一些变质矿床有着密切的联系，是值得深入研究的。另外，他考虑到当时国内还没有人专门从事变质岩石学的研究，从学科布局上应该有人从事这方面的研究，由此李四光郑重建议程裕淇到利物浦大学地质系随里德（Read）教授学习变质岩石学。里德是该领域的权威，学术水平很高，后来，在1948年举办的第18届国际地质大会上里德当选为国际地质科学联合会（IUGS）主席。程裕淇认真聆听了李四光的教诲之后，感觉变质岩确实是值得进行研究的领域，欣然接受了李四光的建议，到利物浦大学随里德学习变质岩。李四光的指点，从此成了程裕淇一生的追求。这一次在伦敦逗留期间，程裕淇又两次拜访李四光先生，专门向他汇报了自己在国内的学习和工作情况，也进一步了解了变质岩的有关情况和发展方向等。

此后的一个星期左右，程裕淇都在伦敦积极活动。与利物浦大学的罗士培（Roxby）教授取得联系，请求他协助自己到利物浦大学学习，并得到罗士培教授热情友好的答复，程裕淇开始积极做入学准备。在伦敦期间还巧合与在本地考察的黄汲清见面，黄汲清当年6月刚在瑞士浓霞台大学通过博士论文答辩，获得博士学位，并借此机会在欧洲多地考察。程裕淇1932年夏在北京谢家荣办公室第一次见到黄汲清时就留下了深刻印象，所以两人都有“万里他乡遇故知”的感觉。在这彼此谈了很多，黄汲清介绍了自己在瑞士学习和前一阶段在德国等地考察的情况以及后一阶段的计划，程裕淇介绍了自己在地质调查所的工作以及这次到利物浦大学准备学习变质岩的情况。这次会面加深了他们的相互了解，为以后进一步合作交流奠定了坚实的基础。利用难得在伦敦的机会，在伦敦逗留期间，程裕淇还在早批留学生好友林超①等的陪伴下参观了大英博物馆、自然历史博物馆、地质博物馆等，并参加了中英“庚子赔款”留学同学会的茶话会等活动。他还抓紧时间写了几封信，主要是向家中亲人和实业部地质调查所及母校清华大学的领导、同事和师友们报平安，介绍出国见闻。

1935年9月23日，程裕淇与林超等一起从伦敦乘火车到达利物浦，当日下午便拜访了里德教授及罗士培教授，商谈入学事宜。两位教授建议他攻读硕士学位，程裕淇则认为，自己好不容易远涉重洋来此深造，应抓紧宝贵时机勤奋苦读，高标准，严要求，力争早日拿到博士学位。

---

① 林超（1909—1991），生于广东揭阳，地理学家。1933年毕业于中山大学，1938年获利物浦大学博士学位。曾任中国地理研究所研究员、所长，清华大学和北京大学教授等职。

进入大学第一天，程裕淇在学生集体宿舍暂住一晚。他觉得那里不适合自己做研究工作，第二天就迁入地质系布莱克曼（Blackman）教授家租屋而居，尽管房费、膳食费稍贵，但卧室小而精致，有独立的个人空间，便于自己学习和研究。

顾不上劳顿之苦，紧接着两天，程裕淇都去里德教授办公室拜访，商谈入学之事，聆听教诲。里德教授看到程裕淇求学心切，不假思索地拿出岩石薄片让程裕淇鉴定，他不慌不忙，在显微镜下仔细观察，随即写出了岩石鉴定结果。里德一看，答案惊人地正确，十分惊叹中国留学生基本功的扎实。他当即赠送程裕淇一份论文抽印本，表示对他的赏识。

才过去 10 天，至 10 月 3 日里德再次见到程裕淇时，告知初步给他定的毕业论文题目是“苏格兰北索受兰的地貌”，又特别说明，在此区域范围内，再选一较小的适当地点专做变质岩研究，并且本学年在地质系要听的课程就有矿物学、岩石学、地貌学，等等。程裕淇听到里德教授这种安排不禁大失所望，心中颇不是滋味。里德教授让他去苏格兰北索受兰研究地貌，而他接受李四光的建议想要从事的研究方向是变质岩石学，而不是在学地貌的前提下找一个小地方见识一下变质岩。由于多年来程裕淇养成良好习惯，他在读书做学问上顽强进取，在为人处世上则慎重稳妥，因此他不和里德教授发生正面冲突，而是利用学校的有关规定程序努力去争取。

紧接着，程裕淇带着失意加班彻夜工作，次日一早就将写好的攻读博士学位申请书呈交给罗士培教授，征求他的意见。罗士培教授看完程裕淇的申请书，对他欲读哲学博士学位一事表示赞同，并旋即对申请书做了一些文字修改。郑重告诉他，这件事还要去向院长说明情况，院长批阅后交学校注册部才能生效。为了实现心愿，这几天程裕淇又下功夫对申请书进行了认真修改，并于 9 日到院长办公室找到院长，院长说申请书应交注册部，还需另写一信给其本人，写明请求之学位及研究题目。功夫不负有心人，10 日上午，程裕淇按学院和注册部的要求把这一切都办妥了。这样，程裕淇终于注册为一名正式的博士研究生，完成了一生中一次艰难的职业选择。

完成博士生注册之后，程裕淇放下了心，能够尽心竭力地进行学习和研究了。更重要的是，他的努力结果也改变了国际著名地质学家里德教授的看法。由于跳过了硕士阶段的学习内容，所以除了里德教授最初给他指定的课程外，程裕淇还要学习博士所需的课程。此后他一直紧跟里德教授，但凡里德讲授的课程，如结晶体的光学性质、高级矿物学（尤其专门讲正长石、微斜长石及歪长石）、火成岩石学、变质岩石学等，他都一堂不落地去认真听讲。相应的实验课他也积极去上，并动手做实验，在地质学各方面都学到了很多。

在利物浦大学学习期间，程裕淇除了学好多门课程之外，还将很大一部分时间用在了岩石薄片的观察上。他把里德教授精心收集的变泥质岩石、角闪质岩石、片麻岩、榴辉岩、花岗岩的薄片分门别类进行了详细认真的显微镜下观察，并且每天都对所观察的薄片进行认真记录。里德教授看后十分满意，有时就拿来一些新的薄片让程裕淇鉴定，作为后来的教学之用。除了一般的岩石薄片鉴定之外，程裕淇还采用当时非常先进的弗氏旋转台对长石、云母、角闪石等矿物的折光率进行测定和计算。经过长时间的显微镜镜下观察，程裕淇练就了岩石薄片镜下鉴定的扎实功底。他深知岩石薄片鉴定对于地质工作的重要性，所以后来从事地质管理工作后，他一直要求野外地质人员一定要学会岩石薄片的镜下鉴定，只有把野外的露头和室内的薄片鉴定结合起来，才能从宏观和微观两个层面把握所研究岩石的特征和内涵。

程裕淇在读博期间还利用图书馆丰富的藏书进行了广泛的阅读。他在三年的时间阅读了“岩石学方法”（Petrographic Methods）、“光性矿物学”（Optical Mineralogy）、“火成岩石学”（Petrology of Igneous Rock）、“变质作用”（Metamorphism）、“地质学研究方法”（Methods in Geological Studying）、“英格兰北部地质”（Geology of N. England）等方面的大量专业书籍和地学杂志，同时还阅读了《地球的表面》（*Surface of the Earth*）、《地理的形成》（*The Making of Geography*）、《两个太阳系家族》（*The Two Solar Families*）等相关书籍，阅读了《种族特征》（*Character of the Races*）、《欧罗巴洲之人种》（*Races of Europe*）等社会科学类的书籍。通过广泛的阅读，他不仅对地质学有了更深刻的理解，同时对地理学科及人文科学也有了一定的了解。广博的知识为他以后的发展奠定了坚实的基础。

在校期间，程裕淇还积极参加各种学术活动，除了参加利物浦大学地质系的学术活动之外，他还参加利物浦市地质学会及伦敦地质学会举办的学术活动。在各种学术会议上，报告包罗万象，从英格兰地质特征到埃及和印度的地质概况，从英格兰的人文地理到国际时局，应有尽有。通过参加这些学术交流，程裕淇增长了知识，开阔了眼界。程裕淇不仅认真听各种学术报告，还利用学术交流的平台介绍中国的有关地质情况，他先后做过《中国的煤矿》《中国的成矿作用及实际成矿时代》《中国之矿产》《中国造山运动》《水成岩之接触变质》的学术报告，通过介绍中国地质情况，使英国同行对中国的地质情况有了初步了解，也展示了他的学识和能力。

程裕淇在利物浦大学做的博士学位论文为《索受兰北部的地质和地貌》（"Geology and Geomorphology of North Sutherland"），这篇洋洋洒洒400 余页的博士论文中有很大篇幅阐述了这一地区的混合岩特征。在完成这篇博士学位论文的过程中，尤其是在 1936 年 8—9 月，程裕淇用了 40 天时间进行野外调查和研究。除少量时间得到里德教授的指导之外，大部分时间是程裕淇独自在一个完全陌生的地区进行野外工作。由于野外工作之前他已经阅读了有关这一地区的大量文献和不同比例尺的地质图，并且去野外之前自己还绘制了一幅工作用的地质图，这样在野外工作时有备无患，得心应手。根据野外工作进展，他不断修正地质图，所以野外填图工作较为顺利。然而野外工作并不是一帆风顺的，除了大雨，每天都清早出发徒步去考察研究，有时需要翻越几个山头，走几十里路，提和背一堆很重的标本，手划破了皮，脚也扭伤过，傍晚回到寓所后还要整理标本和一天的地质记录，并修订地质图，通常要忙到很晚才能休息，只有将累和苦埋在心里。

在索受兰北部填图和研究时，他沿着一层原岩成分稳定的变质泥岩的走向仔细追索，在 70 米范围内发现由于钠质交代作用，原岩的矿物种类和含量、结构、构造都发生了不同程度的变化，从而提出该地区存在钠质交代成因的混合岩。之后又在更大的范围进行追索，分别在 200 米和 400 米的范围进行相应的研究，进一步证实了钠质交代的过程。在野外工作告一段落回到利物浦大学后的一段时间内，程裕淇通过详细的样品薄片鉴定和元素的分析，获得了矿物组成种类和含量的定量变化及钠元素等的交代量等数据。从野外到室内的研究充分说明这一地区混合岩的交代成因，这一发现是尚无先例的。里德教授对这种精细严密的野外观察和系统深入的室内研究的工作态度与方法，以及由此得出的理性认识表示赞赏。该成果及有关标本至今仍分别保留在利物浦大学和帝国理工学院。当该项成果以论文形式发表后，引起了国际学术界的高度重视。

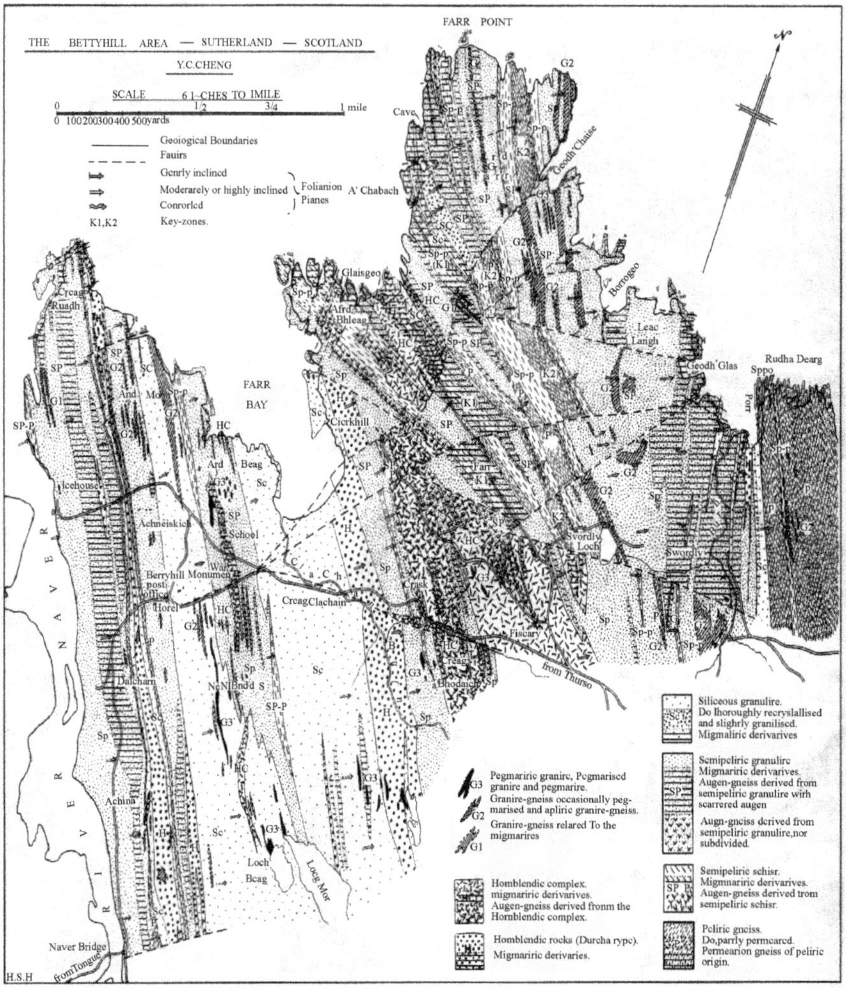

1936 年，程裕淇填制的英国索受兰地质图

除了做好自己博士学位论文所需的野外工作之外，程裕淇对其他野外地质工作和考察也十分重视。1936 年 4 月里德教授率利物浦地质学会会员及利物浦大学地质系学生去英格兰东北部北海西岸的纽卡斯尔地区实地考察，其中有石灰岩与岩浆岩的接触变质现象，有煤系地层，有二叠纪的红色砂岩。同时，里德教授还教学生填制地质图，程裕淇仔细观察各种地质特征，并认真作图。里德教授审阅后对程裕淇所绘制的地质图非常满意。过了很久，当 20 世纪 80 年代程裕淇的一位师弟（同是里德的学生）访问中国时对程裕淇说：里德教授把你在纽卡斯尔所绘制的地质图作为教学范本，并告诉之后的学生要像中国留学生程裕淇这样画地质图。

1937 年 5 月听说翁文灏先生访问英国，程裕淇专程到伦敦拜访了他，翁先生嘱咐他在利物浦大学获取学位后，还可到别处去考察火成岩，研究火成岩的分类等，以便回国返所后更好地开展工作，这一番指导意见给他后来的各项地质工作打下了重要基础。同年，忙碌中的程裕淇接到了好友杨遵仪的来信，获知杨遵仪通过“庚子赔款”考上了美国康奈尔大学，继续深造古生物学。程裕淇看信后非常高兴，马上复信予以祝贺。这种同学情谊，一直激励着他们相互支持，相互鼓舞。凭着这些工作积累和同学间的学术交流，他们到晚年还合作完成了英文版的《中国地质学》专著。

按照翁先生的嘱托，为了充分利用在国外的学习机会，程裕淇在完成博士学位论文的野外工作后回到利物浦只做了短暂的休整，就前往北欧进行地质考察。在芬兰，他主要考察了不同岩石的接触关系，在瑞典主要考察了太古宙地质，在挪威主要考察了花岗岩岩墙、变质岩、冰川地质，等等。除此之外，他还在这 3 个国家考察了地质调查所、大学地质系、博物馆，拜访了一些著名地质学家，如芬兰的变质岩石学权威爱斯柯拉（P. E. Escola）、挪威的地球化学权威（被称为“现代地球化学之父”）戈尔德施密特（V. M. Goldschmidt）等，进一步开阔了视野。

1937 年 8 月，程裕淇在从英国到挪威考察的船上

1937 年 9 月，程裕淇在挪威芬斯（Finse）野外考察

从这次北欧考察回到利物浦，程裕淇除了上必要的课程之外，就全身心地投入博士论文的写作中。在不到三年的时间内，1938 年上半年他终于完成了博士学位论文《索受兰北部的地质和地貌》（*Geology and*

Geomorphology of North Sutherland），并顺利通过了学位论文答辩。同年7月2日，程裕淇参加了利物浦大学的学位授予典礼，在这次典礼上，他被学校授予哲学博士学位。

1938年7月，程裕淇（中）在利物浦大学获得博士学位时与同学合影

程裕淇荣获博士学位的事例可以给人一些思考和启发。20世纪初，我国自然科学研究和高等教育刚刚起步，早期出国留学并读研究生的一般只拿到硕士学位，例如我国自己培养的第一批地质学家“十八罗汉”中的王竹泉、叶良辅、朱庭祜[①]、李学清、谢家荣等多只获得硕士学位。程裕淇初到利物浦大学，导师也是让他做硕士研究生，但是程裕淇却努力争取攻读博士学位。经过他的一再努力，对方一开始虽然同意了，但给他所定的论文题目与自己追求的学术方向不同，他为了祖国的需要坚持李四光先生预定的研究方向——变质岩石学。在这一过程中，他并未与导师闹矛盾，只是一个劲地努力，以行动去说服导师改变想法。正是这种“咬定青山不放松”锲而不舍的精神最终获得了导师的尊重和赏识，并荣幸地获得了英国哲学博士学位。由此可见，程裕淇能获得博士学位是靠扎实的功底和不懈的努力，在清华大学打下的基础和在地质调查所练就的技能，为他开展博士论文工作打下了基础。里德教授第一次让程裕淇看岩石薄片，他就能准确识别和正确定名，这让里德教授留下了好感。在实习以及和同学一

① 朱庭祜（1895—1984），地质学家，井陉铁矿的发现者。1916年毕业于农商部地质研究所，1922年获美国威斯康星大学地质系硕士学位。曾任中山大学地质系教授，浙江省地质局总工程师等职。

起考察期间所作的地质图，里德教授作为后来教学的范本等方面，为他能够攻读博士学位获得了机会。此外，在野外工作时精细的观察、大胆的推测和严密的论证，确定了混合岩的形成过程，为博士学位论文创新提供了条件。机会总是属于有准备的人，正是程裕淇坚实的基础、确定的志向和扎实的工作才让他跳过硕士阶段直接攻读并获得博士学位。

正当程裕淇留学英国期间，抗日战争全面爆发。从 1931 年日本占领东北就虎视眈眈地盯着华北、华东乃至全中国。为安全起见，1935 年实业部地质调查所搬到了南京。1937 年 7 月 7 日日军在北平的宛平挑起战事，很快就占领了北平。8 月 13 日日军又在上海吴淞口挑起战事，淞沪会战爆发。虽经 3 个月的顽强抵抗，上海还是在 11 月 12 日失守。这一时期程裕淇虽然人在海外，但是时刻惦记着国内局势，心急如焚，只有努力做好地质工作，之后为国效力。在这期间，程裕淇随时看包括当地的报纸、国内的《时事新报》《独立评论》《中国评论》等，他时刻关注着国内外的时局变化。那时程裕淇有常年记日记的习惯，在日记中多只记事，很少有评论。但是程裕淇的日记记录了日军侵略中国的历史，如 1937 年“七七事变”后，7 月 14 日他在日记中写道：“得悉上周日军在卢沟桥冲突，华北形势紧张。”同年 9 月 25 日，他在日记中写道：“保定于昨日失守，我军在平型关大胜，日军死者数千人。”等等。很少在日记中评论的程裕淇在 1936 年 5 月 9 日的日记中写道：“今日为五九国耻纪念（注：1915 年 5 月 9 日袁世凯接受丧权辱国的‘二十一条’，所以程裕淇称为国耻），旧辱未消，新耻频加，大中华民国，得勿惭愧乎？！”拳拳爱国之心，溢于言表。他不仅时时关心国内抗战的进程，还走上街头主持和参加募捐，为国内的抗战募集资金和物品。1937 年，他看了关于“七七事变”“八一三事变”的报道，眼见全面抗战已经开始，恨不得尽早完成留学之业，返回灾难深重的祖国，以自己学到的本领为祖国效力。

程裕淇获得博士学位不久，离开了利物浦，经伦敦、巴黎抵达德国柏林。在柏林与在那里的中英“庚子赔款”公费留英研究生聚会，其中有张文裕、杨曾威、苏元复、钱宝钧、夏坚白、陈永龄、王之卓夫妇，等等。在柏林逗留期间，他主要去柏林大学听课，学习德文，还到德累斯顿参观矿物陈列馆及雕刻馆，并考察附近的白垩纪砂岩中的弯曲形峡谷。离开德国后，程裕淇又经奥地利到瑞士进行地质考察。他与地质学家莱因哈德

（Reinhard）教授一同考察洛迦诺附近河床内之砾石，又考察了附近角闪质副片麻岩的边界构造等。其后他又去瑞士巴塞尔大学矿物岩石研究所参观访问，在旋转台上做矿物的测定，还在附近采集了角岩、斜长石化角岩和花岗岩标本、糜棱岩化花岗岩等岩石标本。直至 1938 年 10 月，程裕淇基本都在瑞士的巴塞尔大学进修、学习和考察。

国内的战火炙烤着程裕淇的心。在了解了欧洲的基本地质情况并谢绝了导师的挽留后，他不考虑继续留在欧洲，决意选择回国，准备从法国乘船返回多灾多难的祖国，为国奉献自己所学。11 月初，他乘火车离开瑞士巴塞尔，抵达法国巴黎。在巴黎停留了几天，顺道参观了埃菲尔铁塔、卢森堡博物馆、凡尔赛宫等。9 日从巴黎乘火车到了法国南部马赛，10 日抵达土伦港，11 日在土伦乘上东归的远洋客轮，由此踏上了归国的旅途。

程裕淇从早年的学习和工作经历中完成了人生的第一次抉择，找到了自己事业的出发点——以地质为生，并酷爱着地质，深深融入其中。通过李四光的指引和里德教授的培养，他找到了自己事业的追求——变质岩石学。通过对全民抗日的认识，他找到了人生的目标——用所学本领为国效力。这就是程裕淇的初心。另外，程裕淇从进入地质大门开始接受的就是以野外调查为基础、以地质填图为手段、以广博学识为根基的教育，国内外的严格训练奠定了他的事业基础和研究风格。由此，程裕淇的地质专业基础坚实而广博，研究风格则是重视野外地质调查，重视野外观察与室内研究相结合，从而实践出真知。

第二章 艰苦求索，努力前行（1939—1949年）

一、初战告捷，发现磷矿

登上驶向中国的远洋客轮，遥望山河破碎、满目疮痍的祖国，程裕淇感慨万千。在波涛汹涌的海洋上，他在思考着此时回国到哪里去？从1937年11月上海失守，到12月日本侵略者在南京制造惨绝人寰的南京大屠杀，程裕淇的家乡已在日寇铁蹄蹂躏之下，尽管家中还有亲人，但回到家乡却难以开展地质工作，只能在日伪统治下煎熬。而从英国获得博士学位回国就是要用所学报效灾难深重的祖国，于是程裕淇下定决心直接到抗战后方去，到自己曾经学习和工作过的实业部地质调查所（当时已更名为经济部地质调查所）去，到那里发挥自己的所长，为祖国的发展尽自己的绵薄之力。

归国之途迂回曲折。程裕淇所乘坐的远洋客轮经塞得港、吉布提、科伦坡、新加坡，于1938年12月8日抵达中国香港，停留数日后，16日乘船驶离中国香港，18日到达越南海防港，结束了将近一个月的漂洋过海生活。此后乘越南火车北上，经河内、老街，22日抵达我国云南昆明，终于回到祖国母亲的怀抱。这条曲折的路线就是当年很多国外学子归来的回国路线，因日本侵略者的侵略，他们再无法回到他们的出发地上海，而是从中国香港换乘到越南的船只，再从越南乘火车到抗日的大后方。地质界的先驱丁文江也是走这条线路到达昆明的，并且没有休整就徒步旅行、考察，经贵州、湖南，历时两个多月，了解地质情况，为他以后从事该区域地质调查、寻找地下宝藏打下了坚实基础。

出国三年，随着时局的变化，国内研究机构和高等院校也发生了重大变化。程裕淇出国前工作过的地质调查所于 1935 年从北平搬到南京，1937 年又从南京撤退到重庆北碚，由实业部变更为经济部管理。中国北方三所著名的大学——清华大学、北京大学和南开大学在“七七事变”之后迁至湖南长沙，强强联合，成立国立临时大学，此后又迁往云南昆明，成立国立西南联合大学，其中设有地质地理气象系，系主任是孙云铸。

程裕淇在昆明安排好了住处就前往经济部地质调查所驻昆明办事处，找到该处主任杨钟健并告诉他：老所长翁文灏 1937 年 5 月到英国伦敦曾约见他，对他留学作出了若干指示，并让他在国外多学些本领后回国仍去本所工作。程裕淇出国前曾在北平该所工作过两年，杨钟健当时还是所里的重要骨干，与程裕淇也相识，因此对他学成归国并重回所里工作表示热烈欢迎。程裕淇当即搬到所办事处居住，并开始在那里上班。

1938 年底昆明炼铜厂急需耐火材料，在昆明附近多方寻找，听说昆阳中邑村产一种可以漂白衣服的白泥，疑为所需的耐火材料，便采样进行了分析。当时中央研究院化学研究所得知此事后，也要采样进行化验，遂派王学海研究员并会同地质调查所昆明办事处的程裕淇前往调查。1939 年 1 月底，程裕淇和王学海一到达昆阳中邑村就开展了紧张有序的工作。他们首先发现所谓白土实际上是由一层鲕状岩石风化而成，加酸不起泡，用刀能划出痕迹，用铁锤敲打有臭味，而且打下的标本放到第二天颜色就变浅了，便用加了钼酸铵粉的稀硝酸溶液对岩石进行检测。通过这些地质和地球化学方法，他们认识到这种

1938 年冬，程裕淇留学回国后在昆明留影

东西并不是铝土矿而是磷灰岩矿，于是把该区当作磷灰岩矿区，测制了 1 : 10 000 的地形地质图，把磷矿层分为上下两层，测量了各自的产状和厚度，追索了不同矿层的延伸。把延伸 3000 米以上的磷矿层划分为歪头山—庵门冈、庵门冈—细腰和皇太后坟三个区段（矿段），粗略估计了各区段的储量。根据对比，把含矿地层时代确定为寒武纪。实际上，他们在野外的工作时间只有三天半，但效率之高、意义之大让人赞叹。2 月 2 日，他们把采集的标本带回昆明，经地质调查所化验师黄汉秋鉴定，所谓白土的含铝量并不高，含五氧化二磷却高达 36%—38%。他们进一步分析认为，白土的主要成分是磷酸钙，岩石被称为“磷块岩”。中国第一个磷块岩产地，即磷肥原料产地就这样被发现了。进一步工作发现它在昆明附近的晋宁、安宁、澄江等地都有分布，地质年代距今约 5.4 亿年，是古生代早寒武世的起始时期，地层层位是下寒武统梅树村阶中邑村段，它的整个产区探明储量超过亿吨，是超大型磷矿床，被称为“昆阳式磷矿”。该地区后来经过长期勘探开发，滇东昆明一带成为我国早期最大的磷肥基地，程裕淇等人的发现功不可没。当程裕淇回到昆明后，很快就写成了《云南昆阳中邑村歪头山间磷灰岩矿地质简报》和《云南昆阳县中邑村歪头山间磷灰岩矿简报》，分别发表在《地质论评》1939 年第 4 卷第 3—4 期和《中央地质调查所简报》1939 年第 36 号上。在这两篇文章中，他论及了交通、地形、地层、构造、矿层和开发建议，等等。1939 年又编写了《云南磷矿之发现经过与概况》一文，详细介绍了昆阳磷矿的发现过程、野外特征、鉴别方法和矿床概况。

这里需要澄清一个问题，在其他有关地质学史的文献中，提到老一辈地质学家朱庭祜发现昆阳磷矿一事。例如 1990 年湖南科学技术出版社出版的由黄汲清与何绍勋主编的《中国现代地质学家传 · 第一卷》，其中的“水文工程地质学家朱庭祜（1895—1984）”中有一段写道：

> 在云南的 3 年（注：指 1925—1927 年），朱庭祜除培养了一批年轻地质工作者外，还发现了昆阳磷矿，这一突出成绩为以后云南磷矿地质工作的发展，打下了良好基础。

另如，1996 年河北教育出版社出版、中国科学技术协会编的《中国科学技术专家传略 · 理学篇 · 地学卷 I》中的“朱庭祜（1895—1984）”

中有一段写道：

> 1926年春，当朱庭祜带领学生在昆明附近进行地质调查时，到昆阳县境，在晚古生代石灰岩地层中见有呈条带的黄灰色岩石，朱庭祜当即回想起在美国学习时所见到的磷灰岩标本与此相似，就嘱学生取样回所化验，化验结果确系磷块岩，其中含五氧化二磷达25%，可作为磷矿开采。昆阳磷矿的发现，为我国磷矿地质和磷矿工业打下了基础。

从上面的记述来看，如果朱庭祜先生是在晚古生代石灰岩中发现的磷灰岩，这与我们今天论述的昆阳式磷矿是两回事。不过，我们至今也没有听说昆阳地区晚古生代岩层中有磷灰岩，所以估计当时对地层时代判断有误。另外，那时朱庭祜先生仅仅是让学生采了样品回去化验，证明当地有高品位的磷灰岩，仅停留在得到这一信息，将它告知有关人员，自己并没有做后续的调查和矿产勘查工作，也未将这一信息写成文章公开发表，其他人得知这一信息也没有去做后续工作。所以在10多年间，这件事几乎无他人知晓。10多年后，程裕淇来此并不知道朱庭祜曾发现磷矿之事。那时程裕淇和王学海到昆阳一带是在调查耐火材料白土矿过程中发现高品位磷块岩的，并做了初步的矿床勘查，写了报告正式发表。在抗日战争期间，云南的地质工作力量已经很强，有西南联合大学地质地理气象学系、云南省地质调查所等单位。此后许多单位和研究人员来做后续工作，王竹泉、王曰伦、谢家荣、何春荪、王鸿祯等从1939年到1942年对昆阳式磷矿做了不少地质研究工作，发现昆阳磷矿分布很广，总储量超过亿吨，后来成为我国早期最大的磷肥基地。所以，昆阳磷矿发现的主要贡献者是程裕淇，朱庭祜先生则是昆阳磷矿工作的先驱。1939年，黄汲清曾写道：昆明磷矿“因程君之地质调查及黄君（地质调查所实验室黄汉秋）之化学分析名于世矣”。

程裕淇在昆明两个月的时间内，除了发现昆阳磷矿之外，其他工作也安排得满满的。此外，他还拜访了一些老同事、老朋友，包括地质调查所的老同事、时任云南省钨锑公司测勘室主任的南延宗，清华大学读书时的老师、时任西南联合大学地质地理气象系系主任的孙云铸，曾教过他的清华大学教授冯景兰和王烈，地质调查所的老同事王曰伦，等等。通过拜访，程裕淇了解到当时的抗战局势和地质工作的开展情况，并体会到后方人们为抗日战争默默的奉献精神。

在昆明工作期间，程裕淇还在地质调查所昆明办事处查阅了大量资料和文献，完成了一篇读书报告“‘Reaction Principle’ as applied to certain mineral transformations in migmatitic rocks”（中文名为“‘反应原理’在混合岩内某种矿物变换上之应用”），后来发表在 *Bulletin of Geological Society of China*（《中国地质学会志》）1940 年第 20 卷第 2 期上。

在这段时间，西南联合大学地质地理气象系有一位教师找到程裕淇，特别邀请程裕淇去他们系做学术报告。程裕淇与他们商量后决定，根据自己的研究专长，主讲英国某地变质岩石学的研究。其后，在该系的宣传栏中张贴了程裕淇演讲该项内容的海报。由于他讲解的东西当时国内尚无人涉足，略显深奥，又临近期末考试和放寒假时间，所以主要听众是高年级特别是毕业班的学生（他们的课程相对较少，写毕业论文也自由一些）。听众中有一个叫王鸿祯的学生，他 1935 年考入北京大学，1939 年已经临近毕业。这是程裕淇与王鸿祯的首次相遇。王鸿祯对程裕淇的学识深表钦佩，程裕淇通过王鸿祯的提问也对他的执着感到高兴，这次相识促成了两人之间的长期交往与合作，也成就了他们一生的友情。一直到 1986 年，他们还与杨遵仪教授一起撰写了 *The Geology of China* 一书，向国外同行介绍了中国地质的基本特征。2006 年 6 月，在纪念程裕淇院士座谈会暨《程裕淇文选》首发式上，王鸿祯院士积极发言，最后吟诵了一首他创作的“七律”：

初睹风采忆昆明，六十年来见事功。
宇溯前寒传海内，情衷成矿诵寰中。
并容研用般筹国，兼顾典图庆集成。
念载追随欣共识，学人无间仰程公。

此诗充分表达了他们二人 1939 年初识以来半个多世纪的深厚情谊，也赞颂了程裕淇在地质科学领域的丰功伟业。

在程裕淇这次讲学活动中，还有一个一年前刚从沦陷区天津历尽艰辛来到昆明进入西南联合大学的一年级新生，也学地质专业，是王鸿祯的小师弟，名叫刘东生。他见到系里宣传栏上张贴的关于程裕淇做学术讲座的海报，就被那深奥新奇的题目所吸引。他虽然对有关变质岩的内容还不是很清楚，但是作为一个酷爱科学的热血青年，却萌动了新的想法。他认为，在旧中国时期，可以说在科学上，包括地质科学在内，一切新理论、新发明，似乎都是外国人的专利，中国人是很少有份的，如果有也只是讲一些在中国本地的新发现而已。他看到了程裕淇的报告题目就觉得很惊奇，也很振奋，似乎觉得我们中国人也可以研究外国人的“专利”了，而且能做学术报告。就这样，在刘东生这些热血青年眼里，程裕淇简直成了一个英雄式的人物。当刘东生回到宿舍时，与同宿舍同学谈论起他刚知道的英雄式人物程裕淇，舍友中有一个叫王金铮的同学，是杨钟健的亲戚，在经济系读书，他对刘东生说：“我在杨钟健先生家里见过他，人家说他是英国留学回来的大博士，我看他文质彬彬的，说话做事都很文静，真像大姑娘。”这样一来，在刘东生对程裕淇原有英雄式人物的认识基础上，又增加了更多传奇性的色彩。刘东生真正成了对程裕淇心向神往的“粉丝”。

在昆明期间，程裕淇还积极参加各种学术活动，刚到昆明后两天就去云南大学参加了中国地质学会昆明分会组织的相关活动。1939 年春节前夕（农历腊月二十九），程裕淇又到西南联合大学参加了中国地质学会昆明分会的活动。通过这些学术交流，他对国内的地质工作情况有了进一步的了解。

二、北碚出发，扬帆起航

1939 年 2 月，程裕淇接到经济部地质调查所所长黄汲清的来信，请他春节后返回重庆北碚本所。程裕淇在昆明度过了己卯年的春节（1939 年 2 月 19 日）后就收拾行囊准备出发。

2 月 28 日，程裕淇离开昆明。他从昆明乘汽车经过云南省曲靖、富源等县，于 3 月 1 日进入贵州省，途经盘县、普安、关岭、安顺等县，于 3 日抵达贵阳，在此短期停留。最后于 3 月 10 日抵达重庆，11 日转往北碚，到达经济部地质调查所，进入山顶上新建的所办公大楼所长办公室，见到老朋友黄汲清。

这是他们的第三次会面，大家都十分高兴。程裕淇首先向黄汲清汇报了他们在英国伦敦第二次见面以后分别三年的留学经历，以及刚回国两个多月在昆明工作的情况。其后程裕淇又特别向黄汲清提到，翁文灏1937年5月去伦敦参加英皇乔治六世加冕礼时特别约他谈话，对他的留学作了若干指示，要他学成归国之后回本所从事以变质岩为主的工作，他欣然接受。所以，在他毕业荣获英国博士学位前后若干国内高等院校聘请他去担任教授，他都一一婉拒了。黄汲清得知后，一方面对程裕淇这种诚挚的感情表示珍惜和感激，同时又告诉他，由于抗战前方军火以及经济建设的需要，地质调查所当时的重点工作就是在西南寻找矿产资源，重点是寻找可以冶炼成钢铁的铁矿和可以解决财政紧缺的金矿，以解抗战之需。因此，他希望程裕淇先去西康从事砂金等矿产的调查，程裕淇当即表示服从工作需要。黄汲清还告诉他，自从在伦敦分别之后，自己还去了苏格兰、美国考察，然后乘船归国，几乎完成了环球一周的旅行。到上海时已是1936年1月20日，刚下船就听说恩师丁文江于半个月前在湖南长沙病故，不禁失声痛哭。踏上国土后，黄汲清就赶往位于南京珠江路的实业部地质调查所报到，向翁文灏所长汇报了留学情况。当时翁文灏已任行政院秘书长，逐渐步入政界，就任命他为该所主任地质师（chief-geologist，相当于总工程师），让他负责领导该所的野外地质和找矿工作，实际上就是按丁文江生前和翁文灏商定的意见逐渐交班给黄汲清。

与此同时，程裕淇通过和黄汲清的交谈，还了解到地质调查所这些年的变化。1935年，地质调查所从北平迁到南京，部分留下来的人员成立了北平分所。“七七事变”后，分所工作停顿，在南京的本所继续开展工作，机构日趋完善，科研人员也在不断充实和加强。抗日战争全面爆发后，1937年11月中旬，国民政府命令各机关迁移，地质调查所仓促奉令，全部动员，仅用三天的时间就将图书馆、陈列馆、各办公室、化学试验室及土壤室的重要物件昼夜赶工装箱，于18日将202个已装箱件运达南京下关。南京宣告紧急，代所长黄汲清组织地质调查所内迁武汉。12月全部运抵长沙。1938年7月，武汉告急，地质调查所再次搬迁，先迁至重庆市内，后为避免空袭，最后落脚北碚。书刊、仪器暂时存放在中国西部科学院和其下属机构兼善中学内。1939年初速建办公楼，同年春建成，同时在附近建有图书馆、磨片车间等附属设施。地质调查所到北碚后延续了在南京的建制，设有古生物研究室、新生代研究室、沁园燃料研究室、矿物岩石研究室、地震研究室和土壤研究室，等等。根据抗战形势的发展，全所的工作重心转移到大西南矿产的寻找和勘查工作中。

回溯至1938年1月，实业部改为经济部，地质调查所遂隶属经济部，更名为经济部地质调查所。黄汲清本人于1937年被翁文灏任命为地质调查所副所长，按1938年经济部令，黄汲清以经济部地质调查所副所长“暂行兼代”所长职务。同年，翁文灏正式免去该所所长一职，由黄汲清继任。当时黄汲清年仅34岁。程裕淇在他后来纪念黄汲清的文章中，称赞黄汲清“心直口快，朝气蓬勃”。

北碚距离重庆60千米。设立在北碚的中国西部科学院院长卢作孚[①]一直对地质调查所敬仰有加，得知地质调查所西迁就通过其胞弟卢子英[②]邀请地质调查所搬迁到北碚。为解燃眉之急，还把中国西部科学院办公楼借给地质调查所作为办公场所，同时又在中国西部科学院院内借予地皮新建办公大楼，1939年初速建办公楼，同年春建成。磨片车间在靠江边的一排平房内。为安全起见，图书馆则建在距北碚1千米的鱼塘湾。因新建大厦（指办公楼）不敷应用，又于北碚近郊青岗坡建一新楼，下层为图书陈列及阅览室，上层为土壤研究室及古生物研究室，1939年开建，1940年建成。由于卢作孚的鼎力支持，地质调查所很快就在北碚开展工作，逐渐站稳脚跟。程裕淇到北碚时，新建办公大楼还没有完工，就在中国西部科学院办公楼内办公。当时北碚没有电灯，程裕淇与其他学者非常珍惜晚上的时光，自己制作了一盏简易的油灯，秉烛夜读。据周慕林回忆，那

1955年，程裕淇（右）、卓雄（左）和苏联专家访问北碚

① 卢作孚（1893—1952），原名卢魁先，别名卢思，重庆市合川县（今合川区）人。近代著名爱国实业家，民生公司创始人。1938年领导民生公司组织指挥宜昌大撤退，为抗日战争做出贡献。长期从事乡村建设的理论探索和社会实践。

② 卢子英（1905—1994），卢作孚的胞弟，1925年秋考入黄埔军校第四期。曾任北碚乡村建设实验区区长、重庆市建设局副局长等职。

时常见的夜读人就有程裕淇。

在北碚报到时是程裕淇与黄汲清第三次见面，之后就开始了他们长达半个多世纪的共事。在北碚，程裕淇还见到很多老同事，特别是他的恩师谢家荣，还有高振西、王钰等。大家都对他从英国荣膺博士、载誉归来表示赞美，并希望他继续努力，取得更大的成就。他也见到清华大学的老校友俞国华等。在北碚的几年，程裕淇不仅在地质找矿、变质作用研究等领域做出了贡献，还在北碚收获了爱情。先立业后成家，这是他人生中的第二次选择。

三、西康湘西，为国寻矿

经济部地质调查所（为与省地质调查所相区别，1941 年正式定名中央地质调查所）迁到北碚后，为支援前线的抗战，在大西南进行了找矿和勘查工作，程裕淇也融入其中做了大量的工作。1939 年 3 月，程裕淇到地质调查所不久就接到赴西康[①]开展金、铁等矿产调查的重任。

1939 年 4 月初，程裕淇做好出差西康的一切准备，7 日和崔克信、周德忠三人坐小火轮从北碚出发，到重庆朝天门江面时，忽听空袭警报响，轮船开到对岸玄坛庙一峭壁下躲避，待警报解除后，才在朝天门码头停靠上岸。当时前方抗战吃紧，后方不断遭日寇空袭，他们就是在这种背景下开始的西康之行。他们从重庆乘汽车去成都，那时交通十分不便，在成都等行李就是半个多月。之后再坐汽车到雅安后，就只能靠步行了，这样走了 8 天才到达康定。

从雅安出发，由于一路不是单纯的行走，所以他们一路行进一路考察，不仅考察了贡嘎雪山的冰川地貌，还考察了冷碛附近的正长岩体，泸定铁索桥附近的钙硅酸盐岩、正长岩，冷竹关附近的混合岩化岩石。

当时的社会治安条件较差，他们在康定拜会了西康省的刘文辉主席等，请在安全上给以支持和保证，还与省金矿局局长林济青、省建设厅科

---

① 1928 年，南京国民政府明令改四川省西部边境区（川边特别区）为西康省，1935 年 7 月在刘文辉领导下，西康建省委员会成立于雅安，1939 年元旦西康省政府正式成立，管辖的范围，除了金沙江以东原有区域（简称“康属”）的 19 个县、1 个设治局之外，还有新从四川省划过来的“雅属”6 个县、1 个设治局和“宁属”（西昌古称“宁远府”）8 个县、1 个设治局，总共是 33 个县、3 个设治局，大致相当于我们现在的雅安地区、甘孜藏族自治州和凉山彝族自治州。

长张伯颜（后曾任西康省地质调查所所长）等一起商谈工作，听取了林济青、张伯颜二人关于西康省矿产地质的简单介绍，阅读了他们二人所提供的地质资料和地形图，商定了下一步的工作计划与方案。

他们考察组内共有6人，每人骑一匹马，又有驮牛7头，驮运帐篷、米面及其他工作和生活用品。5月30日，告别林济青局长等友人后，于中午出发，向西往青藏高原东缘折多山区前进，一开始看见山边宽大的河谷，坡度平缓，牦牛很多，水草丰茂。他们在途中也看见很多牛、马的骸骨，之后得知牛、马劳动强度过大，途中累死的也实在不少。过了海拔4300多米的折多山山顶，还看见一具赤身尸体，这说明此次矿产调查的难度很大，而且当地治安也确实问题不小。经过多日的艰难行走，他们终于在6月5日到达泰宁。

泰宁是一个标准的处于壮年末期的小型山间盆地，附近出露的岩层多沿北西—南东走向，经调查后发现，盆地的走向也与此相同，最宽处2千米，延长约5千米，由东、北、西三面流来的小溪涧均汇合而向南流入雅砻江上游。由于多条溪流汇聚在这里，所以泰宁盆地有不少砂金矿，已有采坑星星点点，由西康金矿局进行管理。没顾上休息，程裕淇一行到达后尽快与金矿局接洽好，而被安排到金矿局仓库住宿，这说明当时接待条件十分简陋。由于找矿心切，金矿局的工程员赵伯骧带领他们到金矿局各探矿硐内观察。此后，程裕淇等在泰宁盆地测制了全区万分之一的地形地质图，历时10多天的努力，图终于测成。重点在河流阶地的划分和不同阶地的组成方面，成图后又根据各矿硐的观察内容不断进行修改。在这里，他们还做了很多矿硐地质特征及沉积层分布与组成结构的观察，初步认为此地产金虽不太富，但地处交通要道，开采较易，颇值试采，含金砾石层至少有三层之多，其间均以侵蚀面相接触，在地文学上尤其有意义。其中，泰宁砾石层希望较大，每吨通常含金一二钱，多可到四钱，另外，其间的惠远庙砾石层希望尤大，唯通风排水较困难，诚美中不足。于是，针对泰宁砂金矿今后的开采向金矿局提出了建设性意见，泰宁砂金的地质调查告一段落。

根据区域地质条件，从泰宁出发，他们继续前行去寻找另一个矿金矿点。由于缺少向导，只有采用旧的10万分之一地形图沿已有路线调查金矿地质，重点研究河流台地、阶地，为砂金矿开采提供新的基地。在途中，他们住在喇嘛寺内，天一拂晓即起床开展野外工作，中午返回住地。这次考察区域属于南方亚热带，气候湿润，那里下午常常下雨，他们就在室内进行观测数据整理和分析。为了摸清这里的地质情况，程裕淇等顺阶地而上，他们一直工作到道孚，又赶到了大金川上游的鱼科，再沿河往下到二揩，分出了河流几级阶地，之后再由鱼科折回道孚。可是在从鱼科到道孚的分水岭上，他们正准备翻过垭口，忽见三个骑着马、背着叉子枪的人沿山脊线行进，料是土匪，他们 6 人把队伍拉开，双方虎视良久，由于土匪摸不清他们的底细，又不知他们人有多少，没敢直接过去抢他们，就悻悻地离开了。等土匪走远，他们也警惕地翻过山垭，经过一场与土匪的对峙后，终于到达了目的地。虚惊一场后，他们没有停留，还顺道调查了位于海拔 4000 多米的菜子沟铁矿。由于工作区域位于青藏高原东缘，谷窄沟深、滩多水急，交通不便，所以他们需要在山坡上扎营露宿，条件异常艰苦。更困难的是西南山区植被覆盖，地质露头不多，他们只有在较少的铁矿露头仔细观察，采集标本，而且克服困难在矿区测制了 1∶5000 地形地质图，面积约 1.24 平方千米。根据铁矿已有露头的出露情况，把矿床划分成 7 个矿体。经研究，该矿是石炭—二叠纪石灰岩被花岗闪长岩侵入，形成大理岩并于岩体接触处形成接触交代变质矿床，成矿矿物主要为磁铁矿，也有少量赤铁矿、褐铁矿等，估算储量有 100 多万吨，又可露天开采，很有开采价值，唯地处深山沟谷，如进行铁矿开发，需先解决交通问题，方可奏效。

此后，按照他们的工作想法，又马不停蹄赶到周边炉霍、色达、甘孜一带工作，重点仍是调查河流阶地。在野外地质工作中，有时用具有等高线的地形图填地质图，有时则用小平板仪一边进行地形测量一边进行地质勘查。在团队分工中，周德忠主管地形测量，程裕淇主要负责地质调查。在山区路远区域且受工作条件限制，他们骑马工作时，往往靠数马的步数来定距离，步行时则靠数步数确定距离。紧接着，程裕淇等 6 人又从甘孜出发到雀儿山下的玉龙，之后又转到甘孜迂回，沿雅砻江向上游行进，行至山上大盖喇嘛寺，再翻山而下才到达麦科砂金矿区。在那里，他们在富康公司大盖金厂办事处人员的陪同下到附近进行了该区地质考察。

他们于 1939 年 8 月在甘孜、德格一带开展工作，在调查金矿的同时，还对沿途的地质情况进行了调查。其间在甘孜玉隆镇附近的打若龙巴发现一花岗岩体，被其侵入的黏土质页岩发生明显的接触变质改造。程裕淇对

1939 年，在道孚野外考察期间乘坐的小船（程裕淇摄）

这一地质现象特别感兴趣，进行了较详细的观测和采样。通过这一段时间的辛苦工作后，经道孚、泰宁于 9 月再次返回康定。到达康定后，程裕淇等进行了短时间的休整，并对野外测量的地形地质图、野外记录本、标本等进行了整理和分析。利用这次机会，一同拜访了地方有关官员，向他们对于这次野外考察工作的支持表示感谢。在康定，还恰巧遇到了正在参加川康科学考察团的丁道衡①等，双方交流，畅谈了一路考察的收获，丁道衡的介绍让他对西北的地质情况也有了初步了解。

10 月 5 日，程裕淇一行出康定向东行进，这时胡熙赓加入了他们的考察队伍。沿途相继经过了泸定县城、化林坪、汉源县城（清溪镇）、富林镇、大树堡、晒经关、平彝关、喇嘛营、越西县、小相岭、登相营等地。其间在途经难行的小相岭时，程裕淇得了一场大病，可他以工作为重，一边吃药，一边带病继续赶路，好不容易于 17 日才到达冕宁县泸沽镇，至 18 日艰难地赶至西昌。就这样仍不放松，次日他们在西昌西门外接到随后赶来的崔克信、周德忠等，并一起拜访了在西昌行辕担任地质矿产专员的常隆庆②，特别谈到最近要去常隆庆早年发现、勘查过的泸沽铁矿做进

① 丁道衡（1899—1955），白云鄂博铁矿的发现者。1926 年毕业于北京大学地质系，留德博士，曾任贵州大学矿冶系系主任、重庆大学地质系系主任等职。

② 常隆庆（1904—1979），攀枝花铁矿的主要发现者之一。1930 年毕业于北京大学地质系，曾任中国西部科学院地质研究所主任等职。

一步的工作，常隆庆也对此提出了一些指导意见。程裕淇等在西昌略做短期逗留后，再次出发于 29 日到达泸沽。第二天拜访了当地的彝务指挥——邓秀廷司令，请求对他们在泸沽工作中的安全多多保护，邓司令也给他们安排了住处。他们的泸沽铁矿勘查工作就从 11 月 1 日正式开始了，紧张忙碌之后，11 月 11 日结束了野外工作。

据知常隆庆最早勘查泸沽湖铁矿，此矿以质佳闻名于世，一度有人推之为西南第一铁矿。程裕淇等这次进一步做了详细勘查，测量绘制了 1∶10 000 的西康冕宁县泸沽铁矿山磁铁矿地质图（地形地质图）、1∶50 000 的西康冕宁泸沽铁矿山间地质略图和 1∶2500 的矿山剖面图，在勘察过程中，程裕淇还亲自设计布置了槽探等轻型山地工程，以揭示矿体的产出特征。他们一起研究调查了该区地层，自老到新为：前二叠纪（？）变质火山岩系、二叠纪大理岩及石灰岩、三叠纪（？）石英砂岩层、侏罗纪煤系、第四纪冲积层。观测了构造特征包括一向斜二背斜，轴向大致为北西—南东向，两翼不对称，大致向北东或北东东作 30 余度乃至 70 余度倾斜，也可见大小断层存在。调查发现侵入岩有石英斑岩、较老花岗岩和较新花岗岩，变质岩有接触变质带的大理岩、钙硅酸盐类角页岩、变质“燧石结核”、石英砂岩。根据产出位置，经综合研究，将铁山矿床划分为三个矿体。至此程裕淇根据野外的详细地质观察，提出了该铁矿床的形成过程：在中生代中期以后，花岗岩浆侵入铁矿山以北的石灰岩与砂岩中，后二者即受其高温影响而变为大理岩和石英岩，变质最高温度在 800℃以下。并有来自同源之伟晶花岗岩流体上升，与花岗岩相交代形成电气石、黄玉及石英等矿物。当侵入岩逐渐冷凝时，围岩亦随之收缩，裂隙产生，沿此薄弱带偶有小规模错动发生，岩石内的石英及方解石也可见变形特征。而酸性岩浆及挥发性流体上升后，地壳深处岩浆房内的铁质得以集中，后遇机缘与残留挥发物随同热液升入地表，铁质即沿薄弱带（破裂带）而凝成矿体，其他杂质则与液体散入围岩及花岗岩中，这属于深造热液交代矿床（即后来所称的深成热液交代矿床）。通过这一段论述可以看出，程裕淇在 20 世纪 30 年代末已经将岩浆、热液交代、构造等多种因素进行综合，用来分析泸沽铁矿山铁矿的成因，可见其思路之敏捷和基本功之扎实。

此后经对所采集矿石标本进行室内化验，其含铁量大多在 60%—70%，最高的有 72.09%，最低的也在 57%左右，只有个别样品是铁化石英角砾

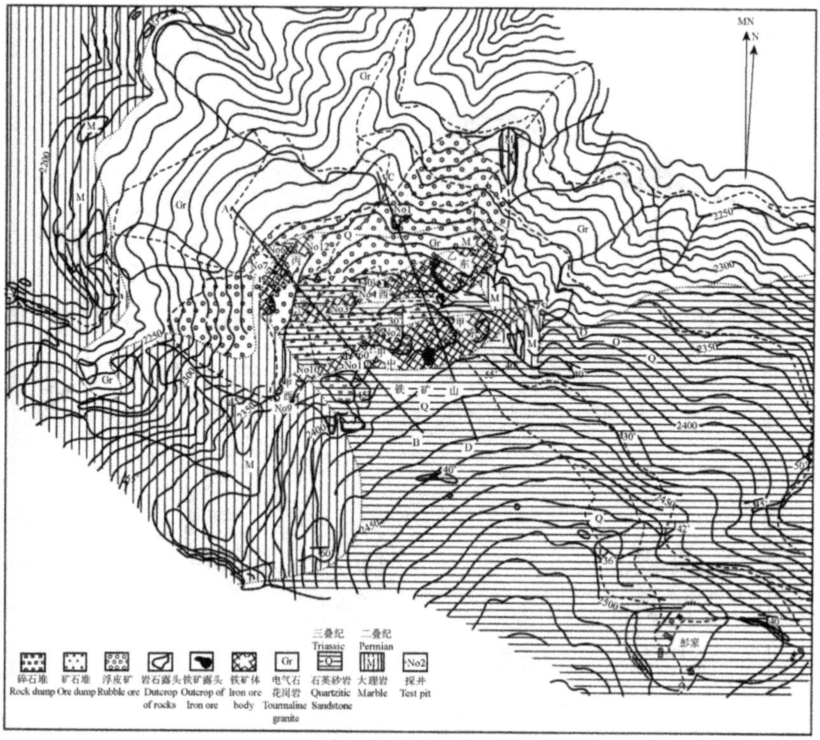

西康冕宁县泸沽铁矿山磁铁矿地质图
Geological Map of the Luku Magnetite Deposit,Mienning Sikang
地形测量及地质调查 程裕淇 崔克信 周德忠 胡熙赓（民国二十八年十一月）
Geology & Topography by Y.C.Cheng,K.S.Tsui,T.C.Chow & H.K.Hu(November 1939)

0 50 100 150 200m
等高线距10m
Contour intervall 0m

1939年，程裕淇等填绘的西康冕宁泸沽铁矿山磁铁矿地质图

岩，含铁仅为37.32%。另外关于矿产储量，经程裕淇等对三个矿体的计算，可靠储量为180万吨，可能储量为490万吨，预计储量可望达754万吨。最后，他们深入分析了矿业及开发前景：该矿可露天开采，交通又方便，运销也容易，但有一困难是附近无炼焦之烟煤，森林也稀少，木炭亦不易解决，“为救济国难时期铁荒起见，亦可先事小规模开采”，待将来铁路建成后，则大有发展前途。

泸沽铁矿考察结束后，他们于11月15日再次回到西昌，碰巧遇见地质学家阮维周①、胡博渊②等。在此程裕淇他们得到北碚地质调查所通知，

① 阮维周（1912—1998），地质学家。1935年毕业于北京大学。1946年获美国芝加哥大学博士学位。曾任北京大学教授、台湾大学教授、台湾“中央研究院”总干事，等等。

② 胡博渊（1888—1975），1905年考入唐山路矿学堂，1910后入美国麻省理工学院专攻矿冶，1917年毕业，获工程师职称。曾任国立中央大学教授、新加坡南洋大学理工学院院长等职。

嘱往会理毛姑坝。他们经相互交流并做好相应准备后，于27日离开西昌，经德昌、摩挲营等地，于12月1日到达会理县白果湾。在了解相关地质情况后，程裕淇他们做了经纬仪导线测量，于1940年1月2日编制成1∶5万的会理益门白果湾路线地质图。4日，他们赶到会理县城，见到了地质学家汤克成、黎盛斯、姚瑞开等，又见到程裕淇的老师冯景兰教授以及经济部资源委员会川康铜业管理处处长谢树英，他们在一起促膝长谈，并交流回国以来的工作体会。当月22日，程裕淇等离开会理县城继续开展野外工作，23日到了竹子箐，住一小学内，并对小黑箐铁矿进行了深入调查和测量。2月6日才完成野外任务，之后又返回会理县城。

小黑箐铁矿围岩地层是三叠系至下侏罗统的黑色及灰色页岩、灰绿色千枚岩、黑色页岩和深灰色页岩，其中有极细之石英脉及小型侵入岩岩墙、岩脉等，属于基性、超基性之浅成侵入体。经初步调查和详细观察，程裕淇等提出，矿体主要矿物为磁铁矿，密切共生有赤铁矿、石英、黄铜矿及黄铁矿，则其生成时温度较高；矿体四周皆有热液蚀变带，含小片白云母极多；原生水成岩矿的层面及结构如波纹遗迹等保存于铁矿体内。野外研究表明，铁矿的形成是由铁液与围岩发生交换作用所致，这也属于深成热液交代矿床。对其所采集的铁矿样品经室内分析后发现，大部分含铁率高于70%，极个别含铁率为57.31%，其可靠储量达200万吨，可能储量有400万吨。因而，该矿与泸沽铁山铁矿同属热液交代型矿床，储量较大，堪与泸沽铁矿相媲美，所以被誉为“宁属第二大铁矿”。为了会理小黑箐铁矿的开发利用，程裕淇等还对会理北部的白果湾煤矿进行了初步调查，认为煤质佳，储量丰，可为该铁矿开发后的炼铁炼钢提供焦炭。综合考虑后，程裕淇等慎重提出“值此国难时期，需铁甚多，而在短期内，欲谋此矿之盛大开发，又不易实现，不妨先设改良小炼炉多座，俾增加生铁产量，而应各方之所需”。

程裕淇等刚回会理县城不久，又接到北碚地质调查所电报，嘱咐近期返所工作。他们在此过完春节后，于2月18日乘滑竿离开会理，于27日抵达昆明。在昆明时，程裕淇荣幸地见到了所内同事及其他地质学家王曰伦、王嘉荫、卢衍豪、燕树檀、路兆洽[①]、黎盛斯、曾鼎乾、郭文魁、

① 路兆洽（1911—1992），1934年毕业于北京大学地质系。曾任中央地质调查所西北分所矿产调查室主任、西南地质局副总工程师、地质部南方总局总工程师等职。1958年调中国地质科学院矿床研究所工作。

杨钟健、毕庆昌、白家驹、朱莲青、徐仁、刘汉、冯景兰，等等。这几日，大家难得相见后都交流了最近的工作和体会。3月4日，程裕淇从昆明乘汽车，路经曲靖、盘县、安顺等地，6日抵贵阳。9日晨自贵阳坐汽车经过息烽、遵义、桐梓、綦江等地，于10日抵达重庆。11日在位于重庆小龙坎的四川省地质调查所，他见到了李春昱、侯德封、杨敬之、肖有钧等地质学家。14日上午，恰逢在重庆大学礼堂召开中国地质学会第16次年会，这次会议由理事长李四光主持，程裕淇出席了本次大会，并在下午参加了在重庆大学地质系大讲堂举行的论文报告会，聆听了李四光理事长的论文报告——《广西地台之构造轮廓》，这个报告是运用地质力学——构造体系的观点研究区域地质构造的重要文章。程裕淇也在大会上宣读了自己的论文——《西康隶属东部沙金矿之分类》。此外，翁文灏、朱家骅也出席了论文报告会。3月19日，程裕淇乘坐木船从磁器口出发，午后抵达目的地北碚，他及时向地质调查所领导汇报了出差西康调查地质矿产的经过、取得的成果，以及有待解决的问题等。

程裕淇自从1939年3月29日离开地质调查所出差西行去西康省工作到1940年3月19日回到该所，差不多整整一年时间跑遍了该省、康属和宁属的大片土地。除沿途进行地质观察外，这次野外重点考察的是金矿和铁矿，他们每到一个矿山或矿点都作了大比例尺（二千分之一、五千分之一、万分之一或五万分之一）的地形地质图、矿区地质图、剖面图、路线地质图等，并为以后的开发利用提出了建议。特别是对西康金矿局所辖的很多砂金矿的开采提出的若干建设性意见被采纳后，几个奄奄待毙的砂金矿起死回生，扭亏为盈。他们以艰辛、刻苦的工作，为发展大后方的矿业以及做好抗日的资源保障提供了有力的支持。

在地质调查所工作一段时间后，1940年12月，程裕淇接到所里另一个新任务，与李树勋[①]去湖南西部从事金矿探测。备好一些相关资料后，他们二人于当月9日乘船离开北碚到重庆，办了一些工作手续，12日乘汽车离重庆，15日至贵阳，23日乘车离贵阳，经贵州省龙里、贵定、黄平、施秉、镇远等县，25日进入湖南省境，经芷江、怀化、辰溪等县，

① 李树勋（1910—1993），1937年毕业于北京大学地质系。曾任中央地质调查所西北分所事务主任，兼兰州大学副教授，中华人民共和国成立后任海军工程设计研究局副总工程师、高级工程师。

最终到达沅陵。那里离抗日前线不远，常有日寇飞机来空袭，所以常有警报。程裕淇等为安全起见，迁往城郊居住。他们在沅陵拜访了沅桃区采金处处长、地质学家李叔唐，在那里了解了有关地质情况。29日晨，程裕淇等坐小轮船顺沅江而下，30日上午抵沅桃边区的柳林汊，31日又到附近的桐树面，拜访了柳林汊采金工程处的两位股长——陈光传及余冠群，与他们谈起了找矿工作，查阅了相关资料和图件。

1941年元旦，程裕淇与李树勋在工作中度过，他们与柳林汊采金厂厂长、地质学家胡伯素[①]等一同下矿硐观察。2日又由采金厂的刘邦庆引领去考察沙槽矿硐，在那里都作了大比例尺地形地质图，并进行了清绘，也抄录了采金厂的地质资料和图件。就这样，他在柳林汊一带工作了10多天。1月15日，程裕淇和李树勋与胡伯素同去洞冲沟考察，之后又迁至老牛坪厂中新屋居住。春节前三天（24日）经济部资源委员会一位专员吴京来到程裕淇的工作地，旧历年除夕（26日）采金厂请他们吃了年夜饭。就在大年初一（27日）吃过早饭后，程裕淇、李树勋又与吴京及采金厂的人员一起考察矿区，一起工作到月底（31日）。2月上旬至中旬，程裕淇等一直在柳林汊附近进行野外地质调查，同时还对前一段的工作进行了分析总结，写出了《湖南沅陵柳林汊附近之脉金矿》一文，后来经整理加工，与李树勋联名发表在《地质论评》1941年第6卷第3—4期。

近3个月的野外工作，他们对柳林汊—牯牛背、黄羊坪、冷家溪—黄山溪、乌溪等区的脉岩型金矿的产状、富集与地质构造的关系进行了重点考察。考察后，经室内研究，他们把该区的脉岩型金矿划分为洞冲沟式含金石英脉和冷家溪式含金石英脉两种类型。其中，洞冲沟式石英脉发育热液蚀变带，可通过蚀变带发现这类石英脉，所以他们将蚀变带也标绘在地质图上。但这类石英脉脉体形态变化很大，体积较小，并常被成矿后的小断层所切割；石英脉含金量较低，金的分布极不均匀，采矿成本较高，不能大规模开采。冷家溪式含金石英脉的热液蚀变带非常窄，野外不易观察。这类脉岩多产于褶皱最强烈处，这类石英脉形态较规则，延伸远，厚度大，含金量较高，成矿后断层少，适于大规模开采。这些研究成果为

① 胡伯素（生卒年不详），1931年毕业于北京大学地质系，留校任教。1935年留学德国，在弗赖堡大学学习矿床学，获博士学位。1937年回国，先后任湖南大学教授、沅陵县柳林汊采金厂厂长等职。

在该区域寻找石英脉型金矿提出了方向性的建议。

1941 年 3 月初，野外工作基本结束后，程裕淇和李树勋于 9 日离开黄山溪，经茶庵铺、官庄、马底驿，于 14 日再次折回沅陵，并在沅陵寄出了采集的标本。之后经新晃、镇远、黄平等县，于 21 日下午到达贵阳。在贵阳期间，他们在贵阳市图书馆巧遇地质调查所来此出差的计荣森与霍世诚。程裕淇到贵阳花溪后访问迁至该地的清华中学，校领导请他在该校纪念周上讲讲新建的西康省概况，他又出示了两块刚从湖南采回的山金标本，师生都很欣赏，不停地传看。25 日他特地拜访了从广西到贵阳出差的李四光和孙殿卿。26 日程裕淇和李树勋乘车离开贵阳，28 日抵重庆，29 日下午返回北碚的中央地质调查所。

四、再上西康，划变质带

抗日战争时期，程裕淇等到西康、湘西主要是为抗战寻找急需的矿产资源。在这一过程中，程裕淇始终牢记在伦敦时出国顾问导师李四光让他认真学习变质岩石学、回国后开拓这一研究领域的教导。因此，他在铁矿和金矿的调查中时刻关注有关变质岩和变质作用的有关现象。

1939 年 6 月程裕淇等第一次到西康在道孚的铁矿山附近调查铁矿时就注意到，一套可能属于二叠纪的火山岩经历了轻微变质，并填制了十余平方千米的地质图，详细观察后采集了样品，但当时并没有开展深入的野外工作。之后回到室内，程裕淇详细研究了这套火山岩的岩石薄片，于 1940 年将对道孚火山岩的研究成果撰写成英文论文“On the occurrence and metamorphism of late Palaeozoic extrusive rocks of Taofu，Sikang”（《论西康道孚晚古生代喷出岩的产状和变质作用》），后发表在 *Bulletin of the Geological Society of China* 上。在该论文中，程裕淇认为这套岩石经历了岩浆后期的蚀变作用，可能在中生代花岗岩侵位之后又经历了动力变质作用。蚀变末期产生的矿物有绿泥石、方解石、绿帘石、绿角闪石，也可能有石英，其中一些矿物也可能是在自然变质过程中形成的，岩石经历了碎裂、重结晶、化学反应（新矿物形成）的过程。程裕淇等详细讨论了动力变质的机制，认为这种变质作用较为普遍，可以称为差异动力变质作用（differential dynamic metamorphism）。在该论文的最后，程裕淇指出，西康东部岩石变质的性质和特征让很多地质学家困惑，这一问题的解决要靠认真的野外填图并辅以详细的岩相学研究。他不仅是这样说也是这样做的。由此可见，程裕淇在研究变质作用的过程中，始终把认真的野外地质填图和详细的室内研究相结合。

根据西康东部的岩层与变质条件，在这里开展地质工作意义很大。1941 年 8 月 20 日，程裕淇与彭琪瑞、朱夏一同出发，再入西康。他们在成都、雅安等地短期逗留并进行交流后，于 9 月 12 日到达康定。从成都到雅安这段路程，他们乘坐大巴士，由于乘客多，程裕淇只能坐在车顶，一路颠簸，可见当时的交通状况之差。在康定他们稍做准备，待所内给予的野外工作经费汇到康定后就开始野外工作。这次野外工作并没有矿产调查任务，重点是研究古生代草八排系①与康定片麻岩的关系。经研究他们认为，草八排系主要是由半结晶石灰岩、片岩等变质岩组成的变质地层，康定杂岩则是由各种混合质岩石组成的注入状杂岩（injection complex）。

程裕淇等以康定为中心，沿鱼通河（大渡河）向南东到大河边、向北沿大金川到札柯、沿东谷河向南西到东谷进行了详细的调查，填制了路线地质图。这一带的岩层，特别是一些泥质岩石经历了中级变质作用的改造，发育特征变质矿物，为研究古生代变质作用演化提供了良好的实验场地。程裕淇自然不会放过这样的机缘，在详细野外路线调查的基础上，进行了系统的样品采集，之后回到室内对这些样品的薄片进行了认真的观察和鉴定。

在这次康定工作期间，他们还一同考察了高山冰川、不同时代的火山岩、各种类型的花岗岩等。1941 年 10 月 26 日，他们离开康定，经泸定、荥经、雅安、成都、资中、永川、青木关等地，沿途办理若干事务，或进行现场地质考察，最后于 11 月 28 日返回北碚的中央地质调查所。程裕淇第二次去西康，虽然历时仅 3 个月，比前次的一年时间要短得多，但也有了新的收获。

基于这次野外考察和室内研究，程裕淇于 1945 年完成了英文论文“On successive zones of regional metamorphism in the vicinity of Tanpa，Sikang”（《西康丹巴附近的渐进区域变质带》），发表在中央研究院的《科学记录》

① 岩石地层名称，由谭锡畴、李春昱 1935 年命名于四川石棉县，主要指当地出露的一套结晶片岩，当时认为时代大致与华北的五台系相当，层序不清，后长期弃用。

（*Science Record Academia Sinica*）上。在该文中，他把丹巴附近的古生代变质岩划分为绿泥石-黑云母带、黑云母带、石榴子石（铁铝榴石）带、十字石带、蓝晶石带、蓝晶石-十字石带、局部发育夕线石的侵入带和层状侵入的片麻岩带 8 个带，并认为区域变质作用发生于中泥盆世后，也可能发生在海西期。根据丹巴北边和西边都发育有侵入片麻岩和渗透片麻岩以及大量的电气石-奥长石伟晶岩等地质现象，程裕淇提出岩浆侵入对形成这种变质作用分带起到了非常大的作用。这是在我国首次提出变质作用的分带，是一项具有开创性的工作，也奠定了程裕淇在我国变质作用研究领域的地位。

从对道孚附近火山岩变质作用的研究到对古生代丹巴变质带的研究，可以看出程裕淇敏锐的观察力和扎实的野外工作能力，以及详尽的室内岩相学研究能力，这是他在变质地质学研究领域取得成就的基础，这种态度和作风一直贯穿于程裕淇一生的工作之中。

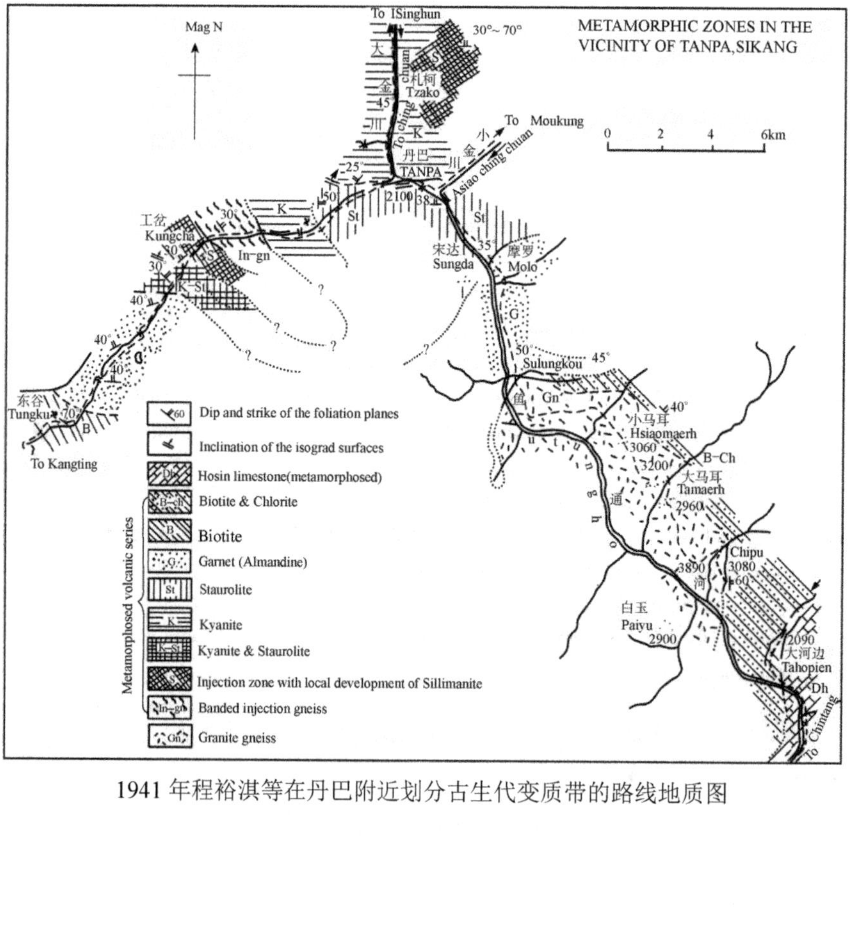

1941 年程裕淇等在丹巴附近划分古生代变质带的路线地质图

五、天山南北，考察石油

1942 年 8 月，李春昱任经济部中央地质调查所所长后，鉴于当时全国开发大西北的呼声很高，就与经济部部长翁文灏、常务次长潘宜之等商议，要相应地加强西北地区的地质矿产调查工作。当时内部决定了两件大事。一是在原来该所与甘肃省建设厅合作建立的西北地质矿产调查队的基础上，加派十多人充实其力量，扩大其规模。二是与苏联合作，由苏方派人到我国新疆地区调查石油矿，并在乌苏独山子建了石油采炼厂，所以这次本所专门派出以黄汲清为首的新疆石油地质调查队，成员包括本所的古生物研究室脊椎古生物组主任杨钟健、矿物岩石研究室主任程裕淇、擅长地形测绘的周宗浚以及玉门油矿的卞美年和石油地球物理学家翁文波。这支队伍中既有构造地质专家、地层古生物专家、岩石学专家、测绘专家，也有石油地质专家和地球物理专家，虽然人数不多，但会聚了当时国内几个领域的专家，可谓人才济济。本次任务重点是调查新疆天山南北地区的石油生成的地质背景及该区石油的远景潜力。

程裕淇与黄汲清、杨钟健、周宗浚于 10 月底得到的命令是："到新疆去，越快越好！"具体来说，就是立刻乘飞机去。他们确定于 10 月 30 日离开重庆，于 31 日晚乘汽车到了成都。在成都，他们首先需要拜访空军总指挥毛邦初，毛邦初告诉他们，11 月 5 日有飞机飞往新疆迪化（即现在的乌鲁木齐市）。按照这个计划，这几天他们只好在成都市区参观、拜访朋友、了解西部地质情况，等等。4 日下午，他们接到航空委员会电话，告知他们飞机清晨将准时飞行，届时派汽车来接他们赴机场。由于等待心急，这一夜他们都没睡好觉。第二天，天未亮就起来收拾行李，静静地等待。可是事情总有变化，接他们的汽车直到 13：15 才到旅馆，他们上车后，为他们载行李的车又开得太慢，他们 14：15 才赶至机场。此时巨型空运飞机"昆仑号"的螺旋桨已经转动了，他们立即下车，奔跑进入机场向飞机招手，但是已来不及了，飞机迅速顺跑道疾驰而去，腾空而起了。他们没能赶上这班飞机，怪只怪接他们的汽车去得太晚了，只有败兴而归，继续在焦急中等待。11 日下午，他们又接到航空委员会通知，说"昆仑号"第二天保准起飞。12 日他们提前很长时间到达机场，终于登上了"昆仑号”，并在 13:30 起飞，不过原计划当天直飞迪化，但没有直飞，下午 4 时许到兰州上空就降落了。次日，他们又上了这趟飞机，早上 8 点多起飞，继续向西飞行，约 11 点在嘉峪关机场又降落了一会，再向西飞到迪化上空时，云雾弥漫。由于当时导航设备很差，飞机在高空看不清机场，只能在空中盘旋，其间飞机上的所有人都不知道会发生什么，似乎到了生死的鬼门关。在迪化上空盘旋了 40 分钟，飞机才平安降落到迪化机场，一颗颗悬着的心终于落地了。为了中国抗日找矿，甚至冒着个人生命危险而不顾。当后来回顾他们这趟旅程时，颇感曲折离奇，从接到命令到抵达目的地竟然用了半个月时间。

新疆一直是多民族的聚集区，有汉族、维吾尔族、回族、哈萨克族、蒙古族等诸多民族，在抗战期间又是各方势力所力争的区域，所以民族问题、政治局势、社会治安问题错综复杂。为了在新疆顺利开展工作，他们很快在迪化拜访了有关负责人，了解了一些民族风情、注意事项等，也提出希望能在工作上给予便利、安全上给予保障。11 月，新疆已经天寒地冻，后几个月还要在天山南北开展野外地质工作，正是隆冬时节，程裕淇等赶紧在迪化置办了简易的冬装（如皮帽、皮袄等），为正式的野外工作做好准备。他们事先知道，北疆煤炭资源非常丰富，而且煤层多处常年自燃。因而在迪化附近顺道考察了八道沟煤矿及附近山坡旁的“矿火”。在煤层浅埋和出露点，只见火光熊熊，从老煤洞里向外喷冒，附近石头上有硫黄结晶，且有洁白如霜的物质，试以舌舐尝，味辣而带咸，后来了解到这是氯化氨，俗名是“卤沙”。这本是由于煤炭“自燃”而产生的，也就是所谓“矿火”，构成独特的《西游记》里的火焰山奇观，人们传说这至少已有数百年历史了。

1942 年 11 月 28 日，考察队一行乘汽车来到了天山以北的独山子，下榻在独山子石油厂招待所，住宿条件相对其他地方好了很多。他们为此专门拜访了石油厂的文厂长和总工程师等，并交流了各自的情况，黄汲清告知了他们此行的目的和主要工作地区，望厂方给以大力协助。

本处于北疆，此时的独山子又突遇寒潮，北风呼啸，浓雾弥漫，大雪纷飞，银装素裹，工作条件异常艰苦。程裕淇等没有躲进屋内，第二天就冒着风雪开始了在独子山周边的野外工作。这一段时间，他们每天 7：30 左右起床，8：00 左右吃早饭，9：00 整装出发。他们几位专家大致有如下分工：黄汲清与程裕淇、卞美年研究地层构造及有关储层问题；杨钟健专看地层，寻找化石；周宗浚搞测绘，首先做一个三角网，再画地形图，他的工作最繁重，厂方特调拨一个人给他当助手，另有四位测工协同工作，如扛标尺、看仪器，等等。根据工作情况，每天出发时，或一同乘汽车到山脚，再分别上山，或骑马南行入山沟，然后舍马步行。有时组织分队出发时，除了有工人随行携带食品及应用器具外，还有荷枪卫兵同行保护安全，因此野外工作人数不少，最多时全队可达到30人左右。

在野外考察期间，程裕淇等人中午在工作区域就地吃厂方准备好的"野餐"，一般有面包、鸡蛋、罐头、饼干、葡萄干等。由于野外工作起来没有时间概念，他们有时工作累极了，胃部有饥饿感就找一个干净向阳的山坡或谷底，寻一片较平整之地，扫除积雪，摆开干粮，与测工、卫兵、工人一起，席地而坐，围在一起吃野餐。如果天气太冷，工人们就拔或砍山坡上的干草或木柴，燃起火堆，大家围着烤火取暖。有时又冷又饿，手脚发凉，他们就找一个避风之地，匆忙吃一些干粮用来补充能量。那时在下午5点左右，红日西坠，天更寒冷，他们就急忙收拾好随身用品，背着样品艰难地返回住处。有些情况下骑马，或者在预定点坐上专派去接他们的汽车，从而大大减轻了他们的劳累之感。与在西康、湘西等地的工作条件相比，程裕淇等觉得这里的野外工作条件要好很多，简直可以说是十分理想了。

大自然毕竟是无情的。天山以北的冬天，总的来说是寒冷的，有时终日浓雾，能见度很小，工作难度可想而知，但黄汲清、程裕淇等都是久经锻炼与考验的地质健将，当地派来协同他们工作的人也都是年轻力壮、体态魁梧，不畏艰险、吃苦耐劳的，他们汇集在一起完全是一支特别能战斗的队伍。他们装备的抗寒"三宝"（羊皮帽、羊皮袄和毡靴）在那里果真立见奇效，再强劲的西北风也难吹透他们头上戴的卷羔皮帽。皮中山服和套在外的老羊皮更能让冷空气与人体绝缘。脚下的高统毡靴即使踩在−20℃的积雪上，也能让脚上热气不外散从而保持原有温度，测图的工人就是在山上站立1小时，脚趾也不会冻僵。尽管做到了这些，但黄汲清、程裕淇等搞地质观察、勘测和研究的人，最大的困难还是一双手。手指头远离心端，最怕冷，但又偏偏必须用手拿仪器观测、握笔记录和采集样品。他们在山上观察时，只用眼睛看，有需要打的标本时，也可以戴两层手套

（里面一层线手套，外里一层皮毛手套）操作，可是，要往野外记录本上写字画图的时候，皮毛手套必须脱掉，不用几分钟手指就冻僵了。他们只得停下写字画图，用嘴哈几口热气，手指也活动活动，使手指暖和过来一点，再戴上皮毛手套，过了几分钟，手指基本上不感到冷了，再脱掉皮毛手套，继续写写画画。有时候，这个过程要反复多个来回，耽误的时间就更多了。

他们虽然在野外工作时很辛苦，可是下工回到独山子石油厂招待所的住处，房间温暖如春，晚饭由招待所准备，这在当时已是非常好的条件，感觉十分享受。黄汲清后来对别人谈及此事时，简直把在那里的欢乐说成是“虽王侯不易也”。他们乐归乐，但始终不忘工作和公务，还得抓紧晚餐后的两三个小时整理野外地质记录和图件，整理和登记标本，打算寄走的标本还要装箱，等等。

就这样，在独山子一带他们工作了 20 多天，对石油地质进行了勘查，填制了地形地质图，对盆地地层进行了较详细的划分，确定了生油层和储层。至此地质考察可告一段落，但是测绘任务还有收尾工作。于是，周宗浚仍留在独山子抓紧做测绘的收尾工作，黄汲清、程裕淇、杨钟健、卞美年和翁文波几人则乘坐独山子石油厂提供的汽车前往天山北麓到达四苏木、四棵树等地专门考察煤矿、油苗及煤自燃等地质现象。值得一提的是，在这期间因在汽车和野外受到了风寒，程裕淇和杨钟健都患了重感冒，咳嗽不止。但他们仍然坚持工作，完成了此次考察任务。

再次回到独山子后，黄汲清认真阅读了所测绘地形地质图的初稿，认为还需补充一些工作。于是，程裕淇和杨钟健都以大局为重，再次带病坚持考察，和大家一起，冒着严寒上山补做工作，直到完成任务为止。在室内时，程裕淇主要协助周宗浚清绘地形地质图。1943 年 1 月中旬，他们终于完成了在独山子的石油地质调查。现在回忆起过去，在当时时间紧、任务重的情况下，在天山以北的油区野外地质调查时正是隆冬时节，即使是现在各种装备条件有了质的改变的今天，我们在新疆的野外工作也多是避开这段时间。可想而知，在工作条件极差的 20 世纪 40 年代他们就在隆冬时节于北疆独山子开展野外工作，这种不畏严寒、不畏艰险的精神永远值得我们学习。

过了数日，到了 1 月 18 日，黄汲清、程裕淇等 6 人准备同乘一辆卡车离开独山子。临行前，黄汲清一行到独山子石油厂向文厂长等道别，对厂方给予他们工作的大力支持表示感谢。卡车启动前，文厂长和公安局王局长命同行勤务员斟上几杯红酒请他们喝，真有“长亭饯别”的盛意，他们都喝酒后再和文厂长、王局长二人一一握手道别。只可惜，人间没有不散的宴席，过了一会儿，他们的汽车就开足马力往迪化方向疾驰而去。

他们一行到达迪化后，仍住在当时的省政府第四招待所。次日下午，新疆建设厅的李厅长到访，并拿出翁文灏的电报给黄汲清、程裕淇等看。翁文灏在电报中说：新疆即将成立地质调查所，命黄汲清及程裕淇等协助筹办，另派马溶之[①]、岳希新、米泰恒到新疆。工作真是接踵而至，见到翁文灏电报后，黄汲清、程裕淇等在迪化多次与新疆建设厅的李厅长等商谈筹建新疆地质调查所事宜，从人员、选址到地质调查所组织办法等都进行了讨论。2 月 4 日，又接到上级的电报，令翁文波、卞美年二人即返甘肃，黄汲清、程裕淇、周宗浚三人协助新疆筹办地质调查所。此后几天，他们白天忙于与新疆有关方面接洽，商谈组建地质调查所的具体细节。晚上则继续加班整理独山子地质资料，同时撰写北疆石油地质工作简报。由于正值隆冬，迪化最低气温达到−35℃，招待所里虽有炉子，但是夜间一封炉子，室内温度还是很低的，有时写着写着手就发僵，哈哈气、搓一搓，继续写。在这里，程裕淇除了完成简报自己负责的部分之外，还抄写了从工业厅借来的新疆矿产分布表等。

在这段时间，他们没有将困苦放在心上，还一起商量了到南疆工作的事情。考察队长黄汲清提出，南疆的工作重点是在天山南侧库车，范围较独山子更广，没有石油厂做后盾，条件更加艰苦。南疆的后勤保障问题也面临更多的考验。黄汲清、程裕淇等都考虑到测量任务很重，必须雇用测工。回想在独山子和他们一起工作的四位测工都富有经验且吃苦耐劳，工作干得不错，他们本是督署独立营的士兵，为此他们专门就此事找了建设厅李厅长希望能协助解决，李厅长表示测工的事情可以解决，其他的事情由于权力所限难以帮助解决。为了得到更多的支持，他们拜访了新疆有关人员，提出希望能在交通、安全等方面给以支持，他们的请求最终得到支持，还为他们配备了士兵保护大家的安全。最终总计 6 人都带武器，既是

① 马溶之（1908—1976），著名土壤学家。1933 年毕业于燕京大学地质地理系。曾任中国科学院地质研究所研究员、中国科学院南京土壤研究所研究员兼所长等职。

测工，也是卫士。由于调查队初来乍到南疆，衣食住行、语言习惯多有生疏不便之处，因此，主管方面决定派一位少校副官魏珠明同行。魏珠明是甘肃人，年不满三十，来新疆已很久，在南疆也跑过，对这里比较熟悉，旅途中联系方方面面都较方便。在交通工具问题上，他们考虑到为尽量提高效率，早日返重庆复命，还是用汽车好，就请当局为他们调派两辆卡车，最终他们的请求获准，而且因为时间久、路程长，每辆车还派正副驾驶各一名，于是就派去四名司机。听说当地路上无加油站，所以汽车又要带上来回的汽油。有一批军用汽车去南疆，考察队托他们帮忙带一吨汽油到库车，考察队的随行车辆再带上一吨半，总共两吨半，估计差不多够用了。

一切准备就绪就到1943年的春节前了，考虑到春节期间都不好办事，所以决定春节后出发。利用春节这段空余时间，他们就在迪化参观了博物馆，观看了迪化市妇女协会主办排演的话剧《家》。此剧演员全是女性，大半是女子中学的教职员和学生，演剧完全是为抗战前方将士募集捐款。除此之外，他们还参加了选派到新疆来当教师的青年朋友联欢活动，以及《中美关于取消美国在华治外法权及处理有关问题之条约》《中英关于取消英国在华治外法权及有关特权条约》签订庆祝大会等活动。

正当春节过后，卞美年、翁文波按上级指令乘飞机奔赴甘肃。从中央地质调查所来的四人（黄汲清、杨钟健、程裕淇、周宗浚）加上联络副官一人（魏珠明）、卫士兼测工6人、汽车司机4人一行15人于1943年2月11日从迪化出发，前往南疆开展石油地质工作。

全队人员分乘两辆卡车出发，向南行驶，黄汲清是队长、杨钟健年长，所以二人都坐副驾驶位上。程裕淇、周宗浚与其余人坐在带篷卡车车厢里。等翻过天山后，有时在戈壁中行驶，有时在山下奔驰。其中，15日7:30出发时（新疆比北京晚两个时区，冬季7:30还没有天亮），因汽车轮胎陷进结冰的水沟中，大家以石铺垫，合力拖拉，几费周折才把汽车推到路上，这天到午夜12点才赶到轮台县。经过几日奔波，终于到达南疆库车。

黄汲清、程裕淇等此行到库车来的主要目的是调查石油。在库车，他们多方查阅资料，又向各方人士打听，基本搞清了那里产石油最多的是铜厂村，离城不过30多千米。他们请县长约该村两位新老村长（从前叫“乡约”）爱买提和克里木入城会谈。通过详细询问，才知道那儿山里不但产石油，而且分布有煤、铁、铜、石膏、岩盐、硫黄、明矾、卤沙等矿产。

最令他们兴奋的还有一点，就是卡车可以从库车绕道开到铜厂村里，这样他们的运输问题就解决了一大半。那天他们和爱买提乡约约好先开一辆卡车去铜厂村实地查看一下，他们早上 8 点出发，下午 5 点以前就赶回来了，结果十分圆满，因此决定调查队全体人员立即准备移驻铜厂村。

为了进驻铜厂村，在库车他们雇用了一名厨师和两名勤务人员。程裕淇更多地管队上的总务，他会同魏珠明等把一切会用到的东西，如厨房用具、粮食蔬菜等置办齐全。在调查队人员到达之前，新老乡约已经把调查队的住所等安排就绪，2 月 19 日他们到达铜厂村后，很快就可以入住。黄汲清作为队长，约请乡约召集了村中几个骨干人员谈话，由库车请来的勤务马科员口译。谈话内容大意是向他们讲明来此地工作的任务、性质、范围等，希望他们尽量协助、合作，特别郑重声明，凡有所需一定按市价付款，决不让村里任何一个人吃亏，他们果然彻底明白，心中十分高兴。黄汲清随即向乡约要求明日一早派 10 匹马和两名向导，乡约连称“巴”“巴”（维吾尔语中的意思“是”“是”）。他们谈话后，村里的阿訇率领全村老者 20 余人过来表示欢迎。这些老人大都须发斑白，最年长者已 76 岁，黄汲清、程裕淇等调查队员和他们一一握手，表示感谢。晚饭后，黄汲清队长又召集调查队人员开小会，告知全队工作的意义，并郑重说明：一个调查队要取得成功，全队员工人人都要各尽其能，每个人都有他应做的贡献，无论是队长、测工还是勤务，都是调查队不可缺少的一员。他又说：“口里”人来南疆调查地质是第一次，所以我们要和本地人搞好团结，随即安排了第二天的工作。

按惯常的工作方法，开始南疆野外工作后仍以填绘地形地质图为主，通常是由黄汲清和程裕淇进行地层岩性划分。在岩性分界点，程裕淇就插一面小旗，周宗浚带领测工进行地形测量，同时根据岩性分界点的小旗测量地质界线。杨钟健主要寻找采集化石。在库车石油沟附近，程裕淇等发现了多层油苗，每一厚层砂岩均有油花。但是该沟出露地层倾角很陡，小断层又常见，据此程裕淇在日记中写道：“根据地面观察，油田之希望似不甚大。”他们还在石油沟之西沟采集了大量植物化石和小动物化石，为确定地层时代提供依据。在该沟中，他们还发现老乡自己开凿的 5 个油井，其中一井出油两洋铁提桶。

在此地工作期间，程裕淇不仅每天要和大家一起到野外进行岩石地层划分，还要负责最烦琐的全队总务管理工作，并同时担任会计和出纳。他运作细心，方法周密，队中事务大都能顺利进行。每天早起，他因人而异安排准备干粮：某一小队应分配羊肉几串；某人最喜欢抽烟，应给他准备一包“卡斯别克”香烟；某人不吃酥油，别把酥油放进他的馕里……凡此种种，程裕淇都安排得万无一失。晚上同乡约算账，他更是用尽心思：马几匹？领路人几位？需付工钱多少？……实际上，程裕淇早就计算得清清楚楚，绝不让村里人吃亏，也不让调查队付出不必要的款项而陷于拮据，可谓锻炼成了队里的“大管家”。这些多方历练为他一生的地质研究及其科技管理事业打下了坚实的基础，也为现代年轻人培养多种能力树立了极好的榜样。

在库车铜厂村附近的石油地质调查基本告一段落之后，大家商议需要周宗浚和测工留下做最后的收尾工作，其他人则往北到天山山脉南麓，希望能发现并解决一些地质问题。黄汲清、程裕淇等早就听说库车北面有铁矿，在县政府还见过铁矿标本，有点儿像磁铁矿。他们也问过爱买提乡约的叔父——一位曾当过矿山工人并见过铁矿标本的古稀老人，他说这种铁矿就在北边 30 多千米处一个叫阿黑的地方附近。一路上，黄汲清、程裕淇等骑着马在附近勘查地质、绘制路线地质图、打标本等。克服了疲惫，他们两天后抵达阿黑，在一户农家住下。紧接着，黄汲清、程裕淇等去考察克孜尔塔格山，爬上山顶后，只见煤层大片分布，植物化石也在页岩里随处可见，他们马上就意识到这是侏罗纪的煤系地层，但近山尖处石头都呈紫红色，也有砖青色的，石头缝里还冒出热气，温度很高。原来这山里也有煤炭自燃的现象，新疆很多地方都有。他们结合在迪化和天山北麓等地所见的煤自燃现象，把煤自燃现象划分为三个阶段。在迪化八道湾所见的“地火”是煤自燃的初期；在四苏木冒烟山所见的火势已退，只有烟雾，这是煤自燃的第二期；这里只见一团团热气，连烟雾也没有，就是煤自燃的第三期了。至于硫黄、卤沙、明矾等都是标准的低温矿物，其原生物质本在含煤地层中，因“地火”而升华结晶于地面。

此后黄汲清和程裕淇进行了分工，黄汲清等继续调查附近的煤炭资源，程裕淇等则在克孜尔塔格山北坡开展地质工作。程裕淇在北坡上又看见透镜状的铁矿，一部分已被“地火”烧成乌黑色的生铁块，一部分像磁铁矿，另一部分依然是菱铁矿（碳酸亚铁）的原状，他们对此恍然大悟，这神秘的铁矿原来是菱铁矿被煤层自燃烤炼而成的。当天色昏黑时，他们赶回住地，程裕淇把所见矿产情况与黄汲清进行了交流。在此之后，他们又调查了卡尔斯克附近中到酸性的流纹状火山岩，并采集了一些样品。

3月16日下午，他们到达周边的提克麦克村，仍于农家下榻。在与居所主人聊天时，此人谈到三十多年前有外国人从此地经过，后来在库车城北的苏巴什村做大规模发掘，带走了很多宝物，一时在附近引起轰动。又说15年前有外国人来此，在山中设了一气象站，工作了一个冬天。他们当时猜想很可能是斯文·赫定带领的中瑞西北科学考察团所为。今天我们中国人自己的调查队来此开展地质工作，也是为我们国家和民族争了光。

21日，调查队继续考察到达了附近的克孜尔村，在一家小店里住下。第二天上午，他们先到村东3千米处采集化石标本。下午去游克孜尔千佛洞，该村乡约陪他们同去，算作是导游。他们10多人从住处骑马到了千佛洞石崖，前临渭干河，这里是佛教圣地，大都有千年以上历史。数十年来不断有西方人来考察，约30年前，一位英国人［指斯坦因（Stein）］来此住了两个月，雇工百多人，大肆挖掘，结果带走宝物数十驮。十多年前，“口里”某君（指中国考古学家黄文弼）也曾来此工作了一个多月。此石崖高百米，长二三里，全由第三纪（现称古近纪和新近纪）砂岩、砾岩组成，岩性疏松，节理裂缝甚多，利于开凿，石窟分三层，数以百计。洞里四壁都排满了壁画，主要是佛像或佛历佛教的事物。可惜很多已剥落或被人为毁坏，看不太清楚了。有的洞里也有菩萨像，多为释迦牟尼及其门徒。黄汲清曾去过敦煌，觉得这里与敦煌十分相似。他们还发现有两个石窟顶呈标准的穹形，很像欧洲天主教的穹顶教堂。面对这些被破坏了的文物，程裕淇和黄汲清等感到心焦，皆认为这本是古丝绸之路上中西文化交流的产物，是中华民族文化的瑰宝。他们对外国一些不法分子粗野地盗取我国文物感到非常气愤，但在当时也无能为力，深深体会到只有建设一个强大的祖国，才能为这些文化瑰宝提供保护。他们对陪同前来的乡约说，一定要看好这些佛龛，不要再让人从这里拉走东西。他们在克孜尔村住了两天，23日返回铜厂村。

当晚，他们请来爱买提乡约、阿布萨里副乡约及克里木乡约，告知他们这里的工作已完毕，明日要赶回库车，畅谈在他们村整整一个月的友谊，一再感谢他们的热情接待和鼎力帮助，并送三人花洋布各一方留作纪念。

24 日一早，克里木乡约送来数十个馕、数十个熟鸡蛋、一大盘羔羊肉，表示请他们吃早饭，为他们饯行。他们再三感谢，也吃了这些相对丰盛的早饭，充分体现了维吾尔族和汉族人民的友好情谊。调查队用他们的实际行动，在铜厂村谱写了一曲民族团结的乐章。

他们辞别了铜厂村和村中友人，于 3 月 24 日 9：00 出发，正午到达库车。与有关人员告别后，调查队于 3 月 28 日上午乘两辆卡车离开库车向西行进，下午 6 时到达拜城县。拜城虽面积不太大，但处于南疆大道上，交通方便，市容美观。清朝时，拜城曾是新疆的铜业中心，后因富矿差不多采完，留下零星小矿，品位也不高，所以冶铜业逐渐式微。调查队员在县政府参观了一些早期留下的铜矿石标本，较多的是红色砂岩中的孔雀石，还有少许蓝铜矿和辉铜矿，等等。29 日上午，他们继续乘车西行，下午经喀拉玉尔滚、扎木台等地，过了戈壁荒滩，就到了美丽的绿洲，并抵达温宿县。

调查队计划到温宿县北的塔克拉克一带进行地质调查。在温宿，温宿县的王县长热情接待了他们，并带他们到阿克苏见了当地的行政长官刘汉升。刘汉升提出阿克苏的条件比温宿要好，请调查队住在阿克苏。调查队从工作上考虑，婉言谢绝了他的盛意。在从阿克苏返回温宿的路上，天突降大雪，到温宿县后，雪仍在下，一直到第二天中午，地上的积雪已达两三寸厚。4 月 1 日早上，天转晴了，红日东升，黄汲清、杨钟健、程裕淇、周宗浚四位地质学家趁雪后空气清新，爬上城外高约 30 米的土台，向北方瞭望，只见近前是一片戈壁滩，几十里外是戈壁滩之尽头，有一排低矮的小红山，再往北，也就是小红山的背后，是一排高于小红山群的较高峰，再往它们后面，就是更北边的几座极高峰，极高峰里向下滑动的冰川伸到半山坡上（也就相当于“雪线”的高度，那里的降雪量大致等于融雪量），其中最高的一座就是整个天山山脉的主峰——汗·腾格里峰，海拔约 7000 米。往此峰以西方向看，仍见成排的峰群，高度渐减但依然美丽，最西边也许在国境线以外。他们立在土台上足足有 1 个小时，觉得自己走南闯北几十年还从未见过如此壮丽的场景，正想拿纸笔作点素描速写，可惜薄雾渐爬上山腰，山形也渐变模糊了，“美景真难得，良辰不再来”。他们在深感遗憾的同时，也留下了终生难忘的印象。

因为大雪，他们于 4 月 3 日才从温宿出发前往塔克拉克。由于雪后路滑，还没有到宿营地，两辆卡车就无法继续前行，只能把行李卸下来，人骑马，骆驼送行李，这样来回搬运了两趟，人员和行李等才到达塔克拉克，汽车只能返回温宿。一切到齐后已是深夜。一下子来了二十几个人，一个小村很难安排，于是他们就支起了牦牛帐篷。在这里，他们填制了附近的石油地质图，考察了私人开设的油矿、含油地层、含煤地层以及现代冰川的冰川漂砾等。他们白天到野外测量和考察，晚间就在帐篷里借助煤油灯的照明整理资料，在这样艰苦的条件下又努力工作了半个月，完成了在塔克拉克的工作。

4 月 19 日清晨，黄汲清、程裕淇等一行辞别塔克拉克村，大队骑马出发，行李由骆驼队先驮行于前，两辆卡车到亚哈其乌奈接上他们，经温宿，下午到达阿克苏。在阿克苏休整两日后，调查队于 21 日出发，经库车、轮台、库尔勒、焉耆、和硕、托克逊等地，5 月 1 日到达胜地吐鲁番。在吐鲁番他们参观了坎儿井和葡萄园。3 日返回迪化，结束了在天山南北的石油地质调查任务。

一到迪化，他们就拜访了建设厅李厅长、汪参谋长等并表达感谢，说明他们离重庆太久，希望早日赶回去汇报。李厅长要求进一步落实地质调查所一事，黄汲清和程裕淇将这几天在迪化拟定的地质调查所的组织章程和经费概算等交给了李厅长。后来此事正式上报国民政府，行政院很快就批准了该所成立的请示，并决定由中央协助经费。实际上，该所在 1944 年才正式成立，首任所长是王恒升。

5 月 10 日，黄汲清、程裕淇、杨钟健、周宗浚等于 7:00 就赶到迪化机场，匆匆向来送行的李厅长等握手告别，说声响亮的“再会”，才登上了“昆仑号”。这时飞机开上跑道，腾空而起，绕城一周，就穿过天山向南远去了。下午 1 时，飞机在兰州机场降落。下了飞机后，黄汲清、杨钟健坐小车进城，程裕淇、周宗浚存了行李，再坐车进城。在兰州，他们四人都住在励志社，此后他们赶往甘肃地质矿产调查队，在那里他们见到了李春昱、王曰伦、路兆洽、毕庆昌、叶连俊[①]、何春荪、徐铁良、刘庄、陈梦熊、侯峙、席连之等一批地质学家。他们获悉，中央地质调查所西北

---

① 叶连俊（1913—2007），地质学、沉积矿床学家。1937 年毕业于北京大学地质系。1945 年赴美国实习进修，1947 年主持建立了我国第一个水文地质工程地质研究室。1980 年当选为中国科学院学部委员（院士）。

分所筹建工作正紧张进行中。果然不久后正式成立，王曰伦任所长。11 日，他们四人乘飞机到了成都。12 日，他们接着乘汽车经简阳、资阳到达内江，13 日再转乘汽车经荣昌、永川、璧山、青木关，最后于 19:00 前返抵北碚。

调查队一行历时半年的新疆油田地质调查之行胜利结束了。虽然只有半年时间，但是经历了很多之前不曾经历的事，看到了很多以前没有看到的地质现象，可见这次经历给每个人都留下了深刻的印象。1998 年程裕淇在纪念黄汲清的短文中回忆这一段的经历时写道：

> 1942 年 10 月 29 日到 1943 年 5 月 13 日，我们，还有杨钟健和周宗浚两位同仁，共同参加以石油为主的新疆地质矿产调查工作的经历。确是朝夕聚首，甘苦与共。不论是 1942 年 10 月一起乘坐一架运输机，在地面风雪交加，盘旋于天山北坡上空，找不到乌鲁木齐（当时称“迪化”）东郊机场的不安心情和那年隆冬北疆独山子油田共同从事的地形测量和地质勘查，还是 1943 年春节前后乌鲁木齐气温低达 −35℃，在招待所突击撰写北疆石油地质工作简报的紧张生活，或 1943 年初春在南疆天山汗・腾格里峰东南麓温宿县境内山坡草地（牦）牛毛帐篷中，于煤油灯（提灯）光下的夜间室内作业等情况，还常在记忆中，一幕幕地在我的脑海映演。

调查队从新疆返回北碚后，便对从新疆野外带回的资料开展室内研究，很快完成了调查队 6 人（黄汲清、杨钟健、程裕淇、周宗浚、卞美年、翁文波）联合署名的《新疆油田地质调查报告》，附图 4 张，由曾鼎乾译为英文，中央地质调查所油印，作为内部交流之用。在这个重量级报告中，他们提出“陆相生油论”和“多期多层含油论”，认为陆相地层可以形成具有经济价值的油田。在此之前两年（1941 年），在美国留学的潘钟祥[①]曾在《美国石油地质学家协会志》上发表过《中国陕北和四川白垩系石油的非海相成因》一文，该文明确指出：“石油也可能生成于淡水沉积物，并且可能具有工业价值。”这是对“只有海相生成有工业价值的石油”这一论点的挑战，是具有创新性的“陆相生油论”。不过，当时处于战争年代，

① 潘钟祥（1906—1983），石油地质学家。1931 年毕业于北京大学地质系，1946 年在美国明尼苏达大学获得博士学位，回国后历任中山大学教授、两广地质调查所所长、北京大学教授、北京地质学院教授等职。

黄汲清、程裕淇等并没有读过潘钟祥的论文，他们根据自己在新疆的调查，从实际出发，不谋而合地提出了与潘钟祥相似的论点。到抗日战争胜利后的 1947 年，黄汲清、杨钟健、程裕淇等的报告英文版以《地质专报·甲种》第 21 号的名目以英文加中文摘要的形式正式出版，他们的贡献就发挥更大的作用了。

六、默默耕耘，北碚收获

从 1939 年 3 月 11 日到北碚的中央地质调查所报到至 1944 年 10 月 7 日赴美考察，程裕淇在北碚的中央地质调查所一共工作了 5 年半的时间，其中有两年多的时间在野外从事地质调查，有 3 个春节是在野外度过的，在北碚的工作时间实际只有 3 年 4 个月左右。

除了野外工作，室内工作量也是挺大的。程裕淇与同事每次从野外回来都忙得不亦乐乎，整理出差回来的行李物品、标本、图件、记录资料，还有账目整理、报销，等等。每次整理完这些杂事之后，程裕淇尤其珍惜这些历尽千辛万苦获得的地质样品，每次都亲自开箱，认真与记录本核对，并登记造册。按照实验程序，先后将需要磨制薄片的样品进行薄片磨制，把需要地球化学分析的样品送去分析。待岩石薄片磨制出来，程裕淇都认真研看，不仅只看一般的结构构造、矿物组成，为了准确地鉴定一些矿物的名称，还利用弗氏旋转台测定一些矿物的消光角、折射率等。当时，显微镜还没有配备照相系统，所以程裕淇在显微镜下观察时对一些重要的现象都进行镜下素描，确定不同矿物之间的相互关系。同时，还认真清绘野

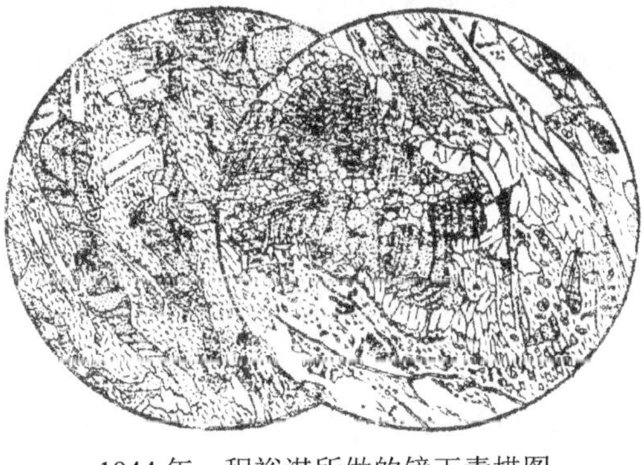

1944 年，程裕淇所做的镜下素描图

外图件，为撰写学术论文打下基础。

1939年，程裕淇、崔克信等第一次从西康考察回来不久，正忙于整理资料时崔克信却被调往西康省地质调查所，所以这次野外资料的整理与分析工作基本落在了程裕淇一人身上。为了让这些宝贵的资料尽快发表，以供更多同行了解使用，他在北碚夜以继日地工作，先后完成了《西康冕宁县泸沽铁矿山磁铁矿》（与崔克信、周德忠等合著）、《西康会理县毛姑坝小黑箐铁矿》（与阮维周、周德忠等合著）、《西康会理县白花树尖山附近铁矿》（程裕淇著）、《西康道孚县菜子沟铁矿山铁矿》（与崔克信、周德忠合著）等，发表在中央地质调查所不定期刊物《地质汇报》上，这些文章都有较详细的英文摘要。他还在中国地质学会的英文学术期刊 *Bulletin of Geological Society of China* 上发表了一篇文章《西康道孚附近之古生代晚期喷出岩及其变质》（1941年第21卷第1期）。此外，这次考察结束之后，程裕淇还编写了若干较详细的考察报告，如《西康泰宁砂金矿》（38页）、《西康省东部砂金矿简报》（119页）等，因具体条件等原因没有及时公开出版，而是放在资料室里供大家参阅，后一直存于全国地质资料馆。程裕淇病逝后，三大卷《程裕淇文选》将这些珍贵的报告都收入其中，至今仍有极大的参考价值。

1941年3月，程裕淇和李树勋自湘西考察结束返回北碚后，程裕淇就将在野外已经写就的《湖南沅陵附近之脉金矿》一文进行了修改和补充，最后以“湖南沅陵柳林汊附近之脉金矿”为题发表在《地质论评》1941年第6卷第3－4期合刊上。撰写了《湖南沅陵桃源边区金矿地质——区域构造和变质作用的研究》发表在《中央地质调查所简报》第70号上。撰写了《湖南沅桃边区脉金矿地质概要》（50页）和《湖南桃源冷家溪黄山溪梅子溪一带金矿业概要》（6页）两篇介绍湘西脉金地质特征和金矿业发展情况的文章，但因种种原因未能刊出，放在中央地质调查所的资料柜中，以供同行阅读，后来一直存于全国地质资料馆。

1941年11月底，程裕淇、彭琪瑞和朱夏等第二次赴西康考察返回北碚后，程裕淇认真研究了康定附近的岩石薄片，对该区附近的变质带进行了详细的划分。1944年底撰写了论文“On successive zones of regional metamorphism in the vicinity of Tanpa，Sikang”（《西康丹巴附近的渐进区域变质带》），于1945年发表在中央研究院《科学记录》第1卷第3—4

期上。

1943 年 5 月从新疆考察回到北碚后，程裕淇一方面进行资料与样品的整理和分析，一方面协助黄汲清等完成了《新疆油田地质报告》《新疆石油以外矿产调查报告》的编写，还和黄汲清等在中央研究院《科学记录》1945 年第 1 卷第 3—4 期上发表了英文论文 “Spontaneous combustion of Jurassic coal. Seams in SinKiang”（《新疆侏罗纪煤层自燃》）等。

在此期间，程裕淇抽空将之前在英国留学所做的博士学位论文进行了认真修改，正式发表在 *Quarterly Journal of Geology Society* 第 99 卷第 3—4 期上，向世界介绍了自己的研究成果。据初步统计，在北碚期间，程裕淇以第一作者正式发表了学术论文 14 篇，完成未出版的各种报告 6 篇（部）。在 3 年多的时间内完成这么多论文，可谓在业务上收获满满。在不太长的时间内完成这些论文和报告，也说明了程裕淇在北碚的艰辛付出。总之，这些研究成果涉及金矿、铁矿、变质作用、石油地质、煤的自燃等领域，说明他的知识广博，同时也奠定了他在中国地质界的地位。

中央地质调查所一直有一个很好的传统，即每周一上午召开全所例会。当时地质调查所的例会与现在一些单位每周几位领导一起碰头的例会不同，这是一次全所人员参加的会议，除所长介绍和安排近期的工作之外，更多的时间是举行学术报告。通常是由本所研究人员做有关报告，有时也请一些其他单位的研究人员来所做报告。在北碚期间，程裕淇除潜心撰写论文之外，还积极参加地质调查所每周的例会和各种学术活动。

前已提及，第一次从西康考察回到重庆时，重庆大学正在召开中国地质学会第 16 次年会，由理事长李四光主持，来宾有叶元龙（重庆大学校长）、吴俊升（教育部司长）等。程裕淇积极参加了这次学术交流，有问题及时请教，并利用这次难得的机会，不顾长时间的劳顿，在大会上主动宣读了自己的论文——《西康隶属东部沙金矿之分类》，获得了参会领导和地质学家的高度好评。

在抗日战争期间，学术期刊的数量少，出版周期不稳定，最新信息通常通过学术交流获得。因此，程裕淇平常十分关心学术上的动态，对一些相关学科的讲座、报告格外感兴趣，抽出宝贵的时间前去学习。在中央地质调查所的周一例会或学术报告会上，他曾听过不同学科、不同风格的学术报告，如湖南地质调查所所长田奇㻪[①]所讲的《湘西几个重要地质问题》，丁道衡讲的《西康巴安间地质矿产》，李承三[②]、叶连俊讲的《叙府昭通间之地质及燃料供给问题》，宋达泉[③]讲的《云南中部西部主要土壤之地理分布》，李庆逵[④]讲的《磷灰岩之效肥试验》，路兆洽讲的《云南圭山煤田南端之构造》，马溶之讲的《中国主要土类之地理环境》，计荣森讲的《贵州省东南部地质调查之初步报告》，李善邦[⑤]讲的《地磁探矿及攀枝花等处之铁矿》，黄汲清讲的《中国构造之轮廓》，等等。这只是程裕淇在北碚所听几十场学术报告很小的一部分。从中可以看出，程裕淇涉猎面非常广，从金矿到铁矿、从区域地质到地层古生物、从土壤到地理，他都能从中汲取知识和营养。正是这种广泛的涉猎，帮助他开阔了视野，增长了知识。笔者接触过一些现在的年轻博士研究生，除了自己很窄的专业，他们对其他的报告很少关心。知识面上的差异，是当下只能出专家很难出大师的重要原因之一。

除从学术报告中广泛汲取知识之外，程裕淇还在学术活动中报告自己的研究成果，在中国地质学会年会和地质调查所的例会中先后做过《西康隶属东部沙金矿之分类》《西康宁属之铁矿及其开发之可能性》《西康道孚附近之喷发岩及其变质》《湖南沅陵附近之脉金矿》《新疆矿产及变质岩》等报告。由此可以看出，程裕淇总能在最短时间内把自己的研究成果展示给所内同仁，听取大家的意见以便改进。同时，也向所内同仁展示自己的工作进展，得到同仁更多的支持。

在北碚期间，程裕淇不仅钻研业务，还十分热心地质调查所内的其他各项工作。他除自己动手写作之外，还凭借渊博的地质学知识以及留英读

① 田奇㻪（1899—1975），1923年毕业于北京大学地质系，中国泥盆纪研究的开创者和奠基人。曾任中央研究院地质研究所研究员、中南地质局副局长兼特级总工程师、全国矿产储量委员会副主任兼总工程师等职。

② 李承三（1899—1967），1928年河南大学毕业，1936年获德国柏林大学博士学位。历任中央大学、重庆大学、成都理工学院教授，四川省政协常委。中华人民共和国成立之初，在重庆大学开办中国第一个石油地质专业。

③ 宋达泉（1912—1988），土壤学家。1934年毕业于浙江大学农学院，1945—1946年赴美国康奈尔大学进修和考察，曾任中央大学农业化学系土壤学教授，中国科学院林业土壤研究所（中国科学院沈阳应用生态研究所前身）研究员、副所长等职。

④ 李庆逵（1912—2001），土壤农业化学家。1932年毕业于复旦大学化学系，1948年获美国伊利诺伊大学农学院博士学位。曾任中国科学院南京土壤研究所副所长，1955年当选为中国科学院学部委员（院士）。

⑤ 李善邦（1902—1980），地震学家。1925年毕业于国立东南大学，后在中学教书，中华人民共和国成立后任中国科学院地球物理研究所地震研究室主任。

博士三年打下的英文功底，帮助《中国地质学会志》《地质汇报》《地质论评》等刊物编辑部做一些稿件的审校把关工作。甚至该所骨干成员王竹泉写的《昆明大龙潭磷矿》一文的英文摘要也请他看过，征求他的意见。他还帮助所内同仁修改稿件，曾为李悦言、彭琪瑞等修改润色文章。程裕淇的显微镜下功夫好，所以进所不久的年轻人常向他请教，他总是逐一讲解从光性矿物到镜下的具体操作，并带他们进行镜下观察。有时别人拿来一些疑难薄片请他帮助，他都认真观察研究，写出镜下鉴定报告，再与本人进行讨论。此外，程裕淇还积极收集整理来自国内、国外的典型岩石标本，布置整理所内的陈列室和矿物岩石研究室，让这些珍稀标本发挥最大作用。

程裕淇对所里的公共事务也极其关心。作为一个30岁左右的年轻人，他的精力极其充沛，不但能完成好自己的工作任务，还十分关心广大员工，无偿地为大家多做贡献。在抗战艰苦时期，为了让大家过好生活关，所里专门成立了合作社（属于消费合作社性质），程裕淇曾多次出席合作社理事会议，还被邀为“司库”（资金管理员）。此外，他还出席过合作社召开的平价米面分配监察委员会会议，照顾大家的利益。他还当过厨房值周员，帮助把员工食堂办好。刚过而立之年的他能做到工作生活两不误，把为大家服务当成快乐，显示出他崇高的人生境界。

1942年夏、秋，地质调查所发生了两起青年地质学家早逝的事件。一位是计荣森，他1926年入北京大学地质系，1929年，作为年仅22岁的大学本科生，他在老师孙云铸教授的领导下，热情地为中国古生物学会的成立奔忙，参加了学会成立大会，并当选为书记。1930年，他考入当时的实业部地质调查所并任调查员，在短期内发表了很多高质量的地质古生物学论文乃至专著。1933年，他出版了《中国古生物志》乙种第12号第4册——《中国下石炭系管状珊瑚化石》。当年被任命为该所古生物研究室副主任时，他年仅26岁，出大学校门才3年。计荣森后来发表了很多著作，特别是对古杯类、层孔虫类、六射珊瑚类、叶肢介类、海蕾类等空白门类或相对薄弱的门类化石研究做出了开创性的贡献。他还编纂发表了1934—1940年的《中国地质文献目录》。在大学毕业后的短短几年时间内，他获得过很多奖项，也热衷于各种行政事务。1941年，他又兼任了该所古生物研究室无脊椎古生物研究组主任。由于事务缠身，常年忙碌，计荣森于5月13日因劳累过度而病逝，一位既有才华又刻苦的年轻古生物学家就这样匆匆离开了人间，年仅 35 岁。这年 8 月，一位才入所两年的年轻地质学家张沅恺也是因病去世。面对两位年轻才俊的离去，程裕淇感到非常悲痛，只能用行动为两位送行。他俩生病住院期间，程裕淇多次前往医院探望，离世后从购买棺木到参加追悼会，从出殡到购买墓地，程裕淇都忙前忙后，尽自己所能为年轻学者送最后一程。程裕淇在出席计荣森追悼会时送了一副挽联："学富业精，绝代虫鱼光地史；别多聚少，十年君我尽交期。"以此表达了对同事无限的思念之情。

1940—1944 年正处于抗日战争相持阶段，日本侵略者常到大后方空袭，北碚等地常有警报响起。1940 年 6 月 24 日 14:00，日机轰炸北碚，地质调查所相邻的经济部工业试验所南端因燃烧弹碎片波及而起大火，因抢救不及时全部被焚，寄存在工业试验所内的清华大学的图书、仪器 300 箱付之一炬，损失惨重。程裕淇与地质调查所同事奋不顾身去救火，以防波及本所房屋，又把所内一些行李、书籍等搬至屋后空地，后再将一部分搬入大讲堂。26 日上午日机又空袭北碚，经济部工业试验所和地质调查所部分房间起火，程裕淇又与所内同仁奋身救火，一直干到翌日清晨，经全所同仁的共同努力，抢救出图书 2000 余册。他们用血肉之躯与火搏斗，为后人留下了十分宝贵的图书资料。

在北碚几年，程裕淇除了在业务上取得了突出成绩，还在爱情上找到了自己的心上人。1940 年 8 月 23 日，程裕淇经周赞衡[①]副所长介绍，与燕京大学生物系毕业生谭娟杰认识，她当时在迁往北碚的中央研究院动物研究所工作。经介绍后，程裕淇只要在北碚工作不是很忙，就在休息日和谭娟杰到火焰山公园散步聊天，如逢谭娟杰生日，程裕淇就在外请她吃长寿面，以示庆祝。通过一段时间的交往，两人彼此有了更多的了解，感情也越来越深。程裕淇知道，谭娟杰是一位外交官的女儿，但其父早在 1928 年就遭日军杀害。那年国民政府北伐军进攻山东，5 月 3 日在济南突遭日本军队武装干涉，中国军民死伤万余人，以蔡公时为主任的对外交涉团中的 12 名外交官惨遭日军杀害（即济南惨案，也称济南"五三惨案"），其中就有谭娟杰的父亲谭显彰。当年谭娟杰才满 11 岁，长兄谭邦杰 15 岁，大弟谭良杰 10 岁，二弟谭民杰 8 岁，小弟谭仁杰 6 岁。谭娟杰与其兄弟

① 周赞衡（1893—1967），1916 年毕业于农商部地质研究所，1918—1923 年留学瑞典。回国后曾任地质调查所古植物室主任、中国科学院南京分院副院长、江苏省科委副主任等职。

们在家庭遭受劫难、生活极其困难的情况下，仍坚持读书学习。后来，谭娟杰终于从基督教会办的燕京大学生物系毕业，费尽曲折来到中央研究院动物研究所工作。

程裕淇经常出差，他们只能通过鸿雁传书来传递思念之情。去新疆考察时，程裕淇经常给谭娟杰写信，回到迪化一下就收到了一摞她的来信。1943年5月，程裕淇刚从新疆回来进行休整的第二天早上就约谭娟杰共进早餐，畅谈别后半年多的详细情况。此后又在节假日多次商议婚事，9月24日他与谭娟杰共进早餐后，去北温泉，在数帆楼分住两室，同时订好婚礼所用房间。由于当时战事不断，9月25日这天程裕淇与谭娟杰只是举行了简单的婚礼，经过婚书行印手续后，即分切喜糕、照相，主客共39人在数帆楼共进餐点，祝贺喜事，到下午方散。程裕淇与谭娟杰经过三年多的交往，互敬互爱，终于在重庆北碚结为伉俪，组建了幸福的家庭。1944年6月15日，谭娟杰喜生贵子，程裕淇极为高兴，为其取名“学枢”。

中国人讲三十而立，程裕淇在北碚经过几年的拼搏，30岁出头时已著作颇丰，在业务上建立了自己的基业；31岁有情人终成眷属，与谭娟杰喜结连理；32岁喜得贵子，成家立业兼有所得。可以说，北碚的5年是程裕淇工作和生活中非常重要的5年。

七、北美考察，捕获前沿

1944年8—9月，经济部资源委员会拟派各方面专家赴美考察，为今后的经济复苏做准备。时任经济部资源委员会副主任的钱昌照拟定了考察人员名单，其中包括中央地质调查所的程裕淇和王钰，考察内容主要是经济地质。各级领导和地质调查所同仁都对他们的考察寄予厚望，临行前地质调查所同乐会还专门开会欢送他们二位出国考察。

就在1944年下半年，儿子刚出生不久需要照顾，可这时的程裕淇正在紧张研究的同时，匆匆忙忙地准备着去北美洲的地质考察。终于到了出发的那一天——10月7日（这天正好是程裕淇的32岁生日），他起了个大早，吃完了早点，向妻子及仅3个月大的儿子告别，拿着简易的旅行箱，约好了同行的王钰，走向北碚嘉陵江的轮船码头。李春昱所长、周赞衡副所长，还有李子静、秦馨菱、彭琪瑞、黄懿、李广源等老同事都赶来送行。

程裕淇和王钰与他们一一握手告别，感激大家的关怀，表示一定要好好完成考察任务，争取满载而归。他们走上轮船以后，随着一声汽笛长鸣，9点启航，顺嘉陵江南下，于中午1点左右驶抵重庆牛角沱码头，需要在重庆中转办理出国手续。他们二人下船以后很快就到了距离码头不远的经济部资源委员会，找到该会工作人员周大训、吴福元等，当时即拿到了出国护照等证件。随后，他们被安排住在附近的经济部资源委员会招待所，二人同住一室。

两天之后，他们二人去经济部资源委员会机关，将护照交给事务所，以便购买赴美的机票。在此他们又访问了一些熟人朋友。等了两天后，11日上午10时，他们拜见了经济部资源委员会副主任钱昌照，听取他的指示，也向其表态，感激领导为他们提供这样难得的机会，一定会不虚此行，要为将来取得更好的成绩打下良好的基础。下午5点多他们刚拿到机票不久，就听说5点钟经济部长兼资源委员会主任翁文灏要到资源委员会来，于是他们等到6点，终于见到了翁文灏主任。翁文灏见到亲自培养、工作勤奋、事业有成的晚进后学和得意门生，亦心情舒畅，慰勉有加。他们两人也做了简短的工作汇报，表示一定要珍惜这次机会，多学习、长知识，为今后中国的发展多做贡献。

10月12日凌晨3点他们即起床，4时许由汽车送至珊瑚坝①飞机场。程裕淇、王钰和另一名中国人姚南枝乘坐的美军运输机，早上6时许在小雨中快速起飞，9时许在昆明经停降落，他们简单地吃了些早点。10时许再次起飞，于下午1时许在印度边界小城定金降落停留，利用间隙他们买了点西餐充饥。这班飞机不是直达美国，而是向西飞抵达印度孟加拉湾的港口城市加尔各答，在这里，经济部资源委员会工矿调整处驻印度办事处代表张英、夏心言热情接待了他们，为他们办理各种手续，又安排他们住在办事处的宿舍。因为要等飞机和下一阶段的行程安排，他们在加尔各答停留了6天。

程裕淇和王钰二人并没有在印度的考察任务，但是他们仍然主动联系了位于加尔各答的印度地质调查所，并参观了该所。该所所长克鲁善克（Crookshank）和岩石学家锡尔（L. A. N. Syer）等热情地接待了他们。他

① 珊瑚坝本是重庆长江江面上一个长达1千米多的江心沙洲，抗战时期建为小型飞机场，后来重庆建了更大的机场，此小机场就废弃不用了。

们首先将中央地质调查所出版的部分刊物，其中包括近四年来的《中国地质学会志》（英文版）赠予对方，对方立即答应在可能范围内将印度地质出版物相赠，他们当即搜集数十册回赠书刊，装成一箱交经济部资源委员会工矿调整处驻印度办事处代表夏心言转运至重庆。在加尔各答期间，克鲁善克等还带领程裕淇、王钰二人参观了该所各部门，该所共有地质人员50余人，在马德拉斯（今金奈）、孟买、旁遮普、拉杰普纳塔4处设有分所。同一天，他们根据研究需要，前往街市购买了中央地质调查所需要的书籍、仪器，并购买了中央研究院动物研究所托买的书及解剖用具，之后又往中国办事机构将为动物研究所购买的物品带往重庆。做完这些事情返回住处后，程裕淇急忙写了两封信，一封致李春昱所长，汇报以下情况：①印度地质调查所概况；②与印度地质调查所接洽交换书刊的经过；③在印度印刷地质图的可能性；④为所中购买书籍、仪器的经过。另一封信写给中央研究院动物研究所王仲济研究员，略述代该所买书籍和解剖用具的经过。

几天后他们接到通知，下一步的行程可能要从德里或卡拉奇出发。10月18日，程裕淇与王钰自加尔各答乘火车经阿拉哈巴德到达印度首都德里，逗留数日，游览或办理各种手续。25日，他们又乘火车赶到卡拉奇，在那里也有经济部资源委员会办事处，见到了欧阳藻代表，谈起他们此后的行程安排。

直到11月1日，程裕淇等3人与27名美国人一起才从卡拉奇乘美国军用运输机起飞，途经阿拉伯海、波斯湾口、亚丁、阿比西尼亚（今埃塞俄比亚）北部高原，于2日晨抵达英属西非洲黄金海岸（今加纳）的阿克拉。在此稍作停留后再往西行，飞越大西洋，至4日凌晨抵达南美洲英属圭亚那乔治敦，经停后继续向西北行，好不容易于当天下午抵达了美国佛罗里达州迈阿密。走下飞机后，在那里的移民局等单位办理了若干手续。7日离开迈阿密乘火车到杰克逊维尔。在此中转后，8日继续乘火车经巴尔的摩、菲拉德尔菲亚而于午后1时终于抵达美国纽约。一下火车，他们就赶往中国经济部资源委员会办事处报到，一年多的赴美考察就此正式开始了。

程裕淇和王钰16日参观了位于纽约79街的美国自然历史博物馆，这里有鱼类、恐龙类、哺乳类及人类化石，还有经济地质及岩石馆、宝石馆，等等。程裕淇主攻岩石学，所以对经济地质及岩石馆、宝石馆相当感兴趣；王钰主攻古生物，因此对馆中所藏各类化石兴趣极浓。当时杨钟健也在那里考察和访问，他们在杨钟健办公室与其畅谈，又参观了骨化石修理室及图书馆。当天下午他们又前往位于117街419号的美国地质学会办公地点，访问了书记阿尔德里奇博士（Dr. R. H. Aldrich），将当年的《中国地质学会志》第1—2期赠予该学会。18日，程裕淇到经济部资源委员会办事处得到张文裕的来信。19日，程裕淇写信给利物浦大学里德教授，告知其自己到美国考察一事。

20日上午，程裕淇与王钰乘火车离开纽约，下午到华盛顿，阮维周帮他们找到了住处。在阮维周的帮助下，24日下午他们三人到美国地质调查所参观访问。该所地质研究室的主任地质师布莱德雷（W. H. Bradley）介绍了该所的组织概况及地质研究室的详细情况，继而又引荐了经济地质研究组主任班勒曼（H. M. Banleman），由他陪同去该所图书馆参观。25日上午，程裕淇、王钰再去美国地质调查所拜访班勒曼，由其引领至各办公室，拜访诺兰（T. B. Nolan，金属矿领域）、卢比蒂（W. W. Rubety，区域地质领域）、亨特（C. B. Hunt，军事地质）、沃特斯（A. C. Waters，汞矿领域），等等。午后，程裕淇、王钰又拜访布莱德雷，先由其引见美国地质调查所所长拉瑟尔博士（Dr. W. E. Wrather），后至美国自然历史博物馆，王钰拜访了古生物学家库珀（Cooper），程裕淇拜访了亨德逊博士（Dr. E. P. Henderson）。

27日晨，程裕淇到美国地质调查所图书馆拜访希尔斯（Heers），听其讲解书库内书籍的分类及陈列方法，后在书库三层阅读经济地质方面的文献目录。午后，程裕淇再次拜访班勒曼，班勒曼告知他们室内有二人请假，即安排程裕淇在他们办公室工作，又介绍了同办公室的道乌博士（Dr. D. H. Dow），他是从康涅狄格州来的。28日，程裕淇就在该办公室上班了。等到下班回到住处，得到纽约办事处来信，内附谭娟杰的家书，此为他到美后收到的第一封家书，内附长子学枢的照片。在异国他乡接到谭娟杰的第一封家书和长子的照片，程裕淇非常高兴，得知家中一切安好，心中感到莫大安慰，立即写一回信投邮。

在华盛顿有了办公室，工作条件就有了保障，从此到1944年12月下旬，程裕淇和王钰主要都在美国地质调查所阅读文献、查阅资料、与美国同行进行学术交流。其间，程裕淇摘录了大量有关镁矿、磷酸盐矿、铬铁矿、水银等资料，还办理了购买美国地质调查所的仪器及书籍手续，等等。其中，他于 7 日收到导师里德教授寄给他的博士学位论文发表后的抽印本。他还写信给李春昱、黄汲清、翁文灏，汇报自己在美国考察和工作的情况。程裕淇还访问了美国地质调查所的福斯特（G. T. Faust），参观了热分析装置；到该所磨片室参观了磨片及光片制作的各个工序；参观了该所化学实验室，又会见了沙勒（W. M. Schaller）、穆洛塔（K. J. Murota）等地质学家，送上自己的博士学位论文正式出版的抽印本，并进行了交流。参观完有关实验室后，程裕淇及时撰写了近日参观美国地质调查所各部门的情况汇报。

1944 年底到 1945 年初，程裕淇和王钰再次返回纽约参加经济部资源委员会驻美技术团年会，听取了各负责人与各团员的报告。在纽约期间，他们还与经济部资源委员会办事处联系，为中央地质调查所购买布伦顿地质罗盘、图书等。

1945 年 1 月 2 日新年伊始程裕淇赶往华盛顿后，就为野外考察进行准备，与美国同行认真讨论后初步确定了考察路线和地点，并将考察计划的各点标在他从美国地理学会购买的美国详细地图上。紧接着，他又到图书馆和相关单位补充查阅了资料、报告，了解相关地质情况，并观察岩石标本、矿物标本和薄片。为了更加深入地了解考察点的地质情况以及与国内相似地质情况的对比，程裕淇与费什（Fisch）一起讨论了犹他州、科罗拉多州一带的钒矿地质问题。他还写信给坎农（Cannon）、艾绍舍尔（Eshaushale），与其讨论中国铜矿方面的问题。他查看了美国宾汉铜矿的报告、苏必利尔湖的参考书、古巴的铬铁矿矿区图及标本，还有美国西部的铬铁矿标本及铬铁矿矿床的报告，以及加拿大著名的肖德贝里铜矿的资料。程裕淇与巴尔班克（Barbank）讨论了科罗拉多州的圣胡安等处的地质矿产情形，看了圣胡安区域的岩石矿床标本。他对科罗拉多州的地质矿产资料和整个加拿大的地质矿产资料乃至全北美洲的地理资料都进行了系统的阅读，还读了里德教授和坎农的文章，这些都是在为今后的北美洲考察做准备。1 月 20 日，正值华盛顿举行美国总统富兰克林·罗斯福连任的就职典礼，程裕淇与阮维周和地质调查所的瓦林（Waring）在白宫前草地上远远地观看了这一热闹场面。在这期间，程裕淇还撰写了《美国地质调查所地质组织概要》的考察报告，并参观了美国地质调查所地形图制作的工艺流程。

1945 年摄于美国芝加哥

2 月 9 日，程裕淇乘坐美国国内火车到了中部城市芝加哥。第二天就去芝加哥大学拜访了著名岩浆岩和实验岩石学权威诺尔曼·列维·鲍温（Norman Levi Bowen），他提出过著名的“鲍温反应系列”。鲍温给他介绍了著名沉积岩石学家裴蒂庄（Pettijohn，后当选为美国国家科学院院士）。当时鲍温正在主讲物理化学岩石学课程，程裕淇听了一节后非常感兴趣，决定继续听讲。他了解到课程时间后向鲍温教授提出希望听他的课，鲍温表示同意和欢迎。从 2 月 13 日直到 3 月底，程裕淇都在听这门课程。在听课过程中，他做了“温度-成分相平衡图”问题的研究，看了实验材料。听完鲍温的课之后，他又在鲍温的高温岩石实验室做了几天的高温硅酸盐实验。

鲍温是实验岩石学研究的开山鼻祖，是 20 世纪最伟大的岩石学家之一，也是地学领域最有影响的人物之一，被后人称为“实验岩石学之父”。鲍温反应系列是 20 世纪 20—30 年代鲍温通过实验分析而得到的，它清晰明了地阐述了火成岩中矿物共生组合、形成温度、结构构造的成因，为后人所推崇，时至今日仍不过时。程裕淇应该是亲耳聆听鲍温授课并在鲍温实验室亲自动手做实验的第一位中国学者。通过听课和亲手做实验，程裕淇体会到，实验岩石学可以模拟岩浆岩（也应该包括变质岩）成岩时的温度压力条件；可以确定造岩矿物形成的物理化学条件，物理化学条件的差异形成了不同的矿物共生组合和结构构造；可以模拟成矿作用的条件。他由此认识到实验岩石学在岩石学中的重要作用。当时鲍温的实验主要是针对岩浆岩，通过学习和实验，程裕淇认为岩浆岩和变质岩的成岩过程与机理是相通的，只要适当修改实验材料和实验条件，也可以用于变质岩形成过程和变质反应过程，以及成矿条件的研究。程裕淇就是这样，在哪里都始终不忘变质岩和矿产这两个根本。这段经历对程裕淇影响至深，他深深体会到岩石学不能只满足于对岩石的描述，更需要实验岩石学的支持和理论探讨，这样才能从本质上认识岩石的形成演化过程。

通过这段时间的学习和实验，程裕淇深知实验对于深化地质认识的重要性，在其担任地质部门的领导工作以后一直致力于推进一些实验仪器设备的引进，增强了地矿（国土资源）系统的实验测试能力。程裕淇晚年在研究阜平地区深熔作用的过程中，还亲自赴长春指导用三轴高温高压仪进行深熔过程中矿物转变的实验研究，与野外考察和岩石薄片观察相结合，探讨深熔作用，并撰写了几篇相关论文。

在芝加哥大学访问期间，程裕淇除了听课做实验，还听了侯尔（Hoare）通过幻灯片讲阿拉斯加地质、裴蒂庄讲美国若干城市的地质、施密特（Schmidt）讲淬火炉及熔融炉的内部构造等学术报告，并抄绘了几张淬火炉和熔融炉的结构图件。利用这次机会，他在芝加哥中国学生会组织的报告会上听了钱端升①所做的《中国知识分子今后之责任》和晏阳初②所做的《中国平教运动及其他》的演讲。

4 月中旬，程裕淇从芝加哥乘坐火车往南抵达伊斯万维尔，赶到伊利诺伊州地质调查所野外工作队，与他们一起参加野外考察。首先由州地质调查所的克勒普塞（H. J. Klepser）带队到比格福尔斯（Big Fours）矿考察参观，并听取了克勒普塞介绍伊利诺伊州—肯塔基州矿区地质概况。之后由普赖斯（Frank Price）带程裕淇等乘车至拉法雅特（Lafayatte）矿区，从地表到矿硐中考察参观。该矿为一淋溶带型萤石矿，因此他们对矿体之上的淋滤带进行了详细观察。之后又由鲍沙尔（Bowshall）、毕晓普（Bishop）二人带领程裕淇去哈里斯贝格（Harrisberg）附近参观钻孔，对钻取的岩心，从矿体到围岩都进行了详细观察。对此野外考察之后，程裕淇访问了伊利诺伊州地质调查所，拜访了该所所长莱顿（Leighton），与所内有关人员进行了学术交流，重点了解到黏土矿物学的研究进展，以及用于黏土矿物研究的热分析炉的性能结构、熔融黏滞性实验研究的进展，等等。在伊利诺伊州时，程裕淇还到伊利诺伊大学参观，并与地质系的万勒斯

① 钱端升（1900—1990），法学家。17 岁考入清华学校，24 岁获美国哈佛大学博士学位。相继在清华大学、北京大学、中央大学、西南联合大学等校任教。中华人民共和国成立后，任北京大学法学院院长。1952 年受命筹建北京政法学院，并出任首任院长。

② 晏阳初（1890—1990），别名晏遇春，1913 年就读于香港圣保罗书院，1919 年入普林斯顿大学研究院，获硕士学位。回国后长期从事乡村平民教育，长期担任中华平民教育促进会总会总干事。

（Wanlers）交谈利用航空照相编制地质图的经验。那时不论是热分析炉还是利用航空照片制作地质图都是很新的技术，因此他在这次考察中除了重视野外地质现象的观察外，还对当时最新技术在地质工作中的应用产生了极大兴趣，进行了认真的学习。

伊利诺伊州的考察结束后，程裕淇又经芝加哥，到达了威斯康星州的麦迪逊城。他首先赶到威斯康星州地质调查所，参观了艾孟斯（R. C. Emmons）实验室及地质调查所博物馆，还拜访了该州地质调查所所长比恩（E. F. Bean），并了解了地质调查所的基本情况。之后，程裕淇乘火车到达明尼苏达州明尼阿波里斯城，经济部地质调查所老同事潘钟祥及清华大学老校友刘汉过来接应，此后同访明尼苏达大学地质系，听取格鲁纳（Gruner）谈论梅萨比岭（Mesabi Range）铁矿情况。后来程裕淇又向潘钟祥谈及西康、新疆的地质情况。

4 月 29 日，程裕淇离开明尼阿波里斯，到达鲁特（Darutte），开始了又一矿区的参观。他先去奥里弗铁矿公司，拜访了地质学家琼斯（Jones），由琼斯讲麦莎比铁矿地质，并赠送了相关参考材料。5 月 1 日，琼斯带领程裕淇到附近一个世界上最大的开采铁矿的露天大坑，该矿长 3 英里①，宽 0.5—1 英里，最深处达 420 英尺②，由多家公司分区开采，年产铁矿石 2000 多万吨，采区内还有运矿石的铁路。此后，程裕淇还考察了加尔达湖（Garda Lake）矿、威斯康星州的蒙特利尔矿、曼斯菲尔德矿、野鸭湖附近的杰克逊（Teal Lake，Jackson）矿等矿山及有关地质，涉及铁矿的围岩组成、枕状熔岩特征、休伦群的组成及其下部的冰碛岩特征，等等。这次考察内容广泛，涉及诸多领域。

1945 年 4 月下旬到 5 月上旬程裕淇在明尼苏达州和威斯康星州考察期间，第二次世界大战的欧洲战场联军不断取得胜利。程裕淇在野外考察的同时，每天通过阅读当地报纸关注着国内抗战和欧洲战场的局势。5 月 8 日，德国无条件在投降书上正式签字，第二次世界大战在欧洲已结束了，这一天也成为欧洲胜利日。程裕淇在日记中对此都进行了记载，在为欧洲战场取得胜利欢欣鼓舞的同时，他也坚信我国的抗日战争不久就会取得胜利。

---

① 1 英里=1609.344 米。
② 1 英尺=0.3048 米。

程裕淇在明尼苏达州和威斯康星州野外考察结束后，又回到芝加哥办理杂事，再次拜访了鲍温、裴蒂庄等人。5 月 15 日，即 3 个月后重返华盛顿，见到王钰、阮维周等友人并与其交流，感觉非常亲切。他抓紧时间访问了矿务局，拜访了该局局长萨耶尔斯（Sayers）等。来华盛顿不久，又踏上了开往纽约的火车，需要去该地经济部资源委员会办事处办理加拿大申请签证以及相关参观等事宜。在纽约期间，程裕淇抽空到北克里克（North Creek）拜访地质学家哈夫纳（B. K. Haffner），由其引导，去看地质图与标本，上山考察地质，参观研磨厂、干燥厂等，在此他与哈夫纳一起考察了铁矿及共生岩石露头，并到巴尔腾矿参观。

程裕淇于 5 月 30 日专程从纽约赶到边境小城水井城尼亚加拉大瀑布，雇出租车过桥，即入加拿大境内，他在尼古拉加河边买了一张游览票，乘小汽船分别参观了美境及加境的瀑布风光。他住在瀑布附近的尼亚加拉公司，这样晚上也可以出来欣赏大瀑布的夜景。次日，程裕淇直接由水井城到达对岸城市多伦多，在这里访问了多伦多大学博物馆、矿业系、有关实验室，还与地球化学家史密斯（Smith）、矿物学家皮科克（M. A.Peacock）等进行了深入交流。此外，他还拜访了加拿大矿业部次长里德萨比（H. C. Ridsaby）及地质学家赫斯特（M. E. Hurst）、索尔特里（J. Salterly）等。在多伦多，程裕淇参观了皇家博物馆考古部中国部，博物馆的穆尔（Moore）又带领他参观了矿物地质二部，并讲解了铝矿地质概略。

6 月初，程裕淇考察了加拿大肖德贝里铜镍矿床。该矿床是世界上最大的铜镍矿床，除含丰富的铜和镍之外，还含有大量的铂等贵金属元素。成矿岩体呈椭圆形，长 50 千米，宽 25 千米。当时普遍认为肖德贝里铜镍矿床是基性-超基性硅酸盐熔浆-硫化物熔浆的熔离矿床（自 20 世纪 60 年代以来主要被认为是由陨石撞击引起部分地壳岩石的熔融，随后的结晶分异导致形成超基性-基性岩和铜镍矿床），所以苏长岩、辉长岩非常发育。程裕淇在矿业公司地质师米切勒（Michener）和萨维奇（Savage）的陪同下，参观了矿区、矿硐、矿坑、围岩、研磨厂、烧结厂等。当他站在肖德贝里铜镍矿床采坑上俯瞰巨大的采坑时感慨万千，铜和镍都是重要的战略物资，加拿大拥有这样丰富的资源，不知我国何时能找到这样的大矿。

在肖德贝里参观结束后，程裕淇下一程抵达加拿大首都渥太华，他首先赶到中国驻加拿大大使馆，去拜访刘师舜大使并办理相关签证等事宜。

在渥太华期间，程裕淇马不停蹄，接着访问了加拿大地质调查所，并听了主任地质师乔治·汉森（George Hansen）对该所情况的介绍。程裕淇等又访问了加拿大矿业地质部矿务局，该局局长帕尔松斯（Parsons）带领他们去各处参观。之后，程裕淇与李庆远还参观了国家博物馆航空制图部、航空照片图书馆及国家博物馆大楼之图书馆。

离开渥太华后，程裕淇和李庆远一起到达唐西尼昂（Donsinion）参观该地炼镁厂及不远处新办的铅锌矿。此后又赶到魁北克市参观了拉瓦尔大学的矿冶系、地质系及矿物系。紧接着，他们二人在这里先后考察了诺兰达（Roranda）金矿、当时加拿大开采深度最大的湖滨（Lakeshore）金矿、新卡柳梅特（New Calumet）铅锌矿、贝尔（Bell）矿等矿山及采选厂，还考察了蒙塔勒斯拉希附近的大断层和志留系与下伏的劳伦系之间的大不整合等地质现象。在诺兰达金矿考察时，程裕淇还与矿上的地质人员进行了相互交流，了解到他们采用图解方法确定断层断距的方法，程裕淇则介绍了中国地质工作的最新进展。

至此，40 多天的加拿大考察之旅顺利结束了。7 月 7 日程裕淇从魁北克乘车，经蒙特利尔于 8 日晨到达美国纽约。按照出国时重点考察北美洲经济地质的要求，他考察了加拿大的很多矿山，包括世界上最大的铜镍矿床、加拿大当时开采最深的金矿，还有铝土矿和铅锌矿，不仅考察了矿床的成矿地质背景，还考察了矿山的采选过程和设备，既增长了知识，又坚定了为国找矿的信念。

程裕淇回到纽约后，停留了十来天。他主要是去经济部资源委员会办事处办了赴墨西哥签证等一些手续，也参加了技术团同仁的每周谈话会。他除见到老朋友杨钟健、阮维周外，还见到实业部地质调查所的老同事徐克勤。徐克勤 1939 年留学美国明尼苏达大学，1941 年获硕士学位，1944 年获博士学位，在美国逗留了几个月，正准备回国。程裕淇对徐克勤讲述了中国地质工作正在顺利开展，他回国后不论是到地质调查所还是到其他单位都将大有可为。徐克勤听了也很高兴。在这期间，程裕淇接到李春昱的来信，说为所里购书之事还当积极进行。程裕淇考虑办理此事。

7 月 18 日，程裕淇再次返回芝加哥短暂休整，主要是整理、撰写前一阶段的考察报告，会见一些老朋友，并在芝加哥附近考察了一些矿区。30 日，他乘火车抵达科罗拉多州首府丹佛，开始了美国西部之旅。横亘太平洋西海岸的科迪勒拉山系贯穿了美国西部，由于太平洋板块与北美板块的相互作用，这里矿产丰富，地质现象丰富多彩。20世纪30—40年代，由于战争的需要，美国在西部进行了大规模的矿业开发，不同类型的矿山星罗棋布，是地质考察的理想之地。

在美国西部考察期间，程裕淇参观了许多知名学府，考察了众多矿山，游历调查了壮丽的地质景观，拜访了一些知名学者，撰写了考察报告。

在西部知名学府，程裕淇先后参观了科罗拉多矿业学院及该学院实验工厂的各种选矿实验设备和有关的研究设备、加州大学伯克利分校、斯坦福大学、加州理工学院、亚利桑那州立大学等，重点参观各大学的地质系，了解各校地质系的课程设置、人员组成、重点研究领域、实验装备等情况。

在西部矿山考察方面，程裕淇考察了克莱马克斯（Climax）钼业公司所属的波特兰（Portland）矿、埃贾克斯（Ajax）矿；犹他铜业公司所属的矿山和选矿厂；丹佛科罗莫（Koromo）附近的维尔夫利（Wilffly）矿、里夫勒（Rifle）矿；旧金山南郊圣何塞（San Jose）的水银矿、加利福尼亚州库赖（Quray）附近的康雷格斯（Congoress）铅锌矿、红山附近的森尼赛德（Sunnyside）矿、加利福尼亚州铁王（Iron King）铬铁矿床；加利福尼亚圣何塞新阿里诺顿（New Alinoden）矿、俄勒冈州法兰西山泰森（Tyson）矿、亚利桑那州卡斯尔·达姆（Castle Dame）斑岩型铜矿，等等。在各矿山，程裕淇爬矿山、钻矿硐，详细了解不同矿床产出的地质背景、矿床的品位及伴生矿种、开采技术条件、采用的开采方法，等等。这些矿山包括金矿、铅锌矿、钼矿、铬铁矿、水银矿、稀有金属矿产等，每到一个矿山，程裕淇都与矿山的地质师进行交流，进一步了解矿区、矿床的特征及形成背景。通过考察了解了当时美国矿业的发展情况，很多是以往工作中不曾见到的矿床，通过不同类型矿床的考察开阔了视野，增长了知识。程裕淇也留下一些遗憾，虽然几经交涉，但因为涉密，一个铀矿床都未能参观成。

在美国西部地质考察期间，程裕淇游历考察了丹佛附近戈尔登（Golden）西山的白垩系砂岩层面上的恐龙脚印（动物遗迹化石），威克多尔附近出露的响岩及砾岩等，盐湖城以北洛根附近的苏打泉群，丹佛科罗莫附近的前寒武纪地层，加利福尼亚州红山附近出露的地层及石英安粗岩侵入体，科罗拉多州多洛雷斯（Dolores）沟附近含有钒钾铀矿、水钒钙石、羟硅硼钙石等特殊的岩石，科罗拉多州的大峡谷等地质景观。这些地质景观涉及方方面面，从白垩纪的恐龙足迹到科罗拉多大峡谷的壮丽景色，从前寒武纪地层到含稀少矿物的岩石，从矿区地质到侵入岩体，但是程裕淇始终关注的是前寒武纪地层和蚀变岩石、变质岩石，所以对苏长岩、含钒钾铀矿、水钒钙石、羟硅硼钙石等特殊矿物的岩石进行了采样，尽快邮寄回国内中央地质调查所，以丰富所内展馆的馆藏。

在西部工作期间，程裕淇拜访了科罗拉多矿业学院地质系藻类古生物学家约翰逊（Johnson）、美国地质调查所盐湖城办事处地质师戈登·L.贝尔（Gorden. L. Bell）、加州大学伯克利分校地质系教授塔里亚费洛（N. L. Taliaferro）和威廉姆斯（H. Williams）、斯坦福大学教授贝利·维里士（Baily Willis）及布拉克维尔德（Blackwelder）、加州理工学院地质系主任切斯特·斯托克（Chester Stock）等。这些教授中有地质专家、古生物学专家、矿业专家等，通过与他们的交流，程裕淇了解了当时地质学的热点问题，也探讨了今后的发展趋势。其中，斯坦福大学教授贝利·维里士和布拉克维尔德在 1903—1904 年曾到中国进行地质考察，回到美国后于 1907 年出版了 *Research in China*，其中首次提出“五台纪”一词，对中国的一些地质情况有所了解。程裕淇听取了他们二位对中国一些地质问题的认识，也向二位介绍了中国地质调查和研究的新进展。在加州理工学院逗留期间，程裕淇还与在该校留学的周培源、钱学森、林家翘、傅承义等相识、相聚。

除了考察与交流之外，程裕淇还利用亚利桑那州立大学的实验室进行了毒砂、黄锡矿、硫锡铅矿、硫砷铜矿、斜方砷铁矿、复砷镍矿等矿物的微量化学分析（微化分析），在此掌握了基本的分析技术。

在西部考察之余，程裕淇还认真撰写了相关考察报告。一种是按月的汇报，在考察期间撰写了 7—10 月的各月报告；另一种是撰写专题考察报告，如钒矿考察报告、钒钛磁铁矿报告等。写完报告后，程裕淇通常打印两份，一份寄给纽约的旅美同学会的王世铖（当时在哥伦比亚大学新闻学院留学的中国学生）编入旅美同学会的不定期刊物《时事通讯》（*Newsletter*）；一份寄往国内的中央地质调查所，汇报自己的工作。程裕淇独自在美国考察能及时汇报考察情况和体会，这反映了他的自律和情操，也带给我们很大的启迪。

就在他于美国西部考察过程中，国际上发生了震惊中外的重大事件。

1945 年 9 月 2 日上午 9 时（东京时间），同盟国联合受降典礼在停泊于东京湾的美国军舰“密苏里号”战列舰上隆重举行。日本政府的全权代表和大本营的全权代表分别在投降书上签字，美国、中国、英国、苏联、法国和荷兰、澳大利亚、加拿大、新西兰的全权代表（中国代表为国民政府军事委员会军令部部长徐永昌将军）在日本投降书上签字确认，接受日本投降，投降书即刻宣告生效。至此，抗日战争胜利结束，日本帝国主义彻底失败，世界反法西斯战争取得了完全胜利。程裕淇一直关注着国内外的时局变化，突然从相关媒体上知晓这一消息后，拿起中国地图狂奔起来，以示欢庆全国各族人民包括港澳台同胞、海外侨胞同日本侵略者进行的历时 14 年艰苦卓绝斗争而取得的重大胜利。

美国西部考察结束后，程裕淇立即动身于 1945 年 12 月 1 日乘火车到达美国与墨西哥边境，经美国海关及边防检查之后，进入墨西哥境内又经过一番检查，最后于 4 日到达墨西哥首都墨西哥城。他赶到美国大使馆经济处拜访了矿业专员罗斯维尔 • W. 普隆蒂（Roswell W. Pronty）、美国地质调查所的高恩 • 威尔逊（Gown Wilson），又去了中国大使馆拜访冯子正大使、严万里秘书。通过提前联系，9 日，程裕淇与美国和墨西哥地质学家阿尔贝托 • 阿勒蓝诺（Alberto Arellano）、埃尔 • 古格逊（Earl Gugerson）、康拉德 • 克兰斯科普夫（Conrad Kranskopf）、卡尔 • 弗里斯（Garl Fries）等乘汽车前往墨西哥城西的帕里库廷村，考察那里著名的帕里库廷活火山。

帕里库廷火山（Paricutin volcano，程裕淇曾译为“巴利古丁火山”）是位于墨西哥米却肯州（State of Michoacán）西部的一座火山，在西马德雷山脉和墨西哥新火山带的交叉点上，距离墨西哥城以西约 320 千米。该火山是北美洲最年轻的火山，也是世界上非常年轻的火山，被许多人称为“世界七大自然奇观”之一。火山的名字因其附近的帕里库廷村而得名。1943 年 2 月 20 日开始喷发，此后这座火山一直活动了 9 年，一直到 1952 年 3 月 4 日彻底停止喷发，火山锥高 457 米。

程裕淇和墨西哥、美国同行考察时正是这座火山的喷发活动期。到达的 12 月 9 日（刚喷发两年多）当晚，他们在一木屋中远望火山口，只见红光上射，火星四飞，如放焰火。熔岩流则像巨大火龙，向前蜿蜒而行。第二天上午，他们出发到火山锥底，即开始上坡，当时为东风，他们从北坡过去比较安全。10 多分钟后，风向忽改，空中及坡上的火山弹、火山灰纷如雨下，他们只好站定以躲避流弹。不巧的是，程裕淇还是右臂、右腿各中一火山弹，有些青肿，还流出了血。待火山喷发稍缓，他们即转头向东往上前行，以避弹雨。到 11 时登上山顶时，看见两个火山喷管，呈北东一南西向排列，在北东者直径较大，为气体主要喷发之所，其直径约 200 英尺，中部似为熔岩所阻塞，其四周有 10 余个小孔，为气体上冒之通道，孔小气密，吼声如雷，不能近视。火山口的边缘有同心环状裂隙，亦有少数气体上冒，并有硫黄及氯化铵等升华物。见此奇特景观，他们难得地观察至中午，后从石坡下行又得以饱赏熔岩流的涌动，望着眼前的这一切，感慨大自然的神奇。此后他们一同来到了帕里库廷村，并考察了该村被火山吞噬的遗址，现今大部分已被火山熔岩流和火山灰所掩埋，只有旁边一教堂尚有残留，可见火山威力非常大。

这次考察，程裕淇登上了高 457 米的火山锥，近距离观察了火山弹的喷射、直冲云霄的喷气、翻滚涌动的熔岩流等，能如此近距离地观察火山喷发是千载难逢的机会，同时也需要勇气和胆量。这次冒险性的考察使他对火山喷发的过程有了直观的认识和感受，同时也加深了对火山岩形成过程的认识。这也是程裕淇地质生涯中一次终生难忘的考察。

自帕里库廷返回墨西哥城以后，程裕淇又观看了地质学家弗里斯所拍摄的帕里库廷火山活动的三卷电影和有关照片，对该火山活动的历史过程和壮观景象有了更深的理解。在这里感受了自然界的神奇，与驻墨西哥大使冯子正、美国矿业专员普隆蒂等告别之后，程裕淇乘坐弗里斯的汽车到瓜那华托（Guanojieato）参观了一个银矿地下矿坑，这是一个很大的银矿，主要是坑采，据介绍早年曾用马拉绞盘把矿石从矿井提升到地面。程裕淇曾写道：可想见当年工程之伟大。之后又到山顶的地下室参观了木乃伊。在下山返回瓜那华托的路上，又是一路考察地质。此后，弗里斯带领程裕淇到沃德利（Wadly）准备考察圣荷西（San Hose）锑矿，但因其他原因未果，于是就到附近参观了橡树草工厂。可惜此行尽管没有参观成锑矿山，但是获得了几块辉银矿的标本。由此，程裕淇完成了在墨西哥的考察，在朋友们的帮助下，经墨西哥边境城市蒙特雷到达美国的拉雷多，12 月 21 日下午再次抵达芝加哥。

返回芝加哥之后，程裕淇一方面整理考察资料、整理标本，并将有关标本和资料邮寄回国；另一方面因已近圣诞节，程裕淇参加了一些留美同学聚会并拜访了有关人员。在芝加哥，程裕淇又去芝加哥大学地质系再次拜访鲍温，并在鲍温的实验室做了若干实验，还画出实验炉的构造图，等等。他再次阅读艾孟斯的《旋转台》一书，并就书中有关问题与其讨论，在艾孟斯的实验室也做了相关实验，并为国内地质调查所购置了所需仪器和有关书籍。

由于兼顾北美多国考察工作，到墨西哥考察之前程裕淇就开始撰写在美国考察钒矿的报告，这次回到芝加哥后终于完成了“The source of vanadium in the United States: A report on the vanadium deposits in USA”（《美国钒矿的来源：美国钒矿床考察报告》）的英文考察报告，并寄回国内进行交流。在考察报告中，程裕淇详细介绍了科罗拉多州和犹他州的含钒砂岩型矿床、纽约埃塞克斯郡的钒钛磁铁矿矿床及爱达荷—怀俄明交界地区的含钒黑色页岩矿等，最后探讨了在中国发现钒矿的可能性。根据其早年的工作和有关文献记载，程裕淇指出，热河的七家子、涞平、西康攀枝花的倒马坎、光包包等地都有发现钒钛磁铁矿矿床的可能，云南昆阳群中的黑色页岩与怀俄明含钒黑色页岩具有相似性，也具有寻找钒矿的潜力。该建议直接对我国当时急缺的钒、钛矿等矿产资源的发现起到了非常重要的作用。比如最初攀枝花钒钛磁铁矿被简单地认为是磁铁矿，是程裕淇第一个在显微镜下鉴定出除磁铁矿外也有钛磁铁矿的实例。他在北美洲考察访问期间，当看到有关钛磁铁矿也含钒的资料时，立即（1944年12月）给中央地质调查所李春昱所长写信，建议对攀枝花钛磁铁矿进行钒的研究。李春昱接到信后十分重视此事，即刻派人对攀枝花的样品进行了化学分析，证实样品中含有较高的钒。由此确立了我国攀枝花钒钛磁铁矿含矾这一特殊矿产类型，解决了当时有关急缺矿产资源问题，也为今后的选冶提供了理论支持，这一过程在攀枝花铁矿的矿业发现开发史中也有记载。这件事反映了程裕淇扎实的基础、深厚的学术造诣和敏锐思维，以及对国家的贡献。这篇考察报告当时没有正式发表，程裕淇逝世后，2005年出版的《程裕淇文选・上卷》将此文收录其中，由此可以见证程裕淇在美考察后撰写考察报告的情况和认真的态度。

1946年2月，程裕淇从芝加哥先后抵达美国东部的一些城市，包括弗吉尼亚州雷斯敦、新泽西州普林斯顿、康涅狄格州纽黑文、马萨诸塞州波士顿，分别到美国地质调查所、普林斯顿大学、耶鲁大学地质系和皮博迪自然历史博物馆、霍利约克学院、哈佛大学地质系、麻省理工学院等高校和研究机构参观访问，还拜访了各校地质系的负责人及有关专家，进行了深入交流，与一些单位达成了相互交换学术期刊的意向。由于在北美洲的工作任务完成得差不多了，程裕淇开始做回国前的各项准备。

当时经济部资源委员会派程裕淇到北美洲考察的主要任务是经济地质。经济地质学是研究有经济意义的地质体和地壳物质的开发与利用的学科，这些地质体及其物质资源包括能源、金属、非金属、水和气体等矿产，狭义的经济地质学就是矿床地质。一年多时间，程裕淇在加拿大、美国、墨西哥考察了数十个不同类型的矿山，不仅考察了有关矿产的成矿地质背景，也时刻谨记这次考察的任务。所以每考察过一类矿床，程裕淇都及时撰写考察报告，向国内中央地质调查所领导报告考察内容和自己的一些想法。同时，还考察了很多矿山的矿山组织管理和矿山地质工作的内容、范围。由于我国地质工作起步较晚，当时主要进行的是区域地质调查，对矿山地质工作还没有明确的界定和规范。在考察中，他一直在思考，如何加强矿山地质工作，如何发现、勘探出国家所需的矿产，如何建起世界一流的矿山。

1946 年 5 月，程裕淇顺利完成北美洲考察任务后从美国纽约出发，乘坐远洋客轮踏上了归国的旅途。当轮船航行在太平洋上时，程裕淇的思绪也随着太平洋的波浪在翻滚，回忆考察过矿山的地质工作，构思着未来国内矿山地质工作的内容和职责。他奋笔疾书，在远洋客轮上写了《探矿地质述略》一文。根据对北美洲三国三十余个矿区的考察，程裕淇较详细地论述了采矿地质工作的范围，从地形地质图的测制、钻采工作、开采计划的拟定与矿样的采集、矿坑或矿道地质图的测绘、矿量的估算、图件及记录本的处置、理论研究以及与矿内其他部门的合作等方面，阐述了矿山地质工作的内容。这是我国首次较系统地阐明矿山地质工作的内容和职责，对于以后矿山地质工作的开展具有指导意义。经过长时间的海外奔波，程裕淇回到南京后，对在远洋客轮上完成的文章进行了修改和补充，于 1946 年发表在《地质论评》第 11 卷第 5—6 期上，这篇论文成为我国矿山地质工作的重要文献。

1944 年 10 月到 1946 年 5 月在北美 1 年半的考察期间，程裕淇结识了众多地质界的朋友，学到了一些新的知识，掌握了某些地质研究的技术和手段，了解了美国等国家地质发展的态势和趋向，这些皆为今后的发展做了丰厚的积淀，是程裕淇地质生涯中一段十分重要的经历。

八、肩负重任，培育英才

1946 年 5 月，程裕淇从美国纽约出发，乘远洋客轮经美国西海岸几个港口和巴拿马运河，再横渡太平洋，最后回到中国上海。当远洋客轮临近上海时，程裕淇站在甲板上思绪万千，夜不能寐。回想起 1938 年 7 月在英国利物浦大学获得博士学位后也是乘坐远洋客轮回国，但是那时上海已经被日军占领，近在眼前的自己的家园不能回，只能取道香港，绕道越南才回到抗日的大后方云南昆明。现在日本军国主义已经被打倒，终于可以直接从上海回到自己的祖国，心中无比高兴。但是在美国西部考察时程裕淇就已知道，国共和谈破裂，内战已经开始。每每想到这些，程裕淇又为国家未来的前途担忧。

等程裕淇回到国内时，抗日战争胜利已过大半年，国民政府的许多单位，包括经济部中央地质调查所，已纷纷回迁南京。程裕淇于是到位于南京珠江路的中央地质调查所向李春昱所长汇报了在北美洲考察一年多的情况，介绍了自己的所见所闻与所学所为，还有为所里购买的书刊、仪器和其他物件，等等。在南京，他也见到了先后返所的老同事、好朋友，大家畅叙别后情景，兴奋不已。

1946 年下半年，程裕淇在南京中央地质调查所主要进行北美洲三国考察资料的整理、阅读有关书籍和文献、撰写学术论文，等等。10 月参加了中国地质学会第 22 届年会，在 28 日下午的论文交流会上，他做了《美国钒矿研究机构》的报告。之后，程裕淇获得了当年的纪念赵亚曾先生研究补助金，奖金是 20 万元，可用于相关的研究工作。

1947 年，程裕淇被任命为中央地质调查所矿物岩石研究室主任、经济地质研究室主任，担负起领导这方面的工作。从以往的个人或几个人的研究转变为两个研究室的主任，除了需要做好自己的工作之外，还要协助并带领两个研究室的全体人员进行研究并取得成绩，程裕淇感到担子重了，责任大了。

成为研究室主任后，程裕淇首先完善岩石、矿物有关实验室的建设。

根据在美国考察有关岩石、矿物研究的收获体会，用在美国购买的岩矿测试仪器设备筹建该所的岩石、矿物实验室，并建立完善磨片、照相及制图等工作室。他又建立和完善了岩矿实验室人员编制，组织岩矿研究人员学习有关岩矿测试分析技术，主办多种学习班（很多都由他亲自授课），如油浸法、旋转台鉴定、岩石矿物化学成分测试及计算，等等。

研究室的建设最根本的是人才的培养。抗日战争胜利以后，经济部中央地质调查所的工作有一定的发展，他们从西南联合大学、中央大学、重庆大学等校地质系毕业生中，通过考试招聘了一批新的成员。但是由于处于抗日战争期间，这些刚出大学校门不久的新同事多缺少野外的实践锻炼。程裕淇就选择南京南郊的江宁一带中生代火山岩出露区对新同事进行火山岩区的野外工作培训，其中有沈永和、边效曾、沈其韩、张咸恭、李广源、李毓英等。程裕淇比他们年长十多岁，虽然不是直接的师生关系，在学术上也算差了一辈，但他们都称他为“老师”。

根据自己的亲身经历，程裕淇深知野外调查研究对地质人才培养的重要性。但是自 1946 年内战开始后，物价飞涨，经费困难，野外地质工作几乎陷于停顿。在这种情况下，程裕淇就近选择南京地区带领他们开展野外地质调查，一方面交通便利，另一方面不需要太多经费。于是，他带领沈永和、李广源、张咸恭、李毓英、沈其韩等年轻同事一起填绘南京附近江宁地区 1∶10 000 比例尺地质图，又派沈永和专门深入研究南京南郊江宁县方山的第三纪火山岩，发表了重要的科研成果。在野外调查过程中，这些新毕业的大学生曾发现一套基性岩，当时难以确定是火山岩还是侵入岩，程裕淇与他们通过观察露头、追索岩石，发现这套基性岩中下部存在粗粒岩石，其下方还有沉积的砂岩和砾岩层，详细测量了不同岩石的产状，又经过岩石薄片的室内鉴定，终于确定这套基性岩是喷出的玄武岩。这种严谨的科学态度对这些年轻的新同事影响颇深。程裕淇对这批年轻大学毕业生的教导既严格要求又耐心细致，帮助他们提高业务素质，达到能独当一面、胜任工作的目的。

程裕淇通过南京附近的江宁县野外调查研究培养了一批年轻骨干。在方山，程裕淇与沈永和经过长期研究，联合署名完成了英文学术论文《江苏江宁方山第三纪火山岩》，发表在《中国地质学会志》1948 年第 3—4 期上。该文在野外地质填图的基础上，详细划分了火山岩的岩层序列，论

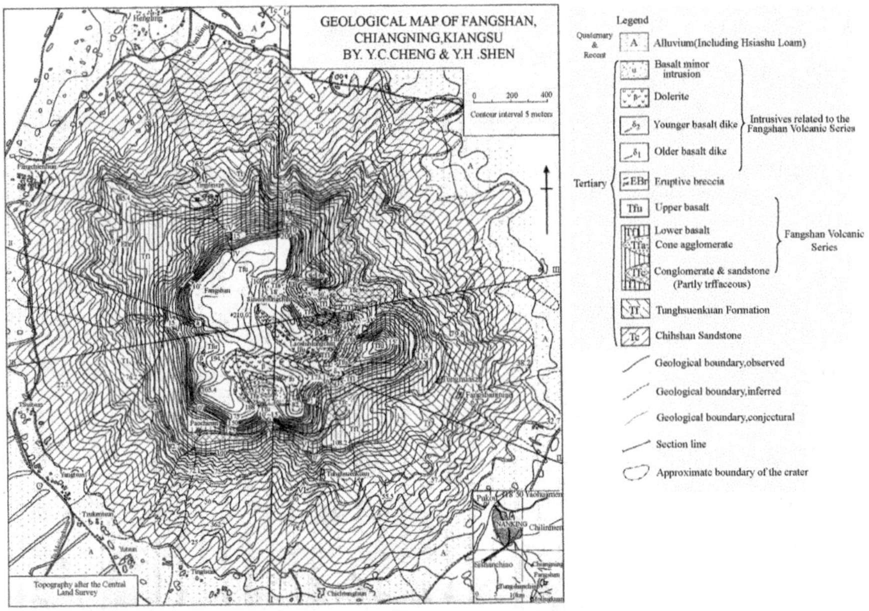

1948 年，程裕淇与沈永和等在江苏江宁方山地区填制的火山岩地质图

述了火山喷发的旋回，是火山岩出露区野外调查和详细研究的范例。中华人民共和国成立以后，老一辈地质学家黄懿曾将该文译为中文，当时未能发表。直到程裕淇逝世后，2005 年出版的《程裕淇文选 · 上卷》将此文的英文版及中译文版放在一起发表，这对程裕淇、沈永和、黄懿都是很好的纪念。

这批年轻人进步很快，在较短时间内就成为业务骨干。程裕淇不仅为当时的矿物岩石研究室培养了新生力量，也为新中国培养了一批有才华、有实践经验的高素质地质人才。中华人民共和国成立后，他们中许多人成为各地质队队长、技术负责人，甚至省地质局总工程师、大区或省地质科学研究所所长等。其中，沈其韩在 1991 年当选为中国科学院学部委员（院士），是他们中的杰出代表。

沈其韩是江苏海门人，家乡被日本侵略者占领时，他才是个中学生。升学无望、失业闲居，心中郁闷，他不愿在沦陷区生活，经过联系和努力，找到部分学友一起从家乡徒步到杭州，趁着夜色在杭州附近设法偷渡过日军封锁线进入“国统区”，1941 年秋辗转到了重庆。1942 年秋，他考入重庆大学地质系。他对矿物学、岩石学特别感兴趣，十分佩服教矿物学的王炳章教授，每次听王老师的课总感到收获颇丰。1946 年大学毕业，他到重庆北碚考进了中央地质调查所，然后与该所同事陆续迁回南京。之后，他被安排在程裕淇领导的矿物岩石研究室工作。程裕淇组织大家到南京郊区的江宁一带进行中生代陆相火山岩的 1∶10 000 比例尺的地质填图。可在大学时期，由于战乱，沈其韩很少有野外实践机会，甚至在野外连火山岩都没有见过，也没有做过这种地质填图。程裕淇手把手教他们先按比例在地形图上圈出实际露头的位置，然后根据岩性、产状画出地质界线，在工作中逐步识别和命名不同的火山岩类型，采集代表性岩石样品。程裕淇让比沈其韩早两年从西南联合大学毕业的李广源任组长，李广源经验稍丰富，带领沈其韩填图的效率要高一些。通过两年多的几次野外实践，基本完成了各组负责的图幅，在野外还认出了中生代火山岩产出的一些基本地质和地貌特征。野外采集的标本在室内磨制成岩石薄片，并系统描述矿物的光性、结构组合、相互关系，等等。程裕淇又指导沈其韩等不断学习、查找文献，定出名称，使他很快熟悉并掌握了室内岩石学的鉴定和研究方法。沈其韩在鉴定中还首次发现了白榴石矿物。此后，程裕淇又指导沈其韩将野外填制的分散的 1∶10 000 比例尺的火山岩地质图拼合起来，编成 1∶50 000 比例尺的火山岩地质图。他在工作中学会了一些使用缩放仪和由大比例尺图件缩绘成中比例尺地质图的规范和工作程序。

在填图过程中，沈其韩还在祖堂山发现火山岩中有一种矿物，呈白色，坚硬而细密，有点儿像高岭石，但硬度比高岭石大，其他性质也很不同。程裕淇知道后，根据以往经验，怀疑可能是明矾石，特请该所土壤研究室熊毅先生拿去化验与分析，特别做了明矾石析出实验，结果证明确实是明矾石。由此，程裕淇让沈其韩和朱福湘带上小平板仪到野外实测一幅大比例尺地质图，并深入研究明矾石的产出特点。经实地调查测量，沈其韩发现矿床规模并不大，只是一个小矿点，他据此撰写了一篇《江宁祖堂山明矾石地质报告》。这也是他在关于火山岩非金属矿评价中所取得的首次成绩。

沈其韩初到南京中央地质调查所时，就在该所图书馆借到两本关于显微镜的英文版图书。程裕淇见到后，就鼓励沈其韩阅读后写出中文简介，这样既能方便别人阅读和参考，又能锻炼自己的外文与中文的翻译能力和综合能力。沈其韩当即写了两篇简介文章——《木那斯等著显微镜及其用法》《哈利蒙特等著改良偏光显微镜》，均发表在《地质论评》上。

由上述可见，沈其韩刚从大学毕业就考入了当时中国最权威、最大的地质机构——中央地质调查所，并且得到该所业务骨干程裕淇从野外到室内研究的进一步栽培指导和培训，练就了扎实的基本功。以后他们长期共事半个多世纪，在变质岩石学、前寒武纪地质学、矿床地质学领域做出了重要的贡献。

1947 年 9 月，中国地质学会在中央地质调查所图书馆举行换届会议，由理事长谢家荣主持。会议通过了中国地质学会第 23 届理事会理事名单。程裕淇当选为中国地质学会理事（从这一年起，程裕淇在以后各届理事会中都连任理事，最后几届还当选为常务理事、副理事长、理事长和名誉理事）。1948 年，程裕淇当选为《中国地质学会志》的编辑并任编辑主任。加上他去北美洲考察之前已担任的《地质论评》杂志的编辑，程裕淇所担任的社会工作任务越来越繁重，他也把相当多的时间用于这些方面。

程裕淇负责《中国地质学会志》编辑工作后，对每期上的每篇文章都精心校对，从内容到文字、从图件的准确到英文词汇的表达，都反复推敲，以提高论文的水平和质量。对于一些重点文章，如李四光、陈庆宣、李铭德撰写的关于扭裂缝之泥浆试验文章（这个实验是我国早期的变形实验）具有开创性，所以更加注意编辑加工。1948 年，编辑部收到宋叔和的稿件“On the rocks and metamorphism of Baiyinchang volcanic series，Kaolan，Kansu Province”（《甘肃皋兰白银厂火山岩系及其变质》），程裕淇先后花 4 天时间认真阅读和修改该文，在镜下观察了宋叔和所提供的薄片，并两次与宋叔和进行讨论，经过不断切磋修改，该文最终在 1949 年刊于《中国地质学会志》第 1—2 期合刊上。这样严谨、认真的编辑态度一直在程裕淇身上延续。80 多岁时，在担任《地质学报》主编时，程裕淇对每篇文章基本都能做到认真阅读，用红笔标出需要修改之处。世界上怕就怕“认真”二字，程裕淇就是一个一辈子讲究认真的人，这一点在编辑刊物上得到了充分的体现。

从 1947 年当选为中国地质学会理事之后，程裕淇就积极参与学会工作。1947 年 11 月 18—20 日，中国地质学会第 23 届年会在台湾台北市举行，这是地质界的一次重要会议。由于日本侵略者的长期占领，抗战胜利前大陆与台湾的地质界同仁很少交流。抗日战争胜利后，国民政府派员赴台湾接收了台湾地质调查所，可以说这是 20 世纪大陆和台湾很少的一次地质交流盛会。18 日上午，年会在台湾大学法学院礼堂举行开幕式，由谢家荣理事长主持并致开幕词，他在开幕词中说，本届年会在台湾举行，第一，可以纪念本会成立 25 周年；第二，可借以观光台湾，真切认识重返祖国的疆域；第三，可以沟通并加强大陆与台湾地质工作者之间的学术交流。程裕淇有幸参加了这次年会，在大会交流过程中宣读了《德喀氏角闪岩在中美两国的发现》《西康康定之阿许氏混合岩》两篇论文，并代黄汲清宣读了论文《先寒武纪地层之划分问题》。会后，程裕淇与其他与会人员一起参观了台湾大学地质系、图书馆、海洋研究所及结核病研究所、附属医院，台湾气象局、博物馆、动物园、植物园及台湾工业研究所等，之后又参加了会后的地质考察，考察了台北市西南的煤矿、台北西南阿里山海相沉积层及其下部玄武岩、基隆市金瓜石金铜矿，等等。

1948 年 10 月 24—26 日，中国地质学会在南京中央研究院大礼堂举行了第 24 届年会（与中国古生物学会联合举行），这次年会的会后地质考察地是南京南郊江宁县方山。为组织好这次野外考察，程裕淇悉心准备，他事先带领沈永和用数天时间撰写了《方山地质旅行》，又打印、油印、装订成册。会后考察过程中，程裕淇全程进行了讲解，介绍方山的地质背景、火山岩的特征等，与参加考察的同仁进行了充分交流，使与会者了解了方山的地质情况。

1947 年 11 月，参加在台北召开的中国地质学会第 23 届年会全体代表合影
（第二排左三为程裕淇）

除此之外，程裕淇还多次参加了中国地质学会理事会会议，如 1948 年 7 月的理事会会议，推荐了下届理事会人选，确定了年会的举行办法、地点和时间，通过了新会员人选，决定今后《中国地质学会志》和《地质论评》编辑部职员采用选票制度等方法。

在做好研究室和学会工作的同时，程裕淇还积极参与所内事务。1948 年地质调查所招收练习员，受所里委派，他负责出考试试卷并进行判阅。1948 年以后，“国统区”物价飞涨，有时购米都困难，程裕淇在日记中多次写到“物价又激涨”“物价又涨，南京抢米”。面对这种情况，地质调查所的合作社多次召开社务会研究开展互助自救的办法，他多次参加合作社的社务会，经过研究采取了互助共同购物、由新进所的年轻人帮助排队购粮等措施，大家一起共度时艰。

程裕淇在为各项工作忙碌的同时，家里又出了一件大喜事。1948 年 5 月 28 日，谭娟杰又生一子，他非常高兴，为其取名“学林”。同事、朋友们知晓后也赶过来向他表示祝贺。他也在百忙中，于 6 月 27 日摆了两桌晚宴，请同事友人及其亲属子女吃满月酒，其中有章鸿钊及其子章元龙、周柱臣、黄汲清夫人陈传骏、李春昱夫人张锦芝及其女李庆媛、熊毅夫人和其女、徐铁良及夫人、秦馨菱、黄懿及其子，等等。

1948 年，程裕淇在家中与二子合影

1948 年底至 1949 年初，人民解放军在辽沈、淮海、平津三大战役中取得了决定性胜利，很快兵临南京城下，国民政府惊惶万状。一方面，蒋介石在 1949 年元旦发表求和声明，不久又宣布“引退”，由李宗仁任代“总统”，与中国共产党举行“和谈”；另一方面，又勒令各机关（特别是中央机关）撤离南京。正当此时，经济部中央地质调查所所长李春昱的朋友傅斯年是台湾大学校长，他向李春昱保证能向他的妹夫俞大维（时任交通部部长）要到巨型海轮的足够吨位，让李春昱将该所搬到台湾去。这是对立场的考验，但李春昱心中自有主意，他常秘密收听中国共产党的电台广播，对党的政策、解放区的情况都了然于胸，根本不想离开大陆撤到台湾去。于是，他坚决地一口回绝了傅斯年，又私下召集所里的元老、骨干侯德封、尹赞勋、李善邦、程裕淇、高振西、叶连俊等商议，大家一致主张留下来。李春昱又找到他的老朋友、经济部资源委员会委员长孙越崎借了 8000 斤大米，又储备了油、盐、咸菜等应急物资，还召开全所大会讨论留所应变问题，声称愿意留下者，一两个月的生活问题定能解决，借以安定了人心，大家也都愿意留在大陆。那时，行政院院长孙科又把该院机关迁到广州，广州当局又给李春昱所长发来指令，要他们带必要的工具，去粤汉铁路上的一个城镇。李春昱获悉后立即派该所的谌义睿（湖南省长沙人）回到老家，借房挂起了中央地质调查所临时办公处的牌子，来回转寄文件，又把所里一些不能用的破旧工具（如烂地质锤等）装了几木箱，运到长沙装样子，以此搪塞广州当局。到了 3 月，何应钦继任行政院院长，该院于渡江战役的前夜仍迁回南京。此时孙越崎任经济部部长，他也是支持李春昱留下的。这样，迫迁的压力就算完全解除了。李春昱随时把这些情况转告给程裕淇等高级研究人员听，也和广大员工沟通，大家一起商量应对办法。他们最后的任务就是员工们分工负责，轮流昼夜巡逻，保护大家的安全，避免公私财产受到损失。为防流弹飞进屋里造成破坏，他们还把图书馆和一些重要实验室的窗口用砖头堵上。

能够把中央地质调查所完整地保留下来，时任中央地质调查所所长李春昱起到了决定性作用，当时侯德封、尹赞勋、程裕淇、高振西、叶连俊等也发挥了重要作用。

4 月 23 日南京解放，中央地质调查所这个当时全国最大的地质机构，包括人员、图书资料、仪器设备等，都完好地回到人民政府的手中，成了新中国地质事业腾飞的重要基地。

1939 年到 1949 年的 11 年，我们国家经历了抗日战争和解放战争，广大人民群众处于水深火热之中，其间，程裕淇一直在困境中求索如何报国、如何发展钟爱的事业。通过国内的实践和北美洲的考察，程裕淇更加坚定了找矿兴国的信念，从获得利物浦大学博士学位回国后开始发现昆阳磷矿，到对金矿、铁矿的调查、勘查，再到新疆石油地质的调查，都是其找矿兴国的具体实践。多年的奋斗中，程裕淇始终不忘李四光最初为他指出的专业方向，坚持在变质岩领域探索和追求，首次在我国发现了区域变质带，把变质作用的等化学系列从泥质岩扩展到中酸性火山岩。随着在开拓发展中成长，他承担了越来越多的社会工作，在担任研究室主任后，完善实验室建设，着力培养人才，协助所长工作等。更为重要和骄傲的是，程裕淇与李春昱所长和同仁们一起把中央地质调查所完整地交到中国人民的手中。坚定地留在大陆，与人民站在一起，这是程裕淇人生中的第三次抉择。

第三章　热心报国，大展宏图
（1949—1965年）

一、思想转变，体制变革

1949年10月1日中华人民共和国成立，开启了我国历史的新纪元。面对这样的变革，有一定名气的地质学家都面临着历史性选择。有些人认为自己没有做对不起人民的事情，选择了留下，如李春昱所长领导中央地质调查所的人员（包括李星学、程裕淇等）选择了和中央地质调查所一起留在了大陆，谢家荣领导的经济部矿产测勘处及中央研究院地质研究所的人员基本留在了大陆。有些人因为对中国共产党了解不够，选择去了台湾，如北京大学地质系的阮维周。有些人则寓居他乡，如曾任行政院院长的翁文灏经中国香港寓居法国，1951年，经毛泽东、周恩来的邀请，翁文灏回到了首都北京。有些人按出访计划从国外回到了祖国，如黄汲清先生1948—1949年在欧美考察，考察结束即按计划返国，1949年5月途经香港时拒绝了台湾大学校长傅斯年的邀请，毅然返回祖国继续开展地质工作。有些人随着历史的大潮继续留在了大陆，如时任新疆地质调查所所长王恒升，他在新疆解放时就留了下来，但是很快就被作为“反革命”被集中办班，当时进疆大军急缺煤炭，在李四光的推荐下，王震将军找到王恒升让他帮助找煤，王恒升很快完成了任务，党和政府重用他，并为他安排了工作。在中国社会大变革中，除了选择还要经历转变。这次重大的历史变革荡涤着社会的方方面面，习惯了传统思维的人们也需要进行一次思想的重大转变。不论是自觉的还是被动的，都必须适应新的社会形势，否则就要落伍或者被淘汰。

中华人民共和国成立前夕，在国民党黑暗统治下金圆券滥发，物价飞涨，袁水拍先生的打油诗“跑上茅屋去拉屎，忽然忘记带草纸，袋里掏出百万钞，擦擦屁股满合适”是当时物价飞涨、货币贬值的真实写照。在这种情况下，包括中央地质调查所在内的人们渴望一个新政权给人民以稳定的生活。1949年4月23日凌晨，人民解放军占领南京，曾遭受日本侵略者大屠杀、饱尝国民党反动欺凌以及1947—1948年物价飞涨之苦的南京人民，自觉地夹道欢迎人民解放军进入南京。当天的《南京日报》以“百万市民夹道欢呼，解放军和平进入南京”为题报道了人民解放军进入南京的消息，也报道了人民解放军的严明纪律，人民解放军受到南京广大市民的热烈欢迎。这些变化，让中央地质调查所的员工感受到中国共产党、人民解放军一心为民的情怀，这也正是很多老知识分子对中国共产党最初的直观认识。

南京解放，标志着国民党长达22年统治的结束，毛泽东主席写下了“钟山风雨起苍黄，百万雄师过大江”的豪迈诗篇。人民解放军占领南京后，首先成立了治安领导小组，维护南京的治安。此后，南京市军事管制委员会派军代表进驻中央地质调查所，领导各方面工作：第一是加强政治学习，提高员工的政治思想觉悟；第二是对所里财产，包括图书、仪器、设备、标本等进行清理、登记；第三是根据人民解放战争胜利前进的大好形势，以及工农业生产恢复和发展的需要，适时开展急需的地质矿产调查研究工作。

在当时形势下，程裕淇与许多同仁一道，积极配合军代表清理、登记各种资产，继续参加学会的各项工作，同时积极完成军代表布置的学习任务。应该说，长期在大后方、在“国统区”工作的很多知识分子，对国民党后期的腐败、物价飞涨怨声载道，但对中国共产党了解得并不多，此时，军代表重点讲述了中国共产党的宗旨、任务、奋斗方向。通过这样的政治学习，程裕淇对中国共产党有了初步的认识，对未来充满了希望与信心。另外，很多老知识分子一直抱着“科技救国”“实业救国”的信念，因而他们相信，只要中国共产党要改善人民生活、发展生产，他们就能有所作为，就能为国家贡献力量。南京解放后，征尘未洗的人民解放军第三野战军司令员陈毅就亲莅中央研究院地质研究所慰问，他说："战争不久就要胜利地结束了，但是军事的胜利不等于革命的完成，只是消除了建设新中国的障碍。我们主要的任务是建设新中国，因此我们恳切地要求大家一致努力合作。"①1949 年 5 月 16 日，中共南京市委、南京市军事管制委员会、人民政府召开文化科学界座谈会，许杰、尹赞勋、杨钟健等地质界人士参加了会议。人民解放军第二野战军司令员刘伯承在会上讲话，他说："无论是自然科学还是社会科学方面，都需要大量人才，希望共同工作，开展南京市的文化科学建设。"②人民解放军的这一系列举措，极大鼓舞了中央地质调查所的科技人员，大家真切感受到中国共产党和人民解放军建设新中国的决心，感受到今后的希望。

1949 年，中央地质调查所和中国地质学会的学术活动还是照常进行。2 月 3 日，在中央地质调查所大礼堂举行了关于南京附近地质矿产的讨论会，理事长李春昱主持会议，谢家荣主讲《南京附近之地质矿产》，程裕淇与徐克勤、王超翔、沈永和等都先后发言，热烈讨论。6 月 17 日，程裕淇又在该所出席了该学会的理事会议，主要议及经济、图书等事项。7 月 29 日，程裕淇在该所出席中国地质学会理事会议时，向学会捐助了人民币 34 030 元（是 1946 年程裕淇获得纪念赵亚曾先生研究补助金的余额）作为颁发奖金之用。12 月 18 日，在南京原中央研究院大礼堂举办了中国地质学会第 25 届年会南京区年会。程裕淇作为《中国地质学会志》编务主任做了编务报告。

1951 年全国开展了"三反"（反贪污、反浪费、反对官僚主义）运动，各研究室要检查公私不分的问题。当年野外用公家的相机和胶卷都是拍摄与地质业务有关的照片，一般尽量在野外将胶卷用完回所冲洗，有时胶卷没用完，剩下的几张胶卷私人便使用了，一些人为此在会上做了检查。据陈鑫回忆，程裕淇作为矿物岩石室主任，在会上介绍了他对此问题的处理办法。在野外如还有未用完的胶卷，程裕淇就用来拍摄一些所内群众活动的照片。如果这样的机会也没有，为了避免浪费而私人用了，就会大致估

① 许杰. 我会见了陈毅将军. 新华日报，1949-05-09.

② 朱训，陈洲其. 中华人民共和国地质矿产史（1949～2000）. 北京：地质出版社，2003：9.

算一下私人用去的胶卷的价值，以相等的钱购买一些办公用品，如刷标本的刷子等，以作抵偿。事情虽小，但他始终就是这样公私分明，这也是他一生坚持的基本原则。

在这一阶段，思想转变可不是一朝一夕的。1952年，程裕淇奉命到湖北大冶组建429地质队从事铁矿勘查工作。其间，全国正在开展“三反”运动，程裕淇作为队长积极配合负责“三反”运动的戚涛副队长组织开展“资产阶级的本质是什么？怎样向无产阶级进攻？对你有哪些影响？”等专题讨论。在“三反”运动思想建设检查报告会上，他做了题为“非无产阶级思想及其具体表现”“三反中的表现和认识以及今后努力方向”的发言，通过一系列的学习，提高了对党的认识，思想觉悟得到了升华，为以后承担更重的任务奠定了基础。

这里需要强调的是，新中国的建设需要大量的地质与采矿科技人员以及运行有序的管理机构。中华人民共和国成立以前，全国的地质人员主要分散在国民政府经济部所属的中央地质调查所（当时有北京分所、西北分所）、经济部资源委员会矿产测勘处、中央研究院地质研究所、一些高等院校的地质系以及少量的省级地质调查所，各地人员少且分散，根本不适应新中国地质找矿事业发展的需要。因此，全国的地质机构面临大调整。

1950年5月初，李四光从国外冲破重重障碍辗转回到北京，5月6日周恩来总理到住地看望他，同他谈起了国际国内形势、地质工作和地质队伍组建等问题，希望他除协助郭沫若做好中国科学院的工作之外，还要组织全国地质工作者为国家建设服务。如何整合和组织当时的地质工作，如何解决国家急需的矿产资源需求，是李四光面临的重要问题，他亟须听取地质工作者的意见。李四光长期在中央研究院地质研究所工作，1948—1950年又在国外，对全国的地质人员了解得不是很充分，于是他让程裕淇列出当时国内主要的地质人员名单。程裕淇经调查访问，很快拟就了一个100多人的名单，包括人员姓名、专业特长、当时所服务的单位等，然后把这份名单誊抄装订好交给了李四光。很快，李四光亲自草拟了一封关于如何组织全国地质工作的征求意见信，发给全国所有的地质工作人员，陆续征得295人对改进地质工作的意见。在此基础上，李四光提出了成立“一会、一局、二所”的方案意见。

据此，1950年8月25日中央人民政府政务院决定成立“一会”（中国地质工作计划指导委员会）和“一会”领导下的“一局”（矿产地质勘探局）、“两所”（中国科学院地质研究所和中国科学院古生物研究所）的地质机构。1950年8月25日中央人民政府政务院第四十七次会议通过，任命李四光为中国地质工作计划指导委员会主任，尹赞勋、谢家荣为副主任，委员共计21人，其中有孙越崎、田奇㻪、黄汲清、李春昱、顾功叙、陈国达、侯德封、佟城等各部门的知名地质专家。程裕淇任中国科学院地质研究所副所长（所长为侯德封），同时兼任中国科学院古生物研究所研究员。1950年11月，召开中国地质工作计划指导委员会扩大会议，明确提出应该根据国家需求，集中人力、物力重点解决煤、铁、石油和有色金属资源问题。当时大部分研究人员具有双重名义，也就是在研究所为研究员，在矿产地质勘探局为技正[①]。同时，程裕淇被任命为矿产地质勘探局经济地质处副处长。1950年11月27日，中央人民政府政务院财政经济委员会主任陈云和中央人民政府政务院文化教育委员会主任郭沫若联名发出了财经总字1059号《关于地质工作及其领导关系的决定》，明确指出“为了适应国家的紧急需求，地质工作在三五年内应以勘探研究地质矿产情况而解决实际问题为主，以理论性的科学研究为辅”，同时明确规定了“中国地质工作计划指导委员会应为地质工作的统一领导机关。现有地质工作机构，包括地质调查勘探机构、地质研究机构、古生物研究机构，及其人员的配备调度，一律由中国地质工作计划指导委员会负责。以上三机构的工作，亦一律由该委员会领导”。明确了当时地质工作的方向和地质工作领导的组织框架。1951年，在中国地质工作计划指导委员会的领导下，300多名地质工作者组成84个地质队，分赴全国各地开展地质调查和矿产勘查工作。

中华人民共和国成立伊始，恢复和发展国民经济是党和国家最重要、最紧迫的任务，查清我国矿产资源的“家底”，乃是国民经济恢复和建设的先决条件。三年（1949—1952年）恢复国民经济的工作到1952年底基本完成，从1953年开始将实行发展国民经济的第一个五年计划，急需矿产资源的保障。为此，中央决定成立地质部。

1952年8月7日，中央人民政府地质部成立（1954年改名为中华人

---

① 民国时期到中华人民共和国成立之初，政府机关内从事专业技术人员的职称，主要从事工程、科技、实验研究等类别的专业项目。

民共和国地质部），任命李四光为部长，何长工、刘杰、宋应为副部长，开始在组建机构、建立制度、规划任务、调集队伍、培训人才、生产装备等方面部署大量开创性的工作。至此，全国地质工作机构的大调整基本完成，开始有序地进行国家紧缺资源、能源的找矿勘查工作。

二、鞍本大冶，找铁建功

1949年10月1日中华人民共和国成立后百废待兴，矿产开发尤其如此。1950年我国人均国民收入仅24美元，美国则达到1600美元。1949年全国钢产量仅16万吨，1950年开始回升，达到61万吨，1950年美国的钢产量为8800万吨，是我国钢产量的100多倍。1950年我国的原油产量为20万吨，美国为2.6亿吨。巨大的差距，亟须我们尽快发展。一方面，国内经济需要恢复和建设；另一方面，抗美援朝需要更多的能源和资源支持。1950年，美国发动了朝鲜战争，并纠集14个西方主要国家，操纵成立“巴黎统筹委员会”，对包括中国在内的社会主义国家实行经济封锁，其中对中国禁运的项目就达500余种。要恢复国民经济开展经济建设，巩固社会主义国家基础，亟待落实铁、铜、煤、石油等基本矿产资源。在敌人封锁的条件下，我们只能走自力更生之路，在自己的国土内去找。在这样的形势下，毛泽东1950年2月在访苏期间为中国留学生任湘题词时发出了“开发矿业”的伟大号召。在这种背景下，矿业生产主要有两方面任务：一是抓紧恢复因战争损坏的矿山生产；二是组织地质队伍对现有矿山的资源情况进行勘查，摸清资源“家底”，为恢复生产和扩大建设新矿山创造条件。因此，中华人民共和国成立初期的全国地质工作主要围绕资源和能源开展。

中央已经考虑到，由于历史原因，东北的工业交通在全国都处于较发达的地位。所以，中央决定优先考虑恢复和发展东北的经济，甚至从内地招聘人才去东北工作，待到东北有更大发展之后，便可更好地支援内地建设。所以，当时地质矿产调查研究的重点便首先放在了东北。

1950年初，以原中央地质调查所人员为主成立了东北地质矿产调查总队，李春昱为总队长。程裕淇任南部中队的中队长（李春昱本人又在程裕淇负责的中队里从事具体工作，并兼顾整个总队的领导）。程裕淇率领

6个小分队在鞍山、本溪铁矿区工作，主要参加人员有赵贵三、王运昌、李毓英、李俊仁、潘廓祥、沈永和、沈其韩等。为给国民经济恢复与发展提供更多的资源，他们抓晴天、抢阴天，雨天就在坑道干，每天都在野外工作10个小时以上。为了及时解决问题，他们把从野外采来的标本画好切片方向线，作为包裹邮寄回南京磨成薄片，再从南京把磨好的薄片精细包装后邮寄到他们的野外工作地。程裕淇在野外组织大家将寄回的薄片抓紧时间做镜下鉴定、研究。在我国，像这样在野外现场看显微镜还是首次。

1950年4月，东北南部中队两个分队应鞍钢公司邀请在弓长岭地区进行铁矿地质调查。弓长岭位于辽阳市东南部，区内山峦起伏呈弓状，故被称为弓长岭。弓长岭盛产铁矿且有富铁矿，一直是鞍钢铁矿石的重要来源。弓长岭地区铁矿开采冶炼历史悠久，据考证，早在西汉时期就已开始在这里采矿冶铁。1904年日俄战争后，日本夺取了原由俄国控制的长春至大连之间的南满铁路和旅大租借地。1909年，日本“南满洲铁道株式会社”（以下简称“满铁”）就派人到鞍山、辽阳弓长岭一带进行非法勘探。1919年“满铁”与奉天省官商合办弓长岭铁矿公司，“合办”一词只是装潢门面，掩人耳目，实际上是“满铁”窃取了大权。由于种种原因，直到“九一八事变”前，日本对弓长岭铁矿一直没有大规模开采。1931年日本武装侵占中国东北后，出于扩大侵略战争的需要，开始掠夺弓长岭矿产资源。在日本侵略者霸占弓长岭矿的12年时间里掠夺开采富铁矿700余万吨，只采富矿丢弃贫矿的掠夺式开采，严重破坏了铁矿资源。1948年东北全境解放以后，鞍钢逐渐恢复生产，弓长岭也积极开采富矿，运往鞍山冶炼。从地质上来说，弓长岭铁矿与鞍山地区的其他铁矿一样都属于海相火山-沉积变质型铁矿床，该类矿床的矿体多呈层状，似层状，延长几百米至几千米，单个矿体的规模较大，埋藏不深，不少矿床可供露天开采，矿石类型以磁铁矿为主，易于选矿，但这类矿床贫矿较多，富矿较少。日本占领期间曾做过一些勘探工作，抗战胜利时，日本人把以前所做的勘探资料或带走或销毁，使我们对整个矿区了解甚少。弓长岭铁矿的储量究竟有多少？富矿和贫矿各自储量有多少？富矿主要出露在哪些部位？如何有效地利用贫矿？远景资源量有多少？许多问题尚未解决。

接到邀请后，程裕淇将弓长岭地区划分为四个矿区，即一矿区、二矿区、三矿区和弓长岭区。在二矿区部署了两个小队，在一矿区和三矿区分别部署了三个小队开展工作（主要参加人员有程裕淇、李毓英、赵贵三、王运昌、李静仁、潘廓祥等）。在不到半年的时间，他们测制了全区的 1∶5000 地质图、二矿区的 1∶2000 地质图，测制了数十条剖面，按一米（个别为两米）的间距进行了系统采样（样品 2000 余件、岩石薄片 700 余片）。工作中，他们随时与矿山有关地质人员进行交流，提供新的资料。当野外工作结束后，即完成了《辽阳弓长岭第一、二矿区铁矿地质简报》，通过东北地质矿产调查总队送达有关方面。回到南京后，又对样品进行了化学分析和大量的薄片鉴定。根据化学分析结果和剖面的厚度及矿层延伸情况等计算了各矿区的储量，在薄片和光片中详细统计了铁矿和石英的含量与粒度，这些工作为后续的勘探和选矿提供了坚实的基础资料。在扎实的野外工作和大量化学分析的基础上，对一矿区、二矿区的探矿及相关技术工作提出了具体和详细的建议。最后，完成了 12 万字的《辽东省鞍山市弓长岭铁矿地质》报告并提交给矿山，在报告中阐明了我国古老变质岩系中已知的最大富铁矿床的地质特征和矿床成因，指出扩大富矿的有利地段，为矿山的下一步合理开采和扩大储量奠定了坚实的基础。回想日本工程师离开鞍山时曾狂妄地宣称："我们走了以后，鞍山就只有种玉米、高粱了……"程裕淇等中国地质学家取得的成果远远超过了他们，鞍山也建成了我国最大的钢铁基地，中国科学家以实际行动和优秀成果给了帝国主义、殖民主义者一记响亮的耳光。

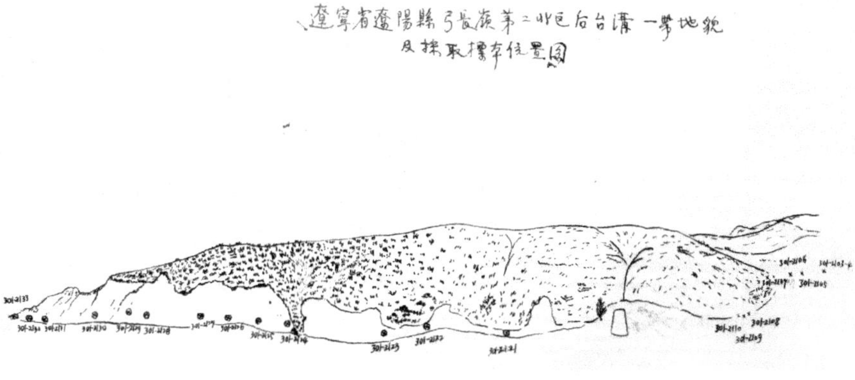

1950 年，程裕淇绘制的弓长岭第二矿区后台沟一带地貌及采取标本位置图

1943—1945 年，日本侵略者为掠夺中国东北的矿产资源，曾在通远堡进行铁矿开采，1945 年抗日战争胜利后便没有再开采。1950 年本溪钢

铁公司为长远的发展，需要了解辽宁东部通远堡含锰铁矿的地质情况，要求中国地质工作计划指导委员会派人进行调查。程裕淇率沈永和、沈其韩、矿专实习生张蛮庆、赵乃文于1951年8月抵达通远堡进行了两个月的地质勘查。他们测制了总面积4平方千米的1∶5000露头地质图两幅、0.12平方千米的1∶1000矿体地质图1幅、总长1150米的1∶500坑道图3幅，并进行了详细采样。经过详细工作，他们认为已采通洞之上的A级储量已不多，需要勘探通洞以下的矿体（为此，程裕淇等已布置了钻孔和勘探工程），同时提出今后更应注意白云质大理岩及磁铁矿白云质大理岩的利用，并提出因不同矿体成分的差异需分别选矿和冶炼，以免杂质的影响等建议。工作结束后，程裕淇等及时撰写了《辽东凤城通远堡铁矿报告》，通过东北地质矿产调查总队提交给有关部门作为决策的依据。

1951年，当时的辽东省准备在太子河流域修建水库，于是向当时主管全国地质工作的中国地质工作计划指导委员会提出，要求派员对水库坝址和库区进行初步工程地质勘查。库区和坝址位于深变质岩地区，于是程裕淇主动请缨承担这个项目，很快得到中国地质工作计划指导委员会副主任谢家荣的批准。于是，程裕淇带领沈其韩、沈永和赶赴工作地点，对库区特别是初选的坝址区进行了详细的工程地质调查。调查结束后很快就形成了《太子河参窝本溪间蓄水库及参窝北坝工程计划地质调查初步报告》，通过中国地质工作计划指导委员会转交给辽东省，为大伙房水库的建设提供了基础地质资料。尽管工程地质并不是程裕淇的特长，但是只要国家需要，他就勇于承担，把为国家解决问题当作自己的责任。

1952年初，中国地质工作计划指导委员会决定在全国建立6支直属地质队伍（即河北庞家堡221铁矿勘探队、内蒙古包头241铁矿队、湖北大冶429铁矿地质勘探队、安徽铜官山321铜矿勘探队、甘肃白银厂641铜矿勘探队，以及陕西渭北642煤田勘探队），加强对国家急需的铁、煤、铜等的矿产勘查工作，其中就包括在湖北大冶建立一支专业地质队，重点进行铁矿勘查。1952年4月，程裕淇奉命率边效曾、沈其韩等从南京乘轮船，经芜湖、安庆、九江到黄石登岸，乘汽车到了大冶新铁山，组建部属的专业地质勘探队伍。

大冶铁矿属于热液交代型（夕卡岩型）铁矿床，分布于燕山期闪长岩体与三叠纪石灰岩接触带，形态常常很不规则，单个矿体规模不等，在大冶以铁矿为主，部分为铁铜共生，铁矿物主要为磁铁矿，其次是赤铁矿，还有黄铜矿和黄铁矿等。这类矿床的含铁量通常较富，矿石平均品位达53.8%，最高的达60%，便于选冶。大冶地区的铁矿开采历史悠久，早在公元226年三国时期的东吴就曾在此采矿冶铁铸剑。1890年（光绪十六年）湖广总督张之洞兴办钢铁，引进西方先进设备、技术和人才，建成中国第一处用机器开采的大型露天铁矿，成为汉阳铁厂的原料基地，是汉冶萍公司的一个主要组成部分。日本侵略中国后，大冶铁矿曾遭受掠夺性开采。解放战争爆发后，大冶铁矿的勘查和开采几乎陷于停顿。在这种背景下，在大冶组建一支专业化的地质勘查队伍，尽快探明大冶铁矿的储量，为新中国的建设和抗美援朝提供更多的铁矿，是非常必要和及时的。

程裕淇到大冶后组建队伍面临诸多困难。在中国地质工作计划指导委员会的大力支持和有效协调下，经过一个多月的协调和高效工作，于5月1日完成了429铁矿地质勘探队的组建工作，由原大冶地质调查队和南京中央地质调查所的地质人员，以及新抽调的大批钻探队伍（其中部分为刚从朝鲜战场复员回国的官兵）合并组成。程裕淇为第一任队长，负责全面领导；戚涛为副队长，主管行政；黄懿为副队长，主管技术业务。该队下属两个地质分队、三个物探分队、两个测量分队和四个钻探分队，以及化验、磨片、修理工厂等辅助单位。边效曾和沈其韩在429铁矿地质勘探队负责实际的地质工作。当时地质人员极度缺乏，招聘了20多名中学毕业生参加具体的地质工作。队伍组建起来了，还要尽快开展工作。面对这样一支很多人没有接触过地质和相关工作的队伍，如何尽快让新成员适应新的工作、新的环境？程裕淇与几位领导决定对人员进行培训，主要是开办集训班或培训班进行专业和职业道德教育，先后开办了编录员（记录员）集训班、钻探训练班、测量培训班等各种类型的培训班。程裕淇等领导带头在培训班上讲课，他先后在培训班中讲过“钻探在资源勘探中的作用”“记录员态度、重要性及思想问题”“地质学的基本知识”等课。副队长黄懿讲过“地质学是什么”等课。通过广泛的培训，一些之前从来没有接触过地质、钻探工作的人员尽快掌握了一定技能，能够顺利地开展地质工作。

同时，程裕淇还和地质人员到大冶及周边的铁山、尖山、狮子山、象鼻山、老铁山、龙洞、罗家湾、雷山等处进行地质调查，与地质人员研究槽探等山地工程和钻孔的布置。很快，他就对全区的地质背景和铁矿出露特征有了基本了解，在此基础上制订了每个月的详细工作计划，有序地进行地质勘查。确定了以大冶铁山为中心，对铁山矿区及大冶境内的灵乡、金山店、铜绿山和鄂城的西山、雷山及程潮等铁矿进行全面勘探的工作方针。

1952 年 11 月 1 日，地质部党组书记、副部长何长工到 429 铁矿地质勘探队视察，同行的还有著名地质学家李捷、王炳坤、孙鸿冰等。程裕淇向他们详细汇报了工作，还召集了各专业的工作人员开会，听取汇报和意见。何长工和同行专家认为，429 铁矿地质勘探队是当时全国最大的中央直属地质勘探大队，在大冶铁矿这个著名矿区从事区域地质、矿产地质普查勘探，地质、测量、地球物理勘探、钻探、化验等工作全面铺开，短短几个月，已初见成效，不但扩大了老矿区的储量远景，还发现了不少外围新矿，这都是大家齐心协力、积极奋进的结果。领导的表扬是对 429 铁矿地质勘探队工作的肯定，也是对队长程裕淇的褒奖。

程裕淇在大冶的时间只有 8 个月（1952 年 3 月—1952 年 12 月，12 月 11 日被正式任命为地质部地质矿产司副司长），在上级支持下，在短时间内组建起了一支千余人的地质勘探队伍，并尽快地投入工作，不论是在老矿扩大储量还是在外围发现新矿方面，都取得了不少成绩，并发现了可供开采的伴生的铜矿。1954 年 3 月，该勘探队完成了第一阶段的勘查任务，向地质部提交的勘探报告表明，探明铁矿石储量为 1.03 亿吨，部分区段铁矿与铜矿共生，探明金属铜储量为 60.2 万吨。这时，程裕淇已经调离了该队，能在短期内取得这样的勘探结果，与他前期的组织工作密不可分。

从 1949 年 4 月 24 日南京解放到 1952 年 12 月在地质部工作的两年多时间里，程裕淇除了参加各种政治学习实现思想转变之外，主要从事国家急需的铁矿的调查，以及组建以铁矿勘查为主的地质勘查队伍工作，把自己的工作和国家的需求紧密结合，把自己前进的脚步融入新中国阔步向前的步伐。

20 世纪 50 年代，程裕淇密切关注国家急需的铁矿资源，不仅在辽宁弓长岭矿区做过详细的工作、组建以勘探铁矿为主的 429 铁矿地质勘探队，还发表了大量有关铁矿的论著，如《对于勘探中国铁矿问题的初步意见》（1953 年，《地质学报》）、《中国已知铁矿的成因与工业类型及今后的普查方向》（1955 年，会议讲话）、《中国东北部辽宁、山东等省前震旦纪鞍山式条带状铁矿中富矿的成因问题》（1957年，《地质学报》）、《中国已知铁矿类型的特征、分布与生成的地质条件及今后的普查方向》（1958年，在全国第一次矿产会议上的发言）、《我国已知的重要铁矿类型简介》（1959年，《地质论评》）、《十年来中国铁矿地质工作的成就》（1959年，《地质论评》）等，编制了1∶300万中国主要外生变质铁矿与内生铁矿分布图等。

这些文章中，有两篇对于我国20世纪50年代的铁矿地质、铁矿的普查勘探具有重要影响，其中一篇是根据1952年他在全国地质工作会议上的发言修改整理后于1953年发表在《地质学报》上的《对于勘探中国铁矿问题的初步意见》。在该文中，程裕淇详细介绍了中国铁矿的成因类型。他指出，1935年谢家荣先生就曾对中国的铁矿提出了一个相当完备的分类法，共分为五大类十七式，每式以标准产地的地名来代表。程裕淇征得谢家荣先生同意后，以此为基础，根据中华人民共和国成立后三年的铁矿找矿工作实际，对谢家荣先生的铁矿分类进行了调整、修改与补充，把中国铁矿划分为三大类十六种类型，这三大类包括：与火成岩有关的矿床（火成矿床或岩浆矿床或内生矿床）、水成矿床（外生矿床）和区域变质矿床，每一大类中包含若干类型。他认真分析了每一类型的特点以及在我国的产出情况，提出大庙式铁矿、大冶式矿床、白云鄂博式矿床、南山式矿床、宣龙式和宁乡式铁矿及鞍山式铁矿是可能在找矿方面有所突破的类型，是“今后搜寻和勘探新铁矿的主要目标”，为第一个五年计划中的铁矿勘查指明了方向。

程裕淇对我国早期铁矿普查和勘查有重要影响的另一篇文章是1955年在地质部地质工作会议上发表的题为“中国已知铁矿的成因和工业类型及今后的普查方向”的发言（后收录在《程裕淇文集·上卷》中）。在发言中，程裕淇除进一步阐述了铁矿的成因分类之外，还根据不同成因类型铁矿的工业价值及开采有利条件等首次进行了铁矿的工业类型划分，将其划分为重要工业类型和次要工业类型两大类，并指出：“有些经济价值较大或很大，可作为全国范围内找矿与勘探的主要对象，暂称为重要工业类型；有些根据已有资料及了解程度，经济价值较小，只能供半机械方式开采使用，仅在已知大铁矿较少地区可作为地质勘探工作的对象，暂称为次工业类型。”这种划分，从对铁矿成因的研究到更注重铁矿的经济价值，对于当时的铁矿普查和铁矿勘查具有很强的指导意义。同时，他根据当时所掌握的资料，提出了东北、华北、华东、中南、西南和西北六大区今后一段时间铁矿普查的方向和主要普查对象（即铁矿的工业类型），如东北地区的主要普查对象为鞍山式、大冶式和南山式铁矿，为各大区的铁矿普查指明了方向。从这两篇文章可以看出，20 世纪 50 年代程裕淇对铁矿的研究，始终与国家的需求紧密相连，把为国家寻找更多的铁矿资源作为奋斗的目标。

1959 年中华人民共和国成立 10 周年之际，程裕淇、裴荣富和陶惠亮负责撰写了《十年来的中国科学·地质学（1949—1959）》一书中的“铁矿地质学”一节，对 10 年来在铁矿地质研究和铁矿勘查中取得的成绩进行了全面总结，进一步完善了当时中国已知的铁矿类型，全面系统地论述了各类铁矿床的特征、工业价值等。此外，程裕淇等还根据铁矿工业价值大小专门论述了中国已知铁矿工业类型的特征、不同类型的铁矿矿石、矿床合理勘查方法以及满足矿山开发建设设计要求的不同级别储量比例，等等。裴荣富院士在 2013 年回忆程裕淇的文章中针对这篇文章写道：“程老对上述中国铁矿成因类型划分、工业类型评价和满足矿山设计合理勘查的论著，不仅是对以往铁矿找矿勘查、开发矿业的重大贡献，也可作为当前找矿重大突破战略行动的示范。”由此可见程裕淇关于铁矿的论述在中国铁矿找矿勘查中的巨大作用。

这些文章不仅对一些典型矿床进行了研究，系统总结了铁矿的成因类型，分析了不同类型矿床的成矿潜力，而且指出了进一步开展铁矿勘探和铁矿地质普查的方向。程裕淇为我国第一个十年的铁矿地质和铁矿勘查做出了重要贡献。

三、业务管理，服务基层

1952 年 11 月，程裕淇到北京参加全国地质工作计划会议。这次重要会议开了将近 20 天，总结了 1952 年的工作，确定了 1953 年的工作方针和任务，编制了地质勘探计划。会议期间，副总理兼中央人民政府政务院财政经济委员会主任陈云到会做了重要讲话，他说：一九五三年我国将开始大规模的经济建设。为了适应国家新的需要，明年的地质工作，也要进行一个大的转变。从前，地质工作是做多少算多少，国家没有整体计划。

现在不同了，地质工作要根据国家建设的需要。目前更应根据钢铁工业、有色金属工业和燃料工业等建设的需要，在一定时间以内，探明一定的储量。地质事业在国家经济建设中已成了一项最重要的事业了。①程裕淇参加了这次重要会议，并在会上做了题为“对于勘探中国铁矿问题的初步意见”的发言。在发言中，他指出：

> 在新中国的经济建设中，近代化的钢铁工业的建立和发展是一个最重要的环节。钢铁关系着国家建设与国防建设，也关系着亿万人民的享受与物质生活的提高。从地质观点来讲，铁矿资源的发现与勘探，在这个重工业建设过程中，起了最大的决定性的作用。
>
> 在毛主席和共产党的正确领导下，在地质人员的思想改造和接触到苏联的先进经验后技术水平渐次提高的情况下，中华人民共和国成立以后的地质探勘工作，尤其是铁矿资源的勘探工作，已经获得了一定的成果……这些突飞猛进的成就为新中国的建设创造了优越条件，并且改变了中华人民共和国成立以前许多地质工作者（包括我个人在内）对于中国铁矿资源的错误的保守看法，使大家有决心和信心为祖国找寻更多的铁矿、确定更多的可靠储藏量，供给伟大钢铁工业建设以无穷的资源。

在发言中，程裕淇还对中国的铁矿类型、几种重要铁矿矿床的特性、今后的勘探方向和方法等进行了论述。由他的发言可以看出，程裕淇已经把所从事的铁矿普查找矿工作融入我国的社会主义建设之中。之后，他主要参加黑色金属小组的讨论，听了各大区对区内主要黑色金属矿床勘查现状、储量远景及今后工作安排的工作报告，也听了白云鄂博铁和稀土矿、东北老牛沟铁矿、重庆綦江铁矿、湖南锰矿、江西钨矿、东川铜矿等一些关于具体矿床的地质背景、矿床特征、储量远景等的具体报告。听取了参会人员对他发言的意见和建议（会前为准备这篇发言稿，他与谢家荣进行了多次讨论，接受了他的一些建议。会后，程裕淇根据各小组讨论中所提的意见和建议进行了局部修改，于1953年发表于《地质学报》上）。在会上，程裕淇还介绍了大冶铁矿的基本情况和勘探进展。参加这次会议，他了解了全国的一些矿产情况，对地质部在第一个五年计划期间的目标任务

① 陈云. 建设一支强大的地质工作队伍. 人民日报，1952-12-19.

有了较全面的了解。会议结束后，《人民日报》发表了题为“我国地质工作者的光荣任务”的社论，体现了党和国家对地质事业的高度重视，也激励了地质工作者努力工作，为国家寻找更多矿藏。

这次会议后，程裕淇就被留在地质部协助做一些工作，主要是编写地质部第一个五年计划中的铁矿部分。12 月 17 日，地质部副部长刘景范在地质矿产司的会议上正式宣布任命程裕淇为该司副司长，程裕淇从此走上了业务管理岗位。

被任命为地质矿产司副司长后，程裕淇便与同事积极筹备全国地质工作人员大会。全国地质工作计划会议确定了地质部第一个五年计划的目标任务，这次全国地质工作人员大会是一次重要的会议，是落实第一个五年计划目标任务的动员会、落实会。在会上，程裕淇做了《对勘探中国铁矿问题的初步意见》的大会发言，在积极参加各组讨论的同时，还与 429 铁矿地质勘探队的有关同志一起研究大冶铁矿的勘查工作。

会议结束时已经到了 1953 年春节前夕，程裕淇会后就返回南京与家人团聚，过完春节他就收拾家里和办公室中的东西，准备出发。由于谭娟杰的工作尚未交接完，2 月 26 日程裕淇带着两个儿子乘硬座火车离开南京，次日到达北京，暂居亲友家。直到 1953 年秋，谭娟杰才到达北京，从此一家人团聚，并举家迁至北京成方街新居，开始了在北京的崭新生活。

1952 年底任地质部地质矿产司副司长、1956 年任地质部技术司总工程师，到 1959 年任地质部地质科学研究院副院长的这段时间，程裕淇主要在地质部从事技术管理工作，其间还兼任中苏大兴安岭联合考察队技术指导员。除了日常管理工作之外，他还非常重视规划和计划的制定。在地质矿产司和技术司工作期间，他都制订了较详细的年度工作计划，明确工作目标。1956 年初，党中央发出了“向科学进军”的伟大号召，标志着第一个科学春天的来临。为了落实中央的号召，各部门开始制定科技发展规划。程裕淇和谢家荣、黄汲清、郭文魁等参加了地质部地质工作和地质科技十二年发展规划的制定，规划中提出以我国 5 个关键性重要地区（秦岭、南岭、大兴安岭、祁连山和康滇地区）作为开展地质科研工作的突破口。此次会议后，程裕淇和黄汲清参加了《1956—1967 年科学技术发展远景规划》的制定工作。

在此期间，程裕淇等还积极推进在全国开展区域地质调查工作。我国幅员辽阔，中华人民共和国成立前地质人员短缺，再加上日本的侵略等，我国的区域地质调查相对落后，没有完整的区域地质图，也就是说我国的地质“家底”不清。1947年，黄汲清等编绘了14幅1：100万地质图，但是1：100万地质图属于编制的小比例尺地质图。中华人民共和国成立前，除个别地区有不同比例尺的非标准分幅的实测地质图外，几乎没有正规分幅的区域地质图。中华人民共和国成立初期，为了解决国家紧缺的资源、能源问题，绝大部分地质人员投入地质找矿工作之中，并未开展区域地质调查（当时称为区域地质测量）。区域地质调查，是指在一定区域范围内，运用地质理论和各种技术手段，按照比例尺要求控制的工作精度，进行综合性地质调查研究，查明岩石、地层、构造、古生物等地质体和地质现象的基本特征及相互关系，研究沉积作用、火山作用、侵入作用、变质作用和构造作用过程，阐明其属性、形成环境和发展历史等基础地质问题，在此基础上填绘并提交地质图，为国家经济建设和社会发展提供真实可靠和准确权威的基础地质资料与信息，它既是矿产普查与阐明矿产分布规律的基本前提，又是深化地质认知水平、促进地质科学发展的重要工作。这项工作是世界各国地质机构最核心、最基础的工作。1953年毛泽东主席在听取地质部工作汇报时，曾用军事术语比喻地质工作的几个阶段，说勘探是战术、普查是战役、区域调查是战略，由此可见区域地质调查在全局工作中的重要性。1955年，地质部在初步完成中华人民共和国成立初期的找矿任务基础上，决定系统开展全国1：20万区域地质调查。为此，同年秋在新疆成立了地质部中苏技术合作地质测量队，1956年组成了10个区域地质调查队，又在苏联专家帮助下成立了南岭、秦岭和大兴安岭3个中苏技术合作区域地质测量队。黄汲清任南岭队技术指导员，王曰伦任秦岭队技术指导员，程裕淇任大兴安岭队和新疆阿尔泰队技术指导员。为了尽快摸清我国的地质“家底”和总结一年来的区域地质测量工作，1957年地质部决定召开第一次区域地质测量会议。为此，召开多次区域地质测量筹备会，积极筹备部署在全国开展区域地质调查工作。程裕淇参加了各次筹备会，提出了很多建议，并参与了会议总结报告的起草，撰写了落实1957年区域地质测量任务的技术措施等有关内容。会前，他还与李春昱、朱效成、地质矿产研究所有关人员对会议日程、方式、内容、当时地质测量工作中存在的问题等进行多次讨论，为会议的召开积极做准备。1957

年4月，第一次区域地质测量会议召开，许杰副部长做了1956年度工作报告，黄汲清做了《统一图例及图件验收》报告，程裕淇做了《关于研究变质岩和变质地层的一些基本知识》报告，并审查了秦岭队、五台队和大别山队提交的图件。这次会议推动和促进了我国的区域地质调查工作全面开展，是我国区域地质调查工作中的一次重要会议。程裕淇在会议的筹备、组织等方面发挥了重要作用。程裕淇还任华北协作区地质测量协作组组长，北京市、河北省地质测量指导组组长，具体指导有关省（自治区、直辖市）的区域地质测量工作。

在担任地质部地质矿产司副司长和技术司总工程师期间，程裕淇经常下基层检查指导工作，先后到过白云鄂博铁矿区、内蒙古大青山地质队、石拐子地质队、河南舞阳铁矿和479地质勘探队、山东韩旺铁矿、秦岭普查队、海南石碌铁矿、广东436地质队等矿山或地质队。程裕淇等检查指导工作不是“走马观花”而是“下马看花”，每到一地就下矿坑、钻矿硐、爬山梁、看探槽、看岩心，认真检查各种记录、图件，有条件时还在显微镜下检查岩石薄片。每次检查后都与矿山或队上交流，在肯定成绩的同时指出不足或存在的问题，并对下一步工作提出建议，之后都形成一份检查报告。他知识渊博，能一针见血地指出问题的关键所在，如在检查白云鄂博铁矿时，他就提出需要增强铁矿和稀土矿综合开发利用的建议。考察检查工作有时条件较好，有时条件较差，但检查的内容、过程从不走过场。在祁连山检查工作时，车行到海拔4000多米的高山路段，又赶上6月飞雪，雪后路滑，车辆无法前行，程裕淇就陪同刘景范副部长步行十余千米，到达矿区地质勘探队的驻地。不顾一路疲劳，认真听取汇报，了解地质勘查工作进展、成果、问题，还亲自爬山冈、下探槽和探井、钻巷道，检查工作进度和质量。同时，深入群众，了解职工的生活和工作情况。这样脚踏实地深入实际的工作作风一直贯穿于程裕淇一生的工作之中。

在检查工作中程裕淇发现，一些地质技术人员缺少经验，对变质岩了解较少等，在工作程序上需制定有关规则，在专业方面需要加强培训。根据这些问题，他先后撰写了《两年来地质勘探工作原始记录和室内综合整理方面存在的问题及其改进意见》（1955年）、《野外地质工作中关于侵入岩和变质岩方面的几个问题》（1956年）等，并与周维屏一起制定了《地质勘探工作原始地质记录暂行规范》（1957年）下发执行。这些规范性的文件和变质岩等专业方面的知识性文章，对于改进检查工作中发现的问题和提高地质工作、矿产勘查工作的质量起到了积极的促进作用。

四、组建团队，不断开拓

1953 年中国科学家访苏，钱三强等认为院士制度对苏联科学发展起了很大的作用。中国科学院在学习苏联的基础上，决定以学部委员制度代替院士制度，作为一种过渡性措施。1954 年 6 月，经中共中央和政务院批准，学部开始筹备，并于 1955 年 6 月召开中国科学院学部成立暨第一次学部委员大会。当时有数学物理化学部、生物地学部（1957 年生物学地学部一分为二，成立生物学部和地学部）、技术科学部和哲学与社会科学部（1977 年成立中国社会科学院，该学部划归中国社会科学院）。当年 5 月 31 日，经国务院第十次会议批准通过，程裕淇当选为中国科学院生物地学部学部委员。首批选聘的学部委员有 200 多位，其中，生物地学部有 84 位，包括生物方面的 60 位和地学方面的 24 位；地学方面包括李四光、黄汲清、谢家荣、侯德封、孙云铸等地质大师，也包括少量技术出身的管理干部，如武衡、许杰等。1955 年程裕淇当选为中国科学院学部委员时年仅 43 岁。后来为与国际接轨，1993 年 10 月，中华人民共和国国务院第十一次常务会议决定，将中国科学院学部委员改称中国科学院院士。

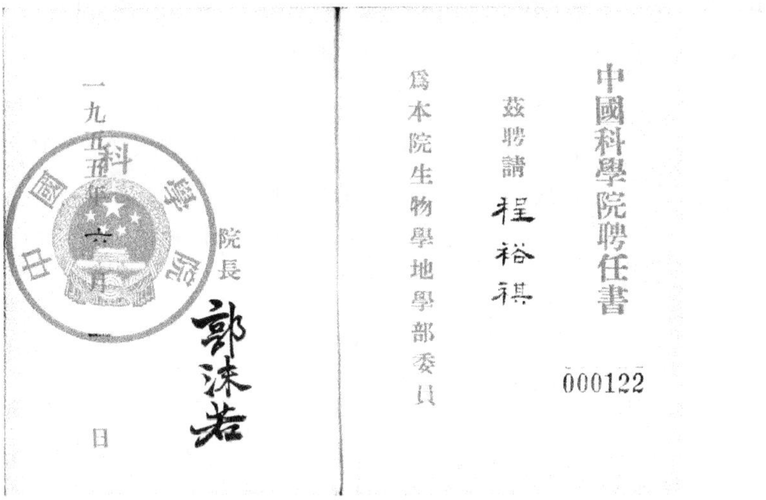

1955 年，程裕淇当选为中国科学院首批学部委员（院士）的聘任书

地质部成立后非常重视专业队伍的建设，1953 年地质部先后设立了孢粉、综合地质、岩矿鉴定、化学分析等 8 个专业研究室，直接隶属于地质部。1956 年地质部成立了地质部地质矿产研究所，原地质部孢粉、综合地质等研究室并入地质矿产研究所。1957 年 2 月，地质矿产研究所建立了 9 个研究室，包括综合地质图编制研究室、区域地质及矿产综合研究室、大地构造研究室、地层古生物研究室、前寒武纪地质及变质岩和有关矿产研究室、岩石矿物研究室、孢子花粉研究室、矿床研究室和地球化学及稀有分散元素研究室（1957 年下半年矿床研究室、地球化学及稀有分散元素研究室、岩石矿物研究室等划归矿物原料研究所，地质矿产研究所亦更名为地质部地质研究所），其中，前寒武纪地质及变质岩和有关矿产研究室由程裕淇任主任、王曰伦任副主任。从此，程裕淇一边做部里的业务管理工作，一边带领团队进行前寒武纪地质和变质岩石学等的研究，在位于西四的地质部和位于百万庄的地质研究所两边奔波，技术管理和研究工作一肩挑。

1956 年筹建地质矿产研究所各研究室时，蒋寄云、刘国惠、刘长安、陈荣辉、梁玉左等已在前寒武纪地质及变质岩和有关矿产研究室，这些人多是中华人民共和国成立后毕业，实践工作经验较少，程裕淇感到需要一名有一定实践经验的同志来带这些同志。他首先想到的是 1948 年在江宁方山填图的沈永和（1946 年中央大学毕业），联系后方知沈永和刚接到到山西地质局任总工程师的调令。之后，程裕淇与沈其韩（1946 年重庆大学毕业，曾在中央地质调查所在程裕淇指导下在江宁一带填过图，中华人民共和国成立后又曾在 429 铁矿地质勘查队与其共过事）进行联系，沈其韩此时正在山西省中条山的 214 队任工程师，进行前寒武纪铜矿的勘查工作。程裕淇经过联系沟通，将沈其韩调入地质部地质矿产研究所工作，并很快组建起一支从事前寒武纪地质和变质岩石学研究的队伍。程裕淇还根据每个人的特长为其确定各自的研究方向，如沈其韩侧重前寒武纪地质和变质岩研究、刘国惠侧重接触变质作用研究、蒋寄云侧重岩石学研究、陆宗斌侧重前寒武纪地质年代学研究，等等。

队伍组建后，程裕淇很快就把这支队伍带到鞍山进行铁矿地质调查。1957 年 3 月 18 日，程裕淇到辽宁鞍山检查工作，与鞍山地质勘探公司的技术负责人罗耀星交谈合作研究方式，听罗耀星介绍鞍山附近的地质情况和问题，商量工作路线，又与更多的人就鞍山附近的老地层及铁矿等情况进行座谈。回北京后，程裕淇就向研究室内同志介绍了鞍山的有关情况，以及和鞍山地质勘探公司合作研究的有关安排。4月中旬到7月初，程裕淇与研究室多人组成的研究队在鞍山地区工作了两个多月，研究室副主任王曰伦，以及沈其韩、刘长安、陈安泽等也参加了此项工作。冶金工业部地质局鞍山分局的宋局长、刘永芳科长，以及鞍山钢铁公司地质处的李鸿业等同志也积极配合他们工作。全体人员与当地陪同者首先去东、西鞍山与樱桃园等地参观、踏勘，之后对一些重要的矿体以及矿体周围的前寒武纪地层进行了地质剖面测制和重点地区的大比例尺填图工作。通过详细工作，对鞍山式条带状铁建造中贫矿及其所含富矿的生成条件有了更深入的认识，同时对鞍山附近及其以东的弓长岭、庙儿沟、梨树沟等处前震旦纪变质岩系内不同岩群的层序、构造、相互关系等有了较明确的认识。此外，在鞍山附近混合杂岩边部的伟晶岩脉中采集了4个白云母样品，送交全苏地质科学研究所用钾氩法进行同位素年龄测定。

这次野外工作到7月初只是刚告一段落，6月10日《人民日报》发表了题为“工人说话了”的社论，标志着反右运动的开始，按上级要求他们终止野外工作返回北京参加反右运动。程裕淇自鞍山返回北京后将主要精力放在筹备访问苏联事宜，并于1957年10月8日至12月19日访问苏联，实际并没有参加反右运动。1958年参加了几次处理右派的会议。但是当时领导东北地区寻找石油的谢家荣和时任地质部普查委员会常委、地质部办公厅主任的刘毅被打成右派，黄汲清被列为右派倾向；地质部地质研究所著名古生物学家孙云铸等被列为右派倾向。这对程裕淇冲击很大，此后更加谨言慎行。尽管如此，这次两个多月的工作积累了大量资料，通过在室内精细研究，结合以往的资料，程裕淇和同事们写出了高质量的论文，在全国性的重要学术刊物上发表，如《中国东北部辽宁、山东等省前震旦纪鞍山式条带状铁矿中富矿的成因问题》（程裕淇，1957年，《地质学报》）、《对于戚铮同志所著〈鞍山附近前震旦纪地层划分和侵入体时代问题〉一文的意见和补充》（程裕淇、沈其韩，1957年，《地质论评》），等等。这次野外工作，锻炼了队伍，提高了大家的野外工作能力，为以后发展打下了基础。

他们在鞍山地区进行野外考察期间，一位刚从宣化地质学校毕业的年轻人——王泽九到鞍山向程裕淇报到。原来王泽九从宣化地质学校毕业后被分配到地质矿产研究所前寒武纪及变质岩和有关矿产研究室，听到程裕淇正带领室内研究人员在鞍山进行野外工作，就赶到鞍山报到。程裕淇对刚报到就立刻投入工作的王泽九颇有好感，于是给他分配任务，他随程裕淇等在野外连续工作了一个多月，每天上山头，下坑道，观察地质现象，做记录，拍照片，采集代表性样品，晚上编录，将样品涂漆编号，又整理笔记，一直忙到很晚。王泽九和其他年轻同志基本掌握了岩石学研究的工作程序和工作方法，也初步了解了条带状铁矿研究的思路。在工作中，程裕淇非常认真负责，不怕累，不怕苦，和大家一起生活，一起背标本，而且平易近人，认真指导年轻人工作，王泽九等年轻同志深受教育，非常感动。鞍山野外工作结束回所后，王泽九抓紧时间，每天利用显微镜观察薄片，学习岩石薄片鉴定。每周有两三次答疑和讨论，程裕淇都亲自参加，针对薄片中的一些疑难问题，程裕淇就和他们一起观察薄片，直到弄明白为止。因此，王泽九进步较快，基本上掌握了岩石薄片鉴定方法，在以后的室内工作中得以应用。程裕淇就是这样，从野外到室内都手把手对年轻人进行指导，帮助他们尽快成长。

从鞍山野外回到北京后，程裕淇与室内研究人员一边对鞍山的样品进行研究，一边带领全室人员收集全国的前寒武纪有关资料，着手编制全国的前寒武纪地质图。在工作中，他们以 1∶50 万地理图为底图，先编制各区 1∶50 万的前寒武纪地质图，包括不同时代（划分为太古宙、古元古代和中元古代）的前寒武纪地层和前寒武纪花岗岩等内容。程裕淇负责华北地区 1∶50 万前寒武纪地质图的编制，确定了五台系、滹沱系和震旦系地层的分布，并对其中的岩石性质、沉积环境、接触关系等进行了探讨。他认识到，由于资料有限，实际精度达不到 1∶50 万的要求。与王曰伦等商量后，最后以 1∶300 万比例尺成图，精度上得以提高。同时，还编制了 1∶300 万的中国前寒武系地区矿产分布图，总结了当时前寒武纪分布区矿产的出露情况。其中 1∶300 万中国前寒武纪地质图在 1959 年已经编制完成，在 1959 年召开的第一届全国地层会议上广泛听取意见，最终于 1961 年由地质出版社正式出版。该图是我国第一份前寒武纪地质图，也是 1982 年国家自然科学奖一等奖“中国地质图类及亚洲地质图”项目的组成部分。在编制 1∶300 万中国前寒武纪地质图的过程中，程裕淇展现出高超的组织协调能力。当时国内对于南方震旦系和北方震旦系的关系争论激烈，分歧严重，在一张图上只能按一种方式表达，处理不好就会让一些地质工作者难以接受。在这种情况下，他认真听取了各方面的意见，最后在图面上以 Sn_a、Sn_b 标志南方的震旦系，用 Sn_1、Sn_2 和 Sn_3 标志北方的震旦系，以示两者的区别，同时用 H 标志滹沱系。这一具有创造性的表达方式，既客观地反映了实际地质情况，又顾及了地质界科技人员当时的认知水平，妥善处理了当时地质界激烈争论的问题。这种组织协调能力，在程裕淇后来的领导工作中得到了充分的体现。

地质部非常重视不同比例尺地质图件的编制，于 1959 年成立了地质部地质图编审委员会，对全国编制的小比例尺的各类地质图件进行审核。程裕淇任地质部地质图编审委员会委员兼地层小组委员，参与了大量地质图的编审工作。

1959 年程裕淇在办公室工作

在编制 1∶300 万中国前寒武纪地质图的过程中，程裕淇与团队成员收集了大量前寒武纪有关资料，对这些资料进行了认真分析，特别是对前寒武纪地层进行了认真梳理。他与王曰伦、沈其韩等多次对中国前寒武纪地层的分区、区域地层对比等进行深入讨论，并与喻德渊、董申保等讨论东北地区的前寒武纪地层和变质岩问题，与马杏垣、曹国权等讨论华北地区的前寒武纪地层问题。在完成前寒武纪地层对比表后，在地质研究所召开了有北京地质学院、北京大学地质地理系、中国科学院地质研究所、北京矿业学院及地质部相关单位的有关人员参加的前寒武纪地层表座谈会，程裕淇介绍了地层表的编制情况，广泛听取了意见和建议。在此基础上，程裕淇和王曰伦共同完成了《中国的前寒武系》一书，书稿完成后在 1959 年第一届全国地层会议上进行了交流和听取意见，修改后于 1962 年由科学出版社出版。

1∶300 万中国前寒武纪地质图和《中国的前寒武系》是首次对全国前寒武纪地质的系统总结，前者是我国第一张前寒武纪地质图，后者是我国第一部关于前寒武系的专著，是国内许多专家付出心血的结晶。这一张图、一部专著对于当时全国开展的区域地质调查和在前寒武纪地区开展找矿工作具有重要的指导意义，在我国前寒武系划分对比和前寒武纪地质演化阶段研究中具有开拓性，是里程碑式的重要成果。从这一过程可以看出，从早期的变质岩石学到中华人民共和国成立后的矿产研究，又到 20 世纪 50 年代后期对前寒武纪地质的研究，程裕淇的学术领域不断延伸和扩展，这三个领域也是程裕淇毕生探索的领域。

上文提到 1959 年召开第一届全国地层会议，这是我国地层研究领域的一次重要会议。勘查矿产资源需参考全国各地的地质图件，编制地质图件有赖于在全国开展大规模的区域地质测量工作，而大规模的区域地质测量工作迫切需要地层概念方法和工作规范的指导，急需有统一的地层划分标准，有一个统一的全国地层系统。在这一背景下，如何协调和加快全国的地层工作就成为摆在有关领导面前的一个重要议题。1959 年，在国家科学技术委员会的协调下，中国科学院、地质部、石油工业部、煤炭工业部、冶金工业部、中国地质学会等单位组织召开了第一届全国地层会议。在这次会议上，程裕淇做了《中国的前寒武系》报告，并当选为全国地层委员会第一届委员会委员。之后在 1979 年和 2000 年召开的第二届、第三届全国地层会议上当选为全国地层委员会副主任，为我国的地层工作做了大量的组织协调工作。

五、两次访苏，落实合作

鉴于当时的国际环境，20 世纪 50 年代我国的外交主要是与以苏联为首的一些东欧国家进行交往。1956 年程裕淇任地质部技术司总工程师后就常参加一些外事活动，如陪同部领导接待苏联专家或与苏联专家一起到全国各地的地质机构考察。为了更好地与苏联专家交流，他从1956年7月25日起，每天清晨坚持读俄语半小时以上。程裕淇从小学的就是英语，为了工作的需要，46岁时每天坚持学习俄语，这种不断进取的精神值得我们学习。

1957年2月9日，苏联地质保矿部部长安特罗波夫率团访问我国，程裕淇等赴北京南苑机场迎接。11日地质部召开了欢迎安特罗波夫部长的座谈会，何长工副部长致了欢迎词。程裕淇做了题为“中国地质情况和主要矿种”的发言，向苏联专家介绍了中国的基本地质情况和主要的矿产情况。此后两天，他出席了报告会，听取了安特罗波夫部长讲的《苏联地质工作的任务及成就》，苏联著名地质学家、矿床学家金兹别尔格讲的《稀有及分散元素矿床的成因类型》，马尔科夫斯基讲的《区域地质测量及有关地质研究的问题》，葛利查延柯讲的《利用电子显微镜研究矿物微粒的方法》等报告。24日，程裕淇等坐车去南苑机场送苏联地质代表团回国。

1957年下半年，我国组成了以郭沫若为团长的访苏科技代表团，程裕淇任该团地质矿产组顾问。10月18日晨，程裕淇和地质部许杰副部长、侯洛林、赵九章、张光斗等专家和翻译杨志龄从南苑机场乘坐图-104飞赴莫斯科，开始了对苏联的访问。

这次中国科学家代表团访问苏联的主要任务是签订中苏科技合作协议，合作协议涉及领域部门多，各自对口落实。中国科学院主要与苏联科学院对口谈判，地质部则对口与苏联地质保矿部谈判。为保证合作协议顺利签订和落实，代表团的地质部许杰副部长、程裕淇、侯洛林、杨志龄（翻译）等与苏联地质保矿部有关人员，从每个项目的中心问题、年度研究题目、合作研究方式、双方人员安排等进行了多次谈判，有时为一个问题需要向高层请示，所以谈谈停停。其间，地质部成员接到宋应副部长的电话，提出项目可以压缩，用其他项目的外汇订购质谱仪，但必须保证1958年能到货。这与程裕淇一直要求尽快引进用于岩石矿物年龄测试仪器的想法一致。因此，代表团又对引进用于钾氩法年龄测试的质谱仪与苏联有关方面进行了会谈，积极推进该设备的引进。除了正式谈判外，代表团的地质部成员还在会后对苏方提出的问题或建议进行内部研究讨论，对项目计划表、设备采购表等逐字进行认真审核，并及时向国内有关领导（主要是地质部副部长宋应）汇报请示，再根据领导的指示研究下一步会谈的内容和方式，等等。由于准备充分，双方在谈判桌上相互陈述、维护各自利益、相互谅解，经过长时间艰苦的谈判，我国地质部与苏联保矿部就双方合作内容、方式等达成一致，并写入政府间合作的议定书中。

在苏联访问期间，代表团的地质部成员还进行了参观考察。在莫斯科期间，大家参观考察了苏联工业展览会的地质馆、地质保矿部矿物原料研究所、全苏矿物原料研究所、全苏水文地质工程地质研究所、苏联科学院地球化学与分析化学研究所、苏联地质保矿部地球物理研究所、苏联科学院矿物陈列馆、苏联科学院古生物研究所、苏联科学院地质研究所、原子能发电站、莫斯科大学地学馆等。在列宁格勒（圣彼得堡）参观考察了全苏地质科学研究所，在基辅参观考察了乌克兰地质总局、乌克兰科学院地质研究所、萨莫特坎斯科耶钛铁矿等。每到一处参观考察，程裕淇都详细了解这些研究机构的内部机构设置、主要研究方向、最新研究进展，等等。程裕淇对一些仪器设备非常感兴趣，在全苏地质科学研究所考察时对用于岩石矿物年龄测定的质谱仪、用于研究矿物内部结构的电子显微镜都进行了详细询问，了解仪器的作用、性能等。在考察中，还与苏联同行进行交流，如在基辅考察期间，与乌克兰地质总局的地质人员进行了交流，了解了乌克兰的地质背景、外喀尔巴阡山区的地层构造和油气情况。同时，对他们提出的问题进行了详细解答，介绍了中国震旦纪研究的新进展、区域地质测量、编图情况以及鞍山式铁矿的时代等情况，促进了对相互地质情况的了解。在莫斯科大学考察时，考察人员与在该校地质系地球化学专业读研究生的中国留学生杜乐天、魏菊英、强祖基、赵岭山、祝总琦等交谈，了解了他们在莫斯科大学的学习情况，程裕淇也向他们介绍了中国国内地质工作的开展情况，鼓励他们刻苦学习，用真才实学回报祖国。

在苏联期间正赶上“十月革命”40周年，毛泽东主席参加了庆祝活动，并发表了祝词。程裕淇与代表团其他成员到红场参加观礼。当游行队伍用中俄两种语言欢呼口号时，他备受鼓舞。11月3日，程裕淇从广播中得知，苏联已经成功发射了世界第一颗人造地球卫星，感到非常兴奋，他在日记中较详细地记录了卫星飞行的有关数据。在紧张工作之余，他还抽空参观了一些名胜古迹。

代表团从1957年10月18日自北京出发到12月19日返回北京，历时两个月零一天。在这两个月中，他们不分星期日、节假日，顾不上休息，一头扎进繁忙的参观考察、谈判协商工作中。在参观考察苏联的科研院所、教育机构及其他一些单位和机构时，他们眼界大开，获得了丰富的感性知识和深刻的理性认识，对自己今后的工作深有启发和指导意义。

刚回到北京时，公私事务缠身，头绪纷繁，万机待理。程裕淇先抓主要矛盾，除安排好日常工作外，还重点抓中苏合作项目的传达和落实。他与许杰副部长多次商谈如何编写出国书面总结报告，并开始撰写地质部访苏的总结。12 月 27 日，宋应副部长主持召开大会，由许杰副部长和程裕淇全面汇报了与苏联商谈合作项目的详细经过以及所达成的协议。程裕淇又到他领导的前寒武纪地质及变质岩和有关矿产研究室，与王曰伦、沈其韩等商谈了室中工作、来年工作计划以及中苏合作项目的落实情况。

1958 年 3 月 3 日，中国地质学会举办了访苏代表团地质部分的传达会。程裕淇对中苏 1958 年合作项目中的第 9 项、第 10 项两项主要内容进行了说明。许杰讲了访苏经过及观感，介绍了苏方对第 9 项规划的意见。程裕淇讲了苏方对第 10 项总的意见及其中与地质有关问题的意见。翁文波讲了苏方对第 17 项石油地质部分的意见。

程裕淇作为中苏合作第 9 项“华北前寒武纪变质岩及有关矿产”的负责人，也抓紧该项目的实施。1958 年 1 月 13 日在北京召开了在京地质单位协调会，对中苏合作第 9 项的 1958 年研究项目进行协调，挑选部、院一级以上管控项目。1 月 20—23 日，在许杰副部长主持下又组织召开了地矿组学科协调会，对第 9、第 10 项两个项目的重点和研究课题进行协商，并形成了《第 9、10 两项规划修正草案》。除了参加会议之外，程裕淇还与郭文魁、习东光、王恒升、孟宪民、赵新斋等进行单独交流和沟通。通过多次会议和个人沟通，最终形成第 9 项和第 10 项 1958 年协调情况报告及合作协议表报送国家科学技术委员会，合作研究项目得到了落实。在落实研究项目的同时，程裕淇根据中苏合作协议，积极推动绝对年龄测试实验室的建立，向地质部和国家科学技术委员会提出尽快筹建地质年代学实验室。国家科学技术委员会根据他的建议，同意从 1958 年 4 月开始在地质部地质研究所成立绝对年龄组，利用从苏联引进的质谱仪，开展岩石矿物同位素年龄的测定，发挥了同位素年龄实验室的作用。这是我国最早建立的两个同位素年龄实验室之一，也是地质部地质研究所同位素地质年代学实验室的前身。用于岩石、矿物定年的钾氩法设备的引进以及后期人员交流和培训，对于开创我国同位素地质年代学具有重要意义。1958 年，我国分别在地质部地质研究所和中国科学院地质研究所建立了我国最早的两个钾氩法年代同位素实验室，填补了我国地质行业没有同位素年代学实验室的空白，为我国同位素地质年代学的发展奠定了基础。实验室建成后就顺利开展工作，到 1962 年，两个实验室已经获得 100 多个我国自主测定的同位素年龄数据，程裕淇和李璞联合署名发表了《关于我国地质年代学研究的一些成果的讨论》（1964 年，《科学通报》）一文，详细分析了我国自主测定的同位素年龄数据，总结了当时我国地质年代学所取得的成绩。程裕淇和李璞为中国同位素地质年代学的奠基和发展做出了重要的贡献。

1958 年 9 月 10 日，程裕淇参加了地质部、中国地质学会、中国科学院地学部在北京共同召开的第一届全国矿产会议，参加这次会议的有来自国内外的学者和专家们，有来自地质部 24 个省、自治区地质局及其所属地质队的代表，有来自冶金工业部、化学工业部、中国科学院及其他 20 个生产科研部门的代表，还有来自 24 个院校的代表。中共中央工业工作部、国家计划委员会、国家科学技术委员会、国家经济委员会等中央领导部门都派代表出席，也邀请了苏联地质保矿部的部长出席了这次会议。会上，程裕淇宣读了他与边效曾、陆宗斌、陶惠亮等联合撰写的论文《中国已知铁矿类型的特征、分布与生成地质条件及今后的普查找矿方向》。会后，又陪同苏联专家到山西中条山铜矿、鞍山弓长岭矿区、北京周口店等地进行地质考察。

为了落实中苏合作项目 1960 年度计划，程裕淇等受地质部委派，于 1959 年 9 月 20 日乘飞机离开北京，经乌兰巴托、伊尔库茨克、鄂木斯克，同日晚抵莫斯科，开始了再次访苏的历程。

第二天，程裕淇等首先前往中国大使馆商务参赞处会见科技合作组组长王子川，谈到需注意的事项及可能出现的问题。后来几天，程裕淇与智德鑫、孙兴昌一起同苏联地质保矿部的 A. A.阿米拉斯兰诺夫、A. A.柯里亚林诺夫、B. M.费多尔丘克等就落实中苏合作项目 09 和 10 项目 1960 有关具体内容（包括项目组织形式、开展时间、人员交流、资料交换等）进

1958 年，程裕淇陪同苏联代表团游览长城时留影

行了详细认真的会谈。苏方表示对我方要求的绝大部分有关资料可以满足，对我方提出的专家访苏考察和实习生访苏方面提出了一些看法。经请示后，经过反复谈判终于达成基本一致的意见。为此，还与地球物理学家 M. K.波尔什科夫商谈合作开展航空磁测问题。程裕淇将几天的会谈结果以书面形式向驻苏大使馆商务参赞处、国内地质部、国家科学技术委员会汇报请示，得到地质部原则同意后，双方起草会谈纪要。同时，程裕淇起草了合作编制中亚地质图的建议，得到部党组的同意，待国家科学技术委员会批准。他在谈判期间，抽空参观了苏联国民经济成就展览会。9 月 30 日晚他专门观看了莫斯科电视台播出的中华人民共和国成立十周年纪念会电视节目。10 月 1 日国庆节当天，他收听了关于纪念中华人民共和国成立十周年的无线电广播节目，又赶去我国驻苏大使馆新址参加国庆招待会。在等待会谈纪要打印稿期间，程裕淇到列宁格勒全苏地质科学研究所访问，重点与波立娃娅交谈绝对年龄样品采集处理方法等。12 日上午再次回到莫斯科，下午即去地质保矿部获取中苏双方会谈纪要的打字稿，并开始校对，13—14 日与地质保矿部有关人员就文稿中的一些文字表达进行了讨论和修改，直到 15 日上午最终双方签字，完成了这次访苏的重要任务。下午程裕淇再到大使馆商务参赞处，向科技合作组组长王子川进行

了简短汇报，于当晚乘飞机返回我国首都北京。这次访苏最主要的任务是落实中苏合作 1960 年合作中的项目开展、资料交换、人员交流等，他在驻苏大使馆商务参赞处科技合作组的支持和帮助下顺利完成了相关工作。同时，在全苏地质科学研究所详细了解了同位素测年样品的采集、处理的具体要求与测试流程等，为国内钾氩同位素年龄实验室快速顺利开展工作取得了宝贵经验。

程裕淇到达北京的当天晚上就接到通知，要他参加全国工业、交通运输、基本建设、财政方面社会主义建设先进集体和先进生产者代表会议（简称群英会），程裕淇是地质部系统的先进生产者，属于中央国家机关代表团（团长王华先，是纺织工业部办公厅副主任）。10 月 25 日他出席了中央国家机关代表团全体会议，参观了中国军事博物馆，参加了在人民大会堂召开的预备会议。26 日大会在人民大会堂隆重开幕，刘少奇、周恩来、朱德等党和国家领导人出席。刘宁一致开幕词，朱德代表中共中央致祝词，李富春副总理做了题为“高举党的总路线的红旗为社会主义建设事业的继续大跃进而奋斗”的报告。晚上开小组会，大家讨论了朱德委员长的祝词和李富春副总理的报告。27 日上午继续召开大会，薄一波副总理做了关于群众运动的报告。这次能够参加全国的群英盛会是对程裕淇在地质部工作的肯定和褒奖。

六、机构变更，再担重任

1959 年 3 月，地质部党组决定在已有科学研究机构的基础上成立地质部地质科学研究院（1975 年改称中国地质科学院，以下统称中国地质科学院），由地质研究所、矿物原料研究所、水文地质工程地质研究所、地球物理探矿研究所、勘探技术研究所、地质力学研究室、地质博物馆、地质图书馆 8 个单位组成。第一任院长由地质部副部长许杰兼任，程裕淇等担任副院长。

1960 年下半年，中央决定对国民经济实行“调整、巩固、充实、提高”的方针。由此，地质研究所和矿物原料研究所被撤销合并，地质所的 8 个研究室精简合并成 4 个研究室，即区域地质及成矿规律研究室（简称一室）、大地构造及石油地质研究室（简称二室）、地层古生物研究室（简称三室）、岩石研究室（简称四室），直属中国地质科学院领导。程裕淇仍为中国地质科学院副院长。

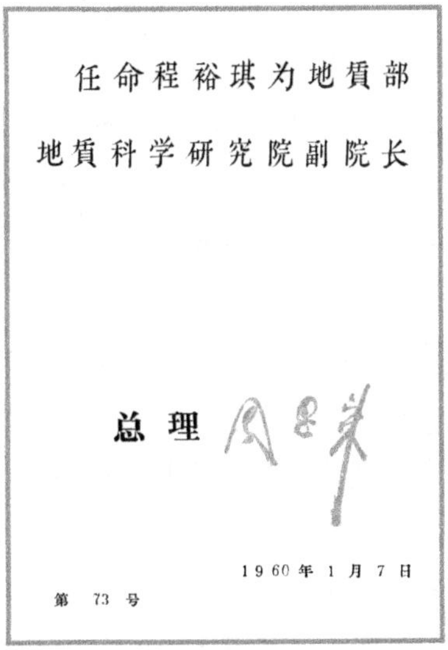
任命程裕琪为地質部
地質科学研究院副院长

总 理

1960 年 1 月 7 日
第 73 号

1960 年，程裕淇任地质科学研究院副院长的任命书

1962 年，地质部为加强区域性的地质研究工作，组建了地质部东北地质科学研究所（后更名为沈阳地质矿产研究所）、华北地质科学研究所（后更名为天津地质矿产研究所）、西北地质科学研究所（后更名为西安地质矿产研究所）、华东地质科学研究所（后更名为南京地质矿产研究所）、中南地质科学研究所（后更名为宜昌地质矿产研究所）和西南地质科学研究所（后更名为成都地质矿产研究所），并归中国地质科学研究院管理。随着华北地质科学研究所的成立，原来地质研究所变质岩和前寒武纪地质研究室王曰伦所带领的以研究中晚前寒武纪地质为主的团队转移到天津的华北地质科学研究所。

1964 年 1 月，国家科学技术委员会批复地质部，同意将地质科学研究院院部改为管理机构，统一归口管理地质部系统的科技工作，同意将院属 10 个研究室调整为地质、矿床地质、矿产综合利用和地质科技情报 4 个研究所。同年 5 月，中国地质科学院根据地质部决定，将院直属的 10 个研究室调整到上述 4 个研究所，其中区域地质、大地构造、地层古生物、岩石矿物 4 个研究室（1—4 室）调整至地质部地质研究所，同时任命程裕淇兼任地质研究所所长。

在机构不断变更的过程中，程裕淇始终坚持服从党和国家的安排，立足本职，做好各项工作。1964 年后，他同时担任地质部科技司总工程师、中国地质科学院副院长、地质研究所所长，担子多了，责任也就大了。他始终坚持一般事务由行政领导处理，自己的工作重点始终放在地质调查和研究工作的部署、项目落实、人才培养上。负责的事情多了，工作范围大了，视野也更加广阔了。其间，程裕淇有相当一部分时间是到全国各地检查工作、开会，但始终没有停下从事科研的脚步。

1960年春，程裕淇主要去东北地区从事调查研究。他初去长春，就与吉林省地质局讨论区域地质调查事宜，并到实地考察具体地质情况。2月间，他与王泽九、王绍全及苏联专家鲍罗维可夫去长春地质学院（后改名长春科技大学，后又并入吉林大学）做报告，主要谈了东北与华北变质岩问题，他与董申保教授也谈了变质岩研究计划。后又与辽宁地质研究所谈了相关科研项目问题。在此之后，他出席了地质部与中国科学院联合召开的地质科技研究计划会议，研究和讨论了1960年科研计划纲要草案和科研工作三年（1960—1962）规划草案。他还出席了地质部全国地质研究协调计划会议，并且讨论了计划落实情况。

当年4月，程裕淇奉何长工副部长之令飞往哈尔滨，检查指导黑龙江省的地质矿产工作。他一落地，就尽快赶到省地质局，会见刘启原局长、倪汉章副局长等人，认真听取了关于该省铁矿的汇报。然后他又一一听取了黑河专区、嫩江专区、松江专区、牡丹江专区、合江专区等地地质局的汇报，并下到铁矿地质队进行实地考察，最后向何长工副部长汇报了黑龙江省铁矿远景，特别是佳木斯附近铁矿情况及全省现在铁矿工作的部署。

4月20日，程裕淇赶往上海出席中国科学院学部委员大会，先后听取了聂荣臻副总理、郭沫若院长的重要报告，并参加讨论科技三年规划和八年工作设想。他在地学部分会里，逐一聆听了古生物、地质、地理、海洋、地球物理等学科的国际动态报告。返回北京后，他在中国地质科学院院务扩大会议上传达了聂荣臻副总理、郭沫若院长等的报告，又介绍了学部规划中有关地质部分的内容及感想。

国家的急需就是地质工作的方向。铬是生产不锈钢和各种合金钢的重要金属元素，也是我国紧缺的矿产资源。为了立足国内，满足中国发展钢铁工业对铬铁矿的需求，地质部于1953—1963年组建了铬铁矿专业普查队，先后在内蒙古、青海、新疆等地开展铬铁矿普查。1961年召开了全国铬铁矿工作会议。会后，为实地了解铬铁矿普查工作的进展，1961年9—10月，程裕淇又与朱效成副院长、闻广等一起重点考察了内蒙古自治区和新疆维吾尔自治区，重点检查铬铁矿普查工作。9月上旬，程裕淇一行乘火车到呼和浩特，首先听取了自治区地质科学研究所苏同所长、自治区地质局仝子鱼局长、地质局中心实验室张主任等汇报工作，提出了一些指导性意见。紧接着他们又前往索伦山矿区，事先已在那里的中国地质科学院研究队刘梦庚、沈其韩汇报了一个月来的矿区地质和区域地质工作，当地的205地质队也汇报了最近的生产和物探工作，等等。此后，程裕淇、朱效成、闻广三人又赶到土克木、西索伦、乌侏尔等地考察超基性岩与围岩接触关系和超基性岩体岩相分带及铬铁矿体产出特征和矿石结构、构造等。在矿区现场，他们又参加了索伦山区铬铁矿和地质远景座谈会，郭文魁、程裕淇、朱效成、杨开庆、刘梦庚等先后发言。结束在内蒙古的考察后，时间已是9月下旬，程裕淇、朱效成和闻广来不及休整，就乘坐火车经兰州，于月底到达乌鲁木齐，听取了新疆维吾尔自治区地质局总工程师胡冰及孔繁文关于全区地质矿产情况，特别是铬铁矿的汇报。整个10月，程裕淇等大部分时间都在新疆检查、指导铬铁矿会战，他们相继听了地矿司傅荫平关于铜花山情况的介绍，张纪衡关于卡瓦布拉克地区地质的汇报，张弛关于克拉美丽（现在多称卡拉麦里）、塔克扎勒、阿尔孟套等区铬铁矿地质的汇报。当他们参观完地质局实验室后，程裕淇、朱效成、闻广及胡冰、傅荫平一行坐车赶到萨尔托海塔城地质队，考察萨尔托海矿区和达拉布特超基性岩体及铬铁矿，并听取塔城地质队与物探队及中国地质科学院研究队分别对该区铬铁矿工作及研究情况的汇报，以及塔城大队钟林关于唐巴勒等地铬铁矿情况的汇报。在此，程裕淇向地质科学研究所、实验室及部分地质队同志介绍了内蒙古铬铁矿的调查研究工作情况以供他们参考。他又与闻广、孔繁文、傅荫平等去克拉美丽地区观察超基性岩体、铬铁矿矿体及岩心，并与昌吉地质大队部分人员座谈，然后由奇台返回乌鲁木齐。在新疆维吾尔自治区地质局，程裕淇看了阿勒泰及库鲁克塔格地区1∶20万区域地质图和报告，向该局谈了对克拉美丽工作和全区今后铬铁矿工作的意见。又应该局请求，做了关于在变质岩区工作的报告，共包括5个问题：①区域岩石命名与分类；②花岗质岩石和围岩或相邻岩石的接触关系；③混合岩化作用；④深变质地区找矿问题；⑤其他（变质岩地区工作注意之点）。直至10月底，程裕淇等才一起乘火车返抵北京。

1961年的最后两个月，程裕淇在北京忙于各种会议，包括参加中国地质科学院1963—1969年部系统科研的“七年规划”、地质学基础学科之规划、“地质队条例50条”等的制定。

1962年2月中旬，程裕淇出席了国家科学技术委员会在广州市召开的全国科学工作会议，聆听了周恩来总理关于知识分子问题的报告，以及陈毅副总理关于国际、国内形势及如何开展科技工作的报告。此会开了将近一个月（到3月中旬才结束），还讨论了国家《1963—1972年科学技术发展规划》的方针和任务。程裕淇在会上结合地质部的实际情况做了关于地质科技工作中一些问题的发言。在这次会议上，周总理在《论知识分子问题》的报告中指出，今天的知识分子大多数是在新中国成长起来的，是拥护党、拥护社会主义的，应该是劳动人民知识分子。陈毅副总理在讲话中提出：要给广大知识分子"脱帽加冕"，即脱掉"资产阶级知识分子"之帽，加上"劳动人民知识分子"之冕，并郑重向与会人员实行了"脱帽礼"。1957年的反右运动把一大批知识分子错打成右派，极大地伤害了知识分子的积极性，因此这次会议对解放和保护知识分子十分重要，这也是1957年以后首次对知识分子的肯定，激发了广大知识分子的积极性，程裕淇听后深受鼓舞。

1963年11月25日—12月2日，程裕淇出席了中国地质学会矿物、岩石、地球化学学术会议。学会秘书长朱效成致开幕词，李璞副主任汇报学术会的筹备情况，陈光远、程裕淇、司幼东分别做了关于矿物、岩石、地球化学学科的研究现状及今后开展工作建议的报告。这次会议结束前，程裕淇在闭幕会上致了闭幕词，总结了这次学术会议的主要特点，指出了当前存在的问题，以及今后开展矿物、岩石、地球化学研究工作的八条意见。

1964年春，程裕淇出席了国家科学技术委员会地学组在京成员及中国科学院地学部常委扩大会议，讨论了地学组、地学部的科研规划。当年秋，他又出席了1964年北京国际科学讨论会，毛泽东主席接见了参会的中外科学家（总共有来自亚洲、非洲、拉丁美洲和大洋洲44个国家和地区的367位科学家）。此外，参加这次会议的缅甸代表团中有一位程裕淇在利物浦留学时的老同学，其已是缅甸政府要员。两人多年未见，见面就聊起了当年在利物浦的求学岁月，程裕淇也向他介绍了我国社会主义建设取得的主要成就，促进了相互了解。

七、精雕细琢，锻造精品

1957年4月第一次区域地质测量会议召开以后，全国各地有计划地开展了大规模的1∶20万区域地质测量工作，以便尽快了解全国的区域地质背景，为国民经济建设服务。变质岩主要分布在前寒武纪变质基底和造山带中，可占到陆地面积的18%。我国变质岩分布广泛，在区域地质测量过程中涉及许多变质岩，但变质岩石学在我国起步较晚，在当时的区域地质测量中面对变质岩经常产生一些问题。20世纪50年代末到60年代初，一些地质测量中有关变质岩问题的信件纷纷寄到程裕淇手中。当时作为程裕淇助手的王泽九，花了很大精力处理这些信件，有的信件程裕淇看过后亲自回复解答，有的信件就由王泽九根据程裕淇已有的回信内容给以回复。为此，程裕淇感觉这样做下来在工作上显得很被动，他联想到在下基层检查工作或在基层考察时，很多单位要求他做有关变质岩方面的学术报告，深感基层确实有对变质岩石学深入了解的需求。他逐渐认识到，与其这样被动地回信，不如写一本比较全面地介绍变质岩和变质岩工作方法的书，基层的同志通过阅读就能了解和掌握变质岩石的工作方法。有了这样的想法后，他就与沈其韩、刘国惠、王泽九开会商讨，大家都觉得他的这个主意不错，并就此成立了以程裕淇为首，包括沈其韩、刘国惠、王泽九在内的写作班子。在讨论中，程裕淇还提出，应该建立一个变质岩研究基地，进行详细工作和研究，等基地建成后可以让地质工作人员参观，这样既有书本知识又可以在实际中观察，这应该是提高地质人员从事变质岩工作和研究水平的最佳途径。对此建议，大家也都予以大力支持。

作为领导者，程裕淇负责起草全书的提纲，沈其韩和刘国惠主要负责文字的起草，王泽九协助做一些具体工作。大家随时开碰头会，内容充分协商、修改、补充。程裕淇负责全书的统稿和定稿。1960年下半年，他除了白天办公、处理一些日常事务外，大部分精力都投入该书的编写中。到了年底，一部变质岩专著的初稿基本完成。1961年上半年，除了日常办公外，程裕淇仍抓紧时间对该书初稿进行较大幅度的修订和补充，补充的主要是关于某些基本问题的讨论，并增加室内工作方法和附录。在书稿修改过程中，他还和王泽九两次专程到长春地质学院与董申保教授及其团队一起讨论有关问题，特别是对变质岩的分类命名问题进行了深入讨论。变质岩中有一种主要由长石、石英和少量暗色矿物组成并具有细粒变晶结构的岩石，程裕淇最早将其称为变质粒岩，董申保则将其称为粒岩，经讨论后认为，从发音来看，粒岩易与砾岩相混淆，于是采用“变粒岩”一词，由此可见程裕淇严谨和善于听取他人意见的科学精神。最后，该书文稿邀请王曰伦、王恒升、李春昱，以及中国科学院地球化学研究所副所长李璞等审阅，打算根据他们的意见修改后尽快交付出版社出版。对该书，审阅者基本上都十分赞赏，从爱护该书出发，又从不同角度提出了一些问题和建议。针对这些问题和建议，程裕淇十分谦虚谨慎地对文稿进行了处理。关于该书书名的不同意见，最后由王恒升定名为“变质岩的一些基本问题和工作方法”。常言道：“好文章不是写出来的，而是改出来的。”程裕淇认为这句话用在写书上也同样合适：“好书不是写出来的，而是改出来的。”因此，程裕淇没有急于送交出版社，而是由他本人及写作班子成员再次对书稿进行深度加工，力争做到尽善尽美，让其成为经得起任何考验的经典著作。

在这一阶段，程裕淇每次出差外地，在基层地质单位都应邀为地质人员做这方面的报告，大家兴趣倍增，又发表了很多感想和期望，他也通过基层意见进一步明确了下一步的修改方向。在北京，他与另三位作者商议，决定先不急于出版，再抽空按大家的意见认真修订。到 1963 年初，大家终于放心地将修订后的劳动成果《变质岩的一些基本问题和工作方法》一书的文稿交给了中国工业出版社，最后于 1963 年正式出版发行。此书出版后大受欢迎，很快就销售一空。作者们在倍感欣慰之余，又根据学界的反映再度修订，到 1964 年又出了第二版，也很快售罄，到 1965 年再度修订后出版了第三版。

《变质岩的一些基本问题和工作方法》1963 年第一版封面

该书全面系统地提出了区域变质岩和混合岩分类命名原则与方案，论述了混合岩化作用的理论分析和微观特征，分析了变质岩系分布地区的成矿特征和找矿方向，提出了区域变质和接触变质间过渡类型变质作用的观点，并论证了前者与混合岩化的相互关系，详细阐述了变质岩的野外工作方法。限于当时条件，该书对变质、变形的论述相对简单。该书在国内广为流传，对提高 20 世纪六七十年代我国变质岩地区地质人员的工作能力和理论水平，以及变质岩分布地区的研究程度等方面具有重要意义。

《变质岩的一些基本问题和工作方法》一书不仅从变质岩石学的一些基本理论以及从野外到室内的研究方法进行了详细阐述，还十分注意解决野外地质调查工作中出现的实际问题。例如变质岩的岩层界面与沉积岩原始层理的关系，这是野外工作中最常见的问题，也是野外工作中经常争论的问题。由于变质岩经受了变质变形作用改造，原始层理的识别已十分困难。针对这种情况，程裕淇等作者在书中写道：

> 如变质很深，原岩已不易恢复，可根据变质程度、混合岩化、花岗岩化作用的强弱及变质矿物组合划分为不同的岩带。如此种岩带的产状与原始层理大体一致，此种岩带仍多少具有地层意义；如所划分的岩带产状与原始层理不一致，这样，它只代表了岩石学的（或地质构造特征方面的）意义而没有地层层序上的意义。

对于这类深变质岩石如何在地质图的图面上给以表达，也是长期争论的问题。程裕淇在 1965 年修订《变质岩的一些基本问题和工作方法》第三版时，特意增加了一个自然段，对于后一种复杂情况，他写道："可采用岩组、岩段来代替组、段作为填图单位。"由此解决了一个长期争论的图面表达问题。1990 年程裕淇在编制 1 : 500 万中国地质图时又提出了岩群的概念，从最初的岩段、岩组到后来的岩群，为变质岩区成层无序变质岩系的表达建立了一个完整的序列，并被广大地质工作者所接受，成为我国复杂变质岩区区域地质调查的一套填图单位系统。实际上，程裕淇早在 1963 年出版的《变质岩的一些基本问题和工作方法》一书中就已提出了这个问题，只是在 20 世纪 80 年代的变质岩区区域地质调查试点时对这类岩石如何表达还是犹豫不决。曾长期负责全国区域地质调查工作的陈克强在回忆程裕淇的文章中说，1989 年看到这段文字时"不仅让我们十分震撼，而且也使我们眼前一亮"。可见程裕淇等的这一论断不仅解决了当时地质调查的实际问题，同时也具有超前性。可以说，《变质岩的一些基本问题和工作方法》是我国第一部关于变质岩研究的基本原理和工作方法的学术著作，具有系统性、综合性、实用性、超前性，被誉为变质岩区地质工作者必不可少的工作手册，是当时区域普查、科研、教学等方面的重要参考书。的确，这部专著出版后成了我国变质岩研究的开山之作、奠基之作，从而为促进我国变质岩石学、变质岩区区域地质调查和找矿工作的开展发挥了重要作用，也为提高我国变质岩的研究水平做出了重要贡献，获得1978年全国科学大会奖励。

由于该书出版后的重要影响，1962年初，山东省地质厅特别邀请程裕淇到山东省参加并指导泰山群专题研究工作，于是程裕淇带领沈其韩、王泽九到山东济南与地质厅系统商量合作研究事宜。当时山东省地质厅805队正在进行泰山群的专题研究，所以这次确定和山东省地质厅805队开展深入合作。程裕淇一行到了山东省地质厅805队，他为该队地质人员做了关于变质岩区工作方法的报告，并进行了短期考察。由于泰山杂岩出露面积太大，又主要是变质深成岩，所以他提出要找一块面积不是很大，但既有变质表壳岩又有少量混合花岗岩的地区作为重点解剖的试点，据此他们专门商量了合作研究的具体细节。经过协商，由中国地质科学院地质研究所的程裕淇、沈其韩、王泽九和山东省地质厅805队第二专题研究组的郑良峙、高仲华、张成基、刘祥林、邓树华相互协作，共同进行野外工作，但各自编写研究报告。回京不久，程裕淇就派王泽九前往山东与省地质厅805队的有关同志到野外踏勘，选择进行详细研究的地区。王泽九与山东省地质厅805队的同志经过踏勘后一致认为，从雁翎关到雌山一带既出露有变质地层也出露有原地混合岩化的花岗岩，是进行深入研究的理想地点。王泽九一回到北京立即向程裕淇和沈其韩进行了汇报，他们也认为这个地区比较合适，就决定以此作为深入研究的基地。山东方面积极准备，山东省地质厅的测绘队测制了该区1∶5000地形图，为后续详细工作提供了保障。

有了这个基础，之后不久程裕淇与沈其韩、王泽九再赴山东，与山东省地质厅805队第二专题研究组的同志共同组成团队进行野外地质调查。他们的工作区选在原北京地质学院1∶20万区域地质调查（测绘地质图）中雁翎关和太平顶两个标准剖面附近，以雁翎关地区为重点。在野外，他们测制了单家峪—东石棚剖面（主剖面）和雁翎关—西石棚等1∶5000到1∶500不同比例尺的9条剖面，总长度共18.44千米，并且填制了1∶5000地质图，面积8平方千米。

通过野外工作和室内研究，他们认为该区泰山群以单斜构造为主，并见其他次级构造现象，依据地层层序，自下而上划分为任家庄组（当时划为均质混合岩，后为变质变形深成花岗岩体）、雁翎关组、山草峪组和单家峪—付家庄角闪质岩带（因当时研究程度低而未建组，后来研究较清楚后建为“柳杭组”）。研究重点是雁翎关组，发现了大量火山岩证据，肯定其原岩为火山岩沉积岩系，并进一步划分出2个亚组和10个大层，研究了火山旋回、岩层接触关系和变质作用，等等。同时，对雌山花岗质岩体进行了研究，大大提高了该地区的地质研究程度。

1963年5—11月，程裕淇与沈其韩、王泽九用了整整半年时间重点研究了山东新泰雁翎关地区的太古宙变质火山岩及花岗岩。前两个月（5月中旬至7月中旬），他们会同山东省地质厅805队第二专题研究组一起出野外，先后在雁翎关、天井峪、石河庄等地进行了路线地质观察，测制了不同比例尺的地质剖面，填制了部分地段1∶5000地质图，同时采集了各种分析测试样品。后4个月（7月中旬至11月），他们在北京整理雁翎关地区的样品、资料，进行多项室内研究工作。在研究中，他们首次测定了该岩群的同位素年代，在斜长角闪岩中发现了变余杏仁状构造的岩流特征，正确区分了变基性熔岩流、变火山凝灰质岩和变基性脉体，注意了火山旋回的划分，由此为中深变质基性火山岩岩石学的研究提供了新的思路和方法，对以后的同类型地区研究起到了示范作用。

1963年野外工作结束后，中国地质科学院地质研究所和山东省地质厅805队按照协议要求各自进行了室内研究并编写了报告。1964年，山东省地质厅805队的郑良峙等编写完成了《山东新泰雁翎关地区泰山群地层剖面研究报告》，中国地质科学院地质研究所有关人员因为其他项目影响，1966年初才完成初稿，又因“文化大革命”而搁置。直至1977年，《山东新泰雁翎关一带泰山群变质岩系的初步研究》才在内部刊物《地质矿产研究》上刊出。之后作者之一的沈其韩对该文进行了认真修改和补充，重点介绍了雁翎关地区的变质火山-沉积岩，于1982年出版了《山东太古代雁翎关变质火山-沉积岩》一书，成为华北克拉通太古宙研究的经典之作。在工作中发现，原来划分的蛇纹岩具有高镁低钛低钾的特点，原岩应属于斜方辉石橄榄岩，成分与1969年南非维约恩兄弟（M. J. Vijioen and R. P. Vijioen）所定义的科马提岩很相似。因而，沈其韩等认为，雁翎关地区绿泥阳起（透闪）片岩可能为变质的科马提质熔岩或凝灰岩，首次提出在雁翎关地区可能存在科马提岩的认识。程裕淇经过深入思考后认为，雁翎

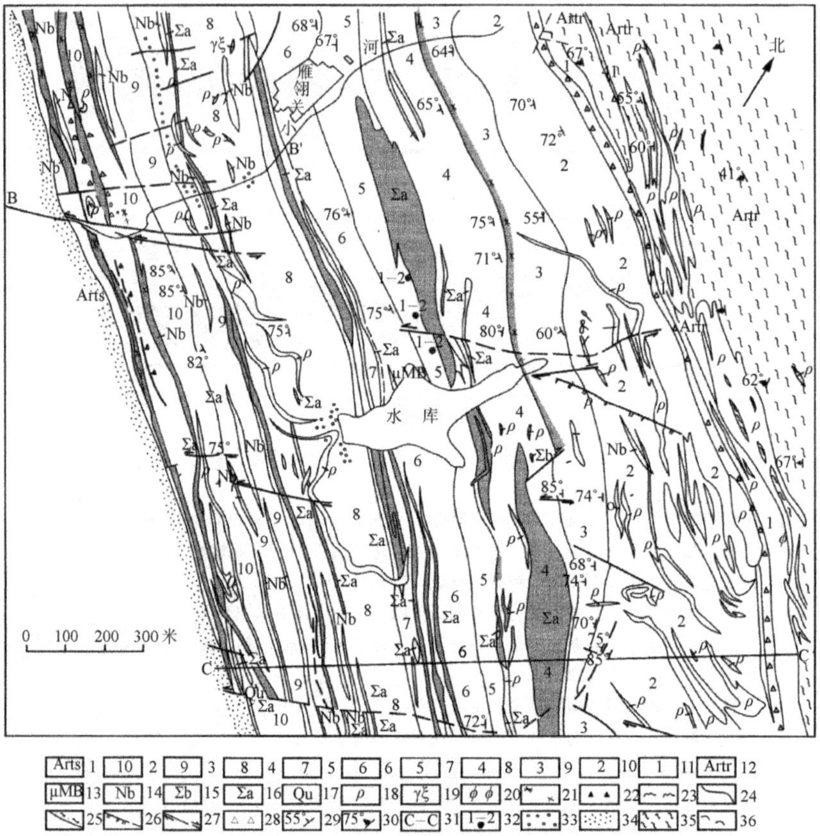

1—山草峪组(Arts)；黑云(和含黑云母)变粒岩为主的岩层；2—雁翎关组第10层(以下均略去雁翎关组字样)；下部黑云变粒岩夹石英角闪岩，中部为斜长角闪岩，上部为含石榴子石角闪变粒岩和黑云变粒岩互层；3—第9层：下部为黑云变粒岩夹含砾角闪变粒岩，中部为斜长角闪岩，上部为含铁铝榴石的黑云变粒岩、石英角闪岩和角闪石英岩；4—第8层：下部和中部以斜长角闪岩为主，上部以黑云变粒岩和斜长角闪岩为主；5—第7层：下部角闪变粒岩为主，上部斜长角闪岩为主夹铁铝榴石角闪岩；6—第6层：含砾角闪变粒岩或含黑云母角闪变粒岩的砾状岩石；7—第5层：下部以含角闪石变粒岩或含透闪石变粒岩为主，上部为具杏仁状和瘤状结合体的铁铝榴石、云母片岩和云母变粒岩；8—第4层：以含角闪石的变粒岩为主的岩石夹石英斜长角闪岩和铁铝榴石石英角闪岩；9—第3层：斜长角闪岩；10—第2层：下部和中部为斜长角闪岩夹含石英斜长角闪岩，上部为含透闪石变粒岩(含)角闪石变粒岩互层，有时有黑云变粒岩；11—第1层：以斜长角闪岩和石英斜长角闪岩为主，底部夹有很薄的含角闪石黑云变粒岩，上部夹有角闪变粒岩和含角闪石变粒岩，顶部有薄层的浅粒岩；12—Artr任家庄组，原岩相当于黑云变粒岩黑云斜长片麻岩类，现大部已变为黑云奥长均质混合岩；13—较晚期的具球形风化及变余辉绿结构的斜长角闪岩(变基性侵人岩)；14—较早期的块状或芝麻点状(及斑块状)斜长角闪岩(变基性侵人体)；15—较晚期的蛇纹岩；16—较早期的蛇纹岩；17—石英脉；18—铁电气石白云母微斜长石伟晶岩脉；19—片麻状花岗质岩脉；20—绿帘石化；21—透闪—阳起石化；22—电气石化；23—绿泥石化；24—实测地质界线；25—选择性混合岩化接触界线；26—实测及推断的逆断层；27—实测及推断的平行移断层；28—构造破碎带；29—地层产状；30—叶理产状；31—剖面线位置及其编号；32—符山石和含铬次透辉石产出位置(左代表符山石、右代表含铬次透辉石)；33—斜长角闪岩具显著管虫状和纺锤虫状构造；34—变粒岩符号；35—条痕状均质混合符号；36—滑石化

程裕淇等填制的山东新泰雁翎关地区地质图

关地区的工作还有进一步深入的必要，只有对这种可能性进行确认之后才能得出可靠结论。为此，程裕淇派研究生贾跃明对雁翎关一带镁铁质-超镁铁质岩进行岩石学和变质作用的研究，派研究生万渝生对雌山岩体的成因开展研究，自己还多次抽时间赴山东开展短期野外调查工作。经过多次考察和艰难寻找，1988 年在石河庄剖面北段发现了火山岩的冷凝边和鬣刺

结构假象。从这一过程可以看出，为了把雁翎关地区作为研究基地，程裕淇倾注了极大心血，同时也体现了他严谨的科学态度，前后将近20年，只为寻求可靠的结论。

为了把这一地区做成研究经典，程裕淇等在这里开展了非常精细的地质研究。比如对于雁翎关组基性火山岩中变余气孔构造的识别，由于这一地区经历了非常强烈的变形改造，原来的火山岩层上部的气孔和杏仁体已经被强烈拉长，呈竹叶状或柳叶状，火山岩气孔或杏仁的原始形貌已经消失殆尽，其成因很难判别。经过详细的显微镜下研究和地球化学分析，最终确认是强烈变形的气孔或杏仁构造，称为管虫状气孔充填残余构造或管虫状变余气孔充填残余构造。为了进一步确认其性质，又沿走向进行了追索，终于在弱变形域的雁翎关组同一层位中发现了比较典型的火山岩杏仁状构造，这样才确定这些管虫状构造就是火山岩杏仁体强变形的产物。由此获得的这一认识，对于后来在一些强变形区识别火山岩原始构造起到了启发作用，充分体现了程裕淇等求真务实的工作态度。

在雁翎关组火山岩中存在一套以超基性岩为主的岩层。为了解剖这套岩层，程裕淇和徐惠芬在石河庄剖面沿岩层垂直方向在1.8米的范围内进行了详细采样（几厘米一个样），回到室内后对这些样品进行了详细的岩石薄片鉴定和岩石地球化学分析。经过这样详细的观察和分析，最终确定这套岩层最上部是厚度小于0.5厘米的绿泥石岩，向下是几厘米厚的鬣刺结构假象带，10厘米以下是滑石透闪岩，再向下过渡到斑点蛇纹绿泥透闪滑石岩，其中滑石和蛇纹石为橄榄石假象。下部岩石中氧化镁含量高，向上逐渐减少。据此确定这是超基性岩浆分异后形成的，下部是堆晶岩，上部是分异岩浆结晶的产物，最上部则是岩浆喷出后冷凝的产物。经过这样详细的工作，在变质变形地区识别出超基性岩岩浆分异的过程。程裕淇晚年常说他一生做过两个1.8米的详细工作，是他一生中值得骄傲的事情。在雁翎关所做的这个1.8米的详细工作就是其一。

程裕淇还是雁翎关地区第一位发现科马提岩的学者。科马提岩是太古宙时期一种特殊的超基性喷出岩，以发育橄榄石呈鬣刺草状细长的斑晶（地质学上称为鬣刺结构）为特征，当时只在南非、澳大利亚西部、美国、加拿大的太古宙绿岩中有所发现。雁翎关地区出露的超基性岩中有些具有类似鬣刺结构的岩石产出，但是镜下观察表明这些呈鬣刺结构的斑晶以角闪石为主，还难以确定是科马提岩。程裕淇等通过大量岩石薄片研究，终于在一些薄片中发现，在呈鬣刺结构的角闪石斑晶中残存有辉石和橄榄石，由此可以判断这些角闪石斑晶是橄榄石和辉石斑晶蚀变的产物，原来应是橄榄石和辉石斑晶。由此他们提出，在雁翎关地区存在太古宙的科马提岩，这也是在中国首次发现具有鬣刺结构的科马提岩。从该区可能存在科马提岩（1978 年）到确定该区存在科马提岩（1988 年），前后历时 10 年，真可谓“十年磨一剑”。

经过长期精细研究，雁翎关地区已经成为我国太古宙火山-沉积岩研究的经典地区。程裕淇和团队成员撰写了大量学术论文和专著介绍了他们的成果，如《山东新泰雁翎关一带泰山群变质岩系的初步研究》（1977 年，《地质矿产研究》）、《山东太古代雁翎关变质火山-沉积岩》（1982 年，地质出版社）、《对山东新泰晚太古代雁翎关组中科马提岩类的一些新认识》（1991 年，《中国地质》）、《关于山东新泰雁翎关地区新太古代雁翎关组的两个问题》（1998 年，《华北地台早前寒武纪地质研究论文集》），等等。

1992 年 10 月，程裕淇和在雁翎关进行地质研究的同事们合影
（左起：张成基、郑良峙、沈其韩、程裕淇、曹国权、王泽九、亓润章）

1963 年，程裕淇招收了第一位研究生，名叫毕孔彰，是中国科学技术大学 1963 年应届毕业生。程裕淇对研究生的培养可谓精益求精，力争其具有坚实的基础、扎实的工作和出色的成绩。

程裕淇初次见到毕孔彰时就对他说：

中国科学技术大学是 1958 年创办的五年制大学，更加侧重基础科学知识的学习。现在学习变质岩、变质作用，要更加注重实践，注重理论与实践的结合，从理论与实践的结合上更加关注社会主义经济建设的实际需要。

毕孔彰入学的第一年，和其他研究生一样，都有政治和第二外语两门必修课。程裕淇告诉毕孔彰，除了要学好这两门必修课之外，更要学好自己的专业课，也就是岩石学，特别是变质岩石学。随后就给毕孔彰开了相应的书目，尤其是程裕淇及其科研团队刚刚出版的《变质岩的一些基本问题和工作方法》这部经典之作。程裕淇多次约毕孔彰向其汇报学习的收获体会，以及学习的重点难点问题。他说：

学习变质作用，必须了解区域地质背景，特别是地壳运动、地壳动力学背景，方能说出变质作用的区域地质背景；还要了解它的物质组成，方能说出它的变化；还要了解温度压力的变化，也就是物理化学条件的变化，才能说出变质作用的过程……当然还要有相应的实验数据。

他当即以山东新泰一带泰山群的变质作用为例，以大量的室内外研究数据进行了说明。有一次，他对毕孔彰说：

我们搞变质岩，研究变质作用，更重要的是研究它的成矿，要把各时代的变质作用与成矿的关系搞清楚，并且找出可能的成矿赋存，才有可能对社会主义经济建设做出实际的贡献。

紧接着，他又列举了许多实例进行说明。还有一次，他对毕孔彰说：

地质年代学非常重要，但是，最关键的还是样品的选择。年代学测定的方法随着科技的进步，其测定的结果会日益准确，但你那个样品怎样？是原生的吗？新鲜吗？还是蚀变的呢？其测定结果则是完全不同意义上的年代。怎样选择样品？这要看你的目的和你镜下的功底……

每一次学习汇报答疑，毕孔彰都有很大的收获。

1964 年，程裕淇率研究室的王泽九、高吉凤及二年级的研究生毕孔彰在辽宁营口后仙峪地区进行硼镁铁矿野外调查研究，再经室内工作，编写了《614 矿区科研工作岩石小组 1964 年工作报告》。程裕淇专门给毕孔彰布置了填绘 1∶1000 辽宁营口后仙峪混合岩地质图的任务。在那个大面积混合岩地区，要填出混合岩化作用的分带，并且要找出内外带的界线，以及硼镁铁矿的赋存。这是野外观察的细活，不是走过点就能填出的，每个地质点上都要有仔细的描述，特别是矿物的描述，还要找出标志性的特征及其变化。他特别对毕孔彰强调："填图是基本功，任何时候都必须严格要求。"他率先垂范，每到一个地质点，他都要趴在露头岩石上，用放大镜仔细观察，就连微斜长石的形状、大小、颜色都做了详细的描述。他时常讲："地质工作严肃的态度、严格的要求和严密的方法，这个'三严'是必须谨记的。"

毕孔彰对程裕淇的教导心领神会，进步很快，他于 1967 年毕业，留在中国地质科学院地质研究所岩石室工作，不久调地质部，继而任教育司副司长。后根据工作需要，先后任中国地质大学（武汉）、中国地质大学（北京）党委书记，中国地质科学院党委书记、常务副院长，中共北京市委教工委联络员等职，由此走上了教育科技管理之路。

八、情系川西，支援"三线"

1965 年国家实行"备战、备荒、为人民"的战略方针，地质部的工作重点是寻找富铁、富铜、短线、不足的矿产资源。当时在川西泸沽—会理一带展开了大规模的富铁矿勘查。为配合这项任务，支援"三线"建设，中国地质科学院组织了西南地质科学研究所（即现在的成都地质调查中心）、华北地质科学研究所（即现在的天津地质调查中心）和矿床地质研究所（即现在的矿产资源研究所）的几十名科研人员，分三个队到泸沽铁矿山、盐源矿山梁子矿区和会理毛姑坝地区进行与铁矿有关的科学研究。1939 年，程裕淇就曾在泸沽铁矿山、盐源矿山梁子矿区等地进行过调查，对这一地区有很深厚的感情。现在作为中国地质科学院副院长，受命去检查工作，他欣然前往。

程裕淇于 1965 年 4 月中旬到成都，在西南地质科学研究所听了该所党委书记罗迭介绍 1965 年工作项目，又听了副所长路兆洽关于 1964 年工作成果的介绍。紧接着程裕淇赶到位于同一大院的四川省地质局，会见李凤五局长、曾全副局长等，就西昌工作和川西项目同他们交换了意见。

从 4 月下旬到 7 月下旬近 3 个月时间，程裕淇都在四川西昌地区考察，他初到四川省地质局西昌工作指挥部，就听了华北地质科学研究所胡维兴等关于矿山梁子和毛姑坝工作情况的汇报，与大家一起商谈综合研究队的工作安排，又看了泸沽研究队的设计初稿。之后，他又与四川省地质局第一区测队主任工程师张云湘等奔赴冕宁县泸沽铁矿山，听取在那里工作的中国地质科学院矿床地质研究所赵一鸣汇报工作，又由当地地质工作人员陪同观察了铁矿山北部和南部矿体，也检查了矿区部分岩石薄片。其后他还与矿床地质研究所的于志鸿和西南地质科学研究所的余重才讨论了全区岩石统一命名问题。最后他又在四川省地质局109地质队人员的陪同下考察了大顶山矿床地质，并为该队人员做了重要报告，主要讲了三个问题：①关于地质工作方法的一些体会；②问题详答；③对本区地质矿床的一些看法和值得进一步研究的问题。到了月底，他赶到附近的四川省地质局205地质队了解情况，检查了探槽及矿硐，并听取在当地工作的西南地质科学研究所杨暹和汇报工作。

6月上旬，程裕淇在西昌听了西南地质科学研究所刘增乾副所长关于综合研究项目的汇报，看了该项目资料及于志鸿写的研究队设计总结，与该项目同志交谈铁矿类型及铁矿问题。他又再次去泸沽铁矿区考察。泸沽铁矿包括铁矿山和大顶山两个矿区，这里有号称"巧克力"的富磁铁矿。1939年，程裕淇曾和崔克信、周德忠在铁矿山做过铁矿地质调查，测绘过矿区地质图，进行过储量估算，此次到泸沽铁矿也是故地重游。几十年过去了，这里的条件还是那样艰苦，他不免感慨万千。在铁矿山和大顶山矿区考察之后，他们还到外围的朝王坪矿点等处考察。直至中旬，他才返回西昌，与科研组研究今后工作，与205地质队人员座谈，讨论对拉克矿区一些地质现象的看法和工作意见。此后他又与地质部地矿司刘英勇司长、李克信、于志鸿等离开西昌，翻越磨盘山、马鞍山，跨过安宁河、雅砻江，到矿山梁子矿区检查指导工作。矿山梁子矿区当时是华北地质科学研究所的工作区，驻地人烟稀少、山峰陡峭，工作和住所就在用油毛毡搭建的工棚里，在这样艰苦的条件下，他们风趣地称油毛毡的工棚为"华北大厦"。程裕淇一行到达后也与他们同住"华北大厦"，一起爬陡坡看岩心，一起钻草丛看露头。晚上在昏暗的煤油灯下，他坐在行军床上与大家一起南腔北调地交流，完全与华北地质科学研究所铁矿队的人员打成一片。考察完矿山梁子矿区，他们又沿安宁河南下，到了华北地质科学研究所的另外一个工作区，该工作区由白瑾先生负责，住在毛姑坪的白花树小学。这个工作区属于区域普查性质，工作区范围比较大，程裕淇与工作人员一起踏勘了鹿幼等多处矿点和露头。这里的住宿条件比矿山梁子等相对要好，但仍没有电。程裕淇与他们一起拜访小学校的老师，通过交流了解了当地的历史、地理、自然、人文、经济等很多情况，更深刻地了解了中国基层的社会状况。他于下旬返回西昌后，与于志鸿、余重才等交谈了这次考察工作中全组及个人的收获与存在的问题。

6 月 30 日，程裕淇到达四川宝兴县城，在那里听了中国地质科学院地质研究所地层古生物室项礼文汇报川西科研队的工作和存在的问题。之后由项礼文等陪同去羊村和摩登以南进行地质考察，初步肯定该地段相当于金汤中酸性火山岩系的片岩和千枚岩。他们又去中坝灵关采集中泥盆世化石，研究红色花岗岩与二叠纪石灰岩的接触关系，并与项礼文、伍家善交换了工作意见。7 月 7 日返回西昌。

程裕淇回到西昌后与中国地质科学院的习东光、于志鸿一起，积极为铁矿座谈会做准备。当月 10—17 日，他主持召开了西昌地区铁矿研究队经验交流座谈会，各单位先谈工作经验，后讨论工作安排与存在的问题。他在会上也做了发言，分别与有关研究队商议下阶段的工作安排与会议纪要。

那时候的交通条件和工作条件要比现在艰苦得多，即便是副院长去检查工作也要和大家一起住帐篷，一起爬山。于志鸿在回忆起这段经历时写道：

> 程先生带了自己的睡袋和饭盒，与研究人员吃住都在一起，一起上山，仔细观察地质现象，不时地和大家交换看法。几天后又北上去看外围的冕山朝王坪矿点，该地山高谷深，十分荒凉，夜间风雨交加，雷电中帐篷呼啦啦地摇荡。次日，又步行一个多小时到拉克乡踏勘。途中程先生不小心踩进水沟，他把弄湿的高腰厚袜子套在铁锤把上举过头顶，让它在风吹日晒中快干，远远看去好像行列中的一面旗子，绘出一幅十足的山野地质图画。

这些充分体现出地质人以献身地质事业为荣、以找矿立功为荣、以艰苦奋斗为荣的“三光荣”精神和乐观主义精神。

1965年，中国地质科学院的一些同志在西昌地区下放劳动，在考察期间，程裕淇与一些下放劳动的同志座谈，听取他们的汇报，并了解了他们工作、生活中的困难，鼓励他们在劳动锻炼的同时不要忘记地质专业，在给中国地质科学院铁矿队人员和地质队做地质报告时也邀请他们参加，体现了一位领导对下放劳动锻炼人员的关心和爱护。

7月下旬程裕淇返回北京处理一些事情，9月初又赶到山东泰安参加1∶5万泰安幅的验收会，与有关人员讨论问题，并做关于混合岩方面的报告。9月中旬，程裕淇乘飞机到成都，再到丹巴的四川省402地质队，与中国地质科学院川西科研队的李廷栋、刘国惠及402队的陈晏平一同考察丹巴云母矿区，在东谷、甘地、马年邦等地考察地质、矿脉和岩体，并采集岩石绝对年龄样品。在这里，他又向科研队和地质人员做了相关报告，解答有关问题。

9月底，程裕淇再次返回西昌。10月的大部分时间他都在西昌地区检查工作，先后听取了西南地质科学研究所科研队汇报泸沽地区工作、华北地质科学研究所科研队汇报毛姑坝和矿山梁子地区工作、中国地质科学院科研队和四川省109地质队汇报大顶山地区工作。程裕淇听了、看了他们的报告、图件和薄片、岩心后，又赶赴泸沽、太和等矿区考察地质情况，与那里的所内人员座谈、交换意见，并给他们做了报告，主要谈泸沽地区铁矿山矿床的某些特征及对该区综合研究工作与其规划之意见。到了下旬，他乘飞机返回成都，与四川省地质局李凤五局长、王朝钧总工畅谈工作情况及科研队成绩。然后乘火车到西安，在西北地质科学研究所宋叔和所长陪同下参观了该所岩矿室、化验室、古生物地层室，其后又参观了西安市碑林、大雁塔等名胜。可以说，程裕淇于1965年到川西的两次考察，是“文化大革命”前程裕淇最后两次野外考察和工作。

在川西地区检查考察工作时，程裕淇主要是检查中国地质科学院所属铁矿队的工作，同时也应邀到四川省地质局所属的几个地质队（109地质队、205地质队和403地质队等）做有关变质岩研究、地质工作中的一些问题的报告，报告后同地质人员座谈，耐心回答有关问题。在谈到野外工作与室内研究相结合的重要性时，他说：一个地质队发现了鞍山式铁矿，野外观察到样品中含有较多角闪石，但没有进一步研究，就按一般矿床取样送化验，发现全铁含量34%，达到工业品位，就按矿床继续工作。但实际情况是，全铁中有12%—14%来自角闪石，而矿石中可以分选的铁只有20%—22%，这样的品位工业意义就不大了。由于没有进行认真的室内分析，造成了不应有的损失。他就是通过这样的实例来说明野外工作与室内研究相结合的重要性。在回答如何识别层理与片理的问题时，程裕淇以自己的工作为例说明野外详细观察的重要性。他说：1934年他在湖南沅陵柳林汊工作，由于缺乏细致的调查研究，把一组发育良好的破劈理误当作层理。1941年再次到该地区工作时，经过细心观察才找到真正的原始层理，才比较正确地了解了有关的地层构造现象，找到了控制成矿的构造。当时程裕淇已是中国科学院学部委员（院士）、地质部技术司总工程师、中国地质科学院副院长，能够修正自己的错误观察，这种实事求是的态度给参加会议的人员留下了深刻印象。后来，四川省地质局的随行人员把程裕淇报告后的回答和座谈有关内容整理成《谈地质工作中的一些方法问题》一文，刊发在《西南地质科技情报》1965年第3期上。

九、“四清”运动，经受锻炼

1966年2月，程裕淇同中国地质科学院“四清”工作队一同前往河北省张家口地区赤城县样田人民公社开展“四清”运动，工作组先在赤城县集中学习，主要学习《农村社会主义教育运动中目前提出的一些问题》（即“二十三条”），以及毛主席的《关于领导方法的若干问题》《为人民服务》，等等。通过学习提高思想觉悟，了解农村的形势，“四清”运动的性质、工作内容、工作程序和运动目的，掌握农村工作的方法以及如何发动群众，等等，为开展“四清”运动打好思想基础。

经过近一个月的集中学习，2月底进行了下村编组，程裕淇被分在样田大队，主要参加5队和6队的工作。刚进驻村里，程裕淇等走门串户，了解村里的人员情况，还和社员一起参加生产劳动，召开社员大会宣讲《农村社会主义教育运动中目前提出的一些问题》等，还召开不同类型的座谈会，并对生产队的账目进行检查。紧张工作近一个月后，他感觉身体不适，经常低烧、头痛，在“四清”分团随队医生建议下到赤城县医院进行检查，结果发现白细胞是正常值的两倍左右，在医院打了两天针后回到村里，仍和同志们一起进行查账。3月31日分团召开“四清”队员的整训会，检查和总结前一阶段的工作。分团领导孟继声听说程裕淇身体不舒服，问他是否需要回京检查，程裕淇说还可坚持，不用回京检查。几天后他的身体还是不舒服，这样才在分团随队医生陪同下到张家口市医院进行检查。检查结果为阑尾炎，需要打针消炎，这样他才在张家口打针吃药，恢复身体。在这期间，他还到位于张家口的河北省第三地质队借阅龙关幅地质图认真研看，重点是了解龙关一带出露的宣龙式铁矿的有关情况。即使在这样的环境下，还时刻惦记着铁矿的情况，反映了程裕淇对国家需要孜孜以求的精神。再次回到样田大队后，他继续参加"四清"运动，同时还参加了队里的生产劳动。

1966年6月，"四清"运动匆匆收场。7月下旬，中国地质科学院在赤城参加"四清"工作的所有人员返回北京，完全不知道将面临怎样的命运。

从1949年中华人民共和国成立到"文化大革命"前的17年，程裕淇经历了一生中最大的转变，即从科学救国到主动融入社会主义建设的转变是一个潜移默化、长期的过程，从人民解放军进入南京的直观认识，到未洗征程将军的殷切希望，到中华人民共和国成立初期国家对恢复国民经济的决心，到热火朝天的社会主义建设，到1962年国家领导人为知识分子"脱帽加冕"，这一系列的历史事实逐渐使程裕淇实现了思想的转变。这种转变激发了程裕淇的热情和才干，把自己融入社会主义建设事业和我国地质事业之中。比如在中华人民共和国成立初期，国民经济恢复需要探明大量矿产资源，他在弓长岭、大冶为寻找国家急需的铁矿呕心沥血，为国民经济恢复做出了重要贡献；为尽快摸清"家底"，国家需要进行大规模区域地质调查时，他为深化全国的区域地质背景认识，不断发展了前寒武纪地质学的研究，打造了变质岩研究的精品，从此加快了区域地质调查工作。在此过程中，程裕淇对矿产的长期研究也奠定了矿床成矿系列概念及其理论的实践基础，为铺开全国的区域地质调查开拓了变质岩石学和前寒武纪地质学这一新领域。在这一重要的人生阶段，程裕淇从纯粹的学者转变成了学者型的管理者，在科技攻关和科技管理方面都获得了重要的提升。除此之外，他还不断为我国地质科学的长远发展规划、为加强基层队伍建设、为我国同位素实验室的建设不计个人利益而不断拼搏。

第四章　艰苦岁月，迎难而上
（1966—1976 年）

一、十年动乱，时光蹉跎

中共中央 1966 年 5 月召开政治局扩大会议，16 日，会议通过了《中国共产党中央委员会通知》，标志着“文化大革命”正式开始。十年“文化大革命”，造成人们思想的极大混乱，对经济建设带来了极大破坏，使国民经济到了崩溃的边缘。1981 年 6 月 27 日中国共产党第十一届中央委员会第六次全体会议通过《关于建国以来党的若干历史问题的决议》指出：这场运动“使党、国家和人民遭到建国以来最严重的挫折和损失”，并明确指出：历史已经判明，“文化大革命”是一场由领导者错误发动，被反革命集团利用，给党、国家和各族人民带来严重灾难的内乱。

中国地质科学院是知识分子集中的单位，有 1948 年就已是中央研究院院士的著名科学家，有从中央地质调查所走出来的老科学家，有 1955 年第一批中国科学院学部委员（院士），有 20 世纪 50 年代毕业的业务骨干，也有一批 20 世纪 60 年代从地质院校毕业的朝气蓬勃的青年科技人员。这样一个人才荟萃的科研单位与全国的高校和其他科研单位一样，在“文化大革命”一开始就成立了相互对立的红卫兵组织。一开始还相对平静，后来，有的红卫兵组织与北京地质学院的造反派串联到一起，在中国地质科学院掀起了运动“高潮”，让单位陷入一片混乱。他们在单位揪斗“走资派”、批斗“反动学术权威”，相互攻讦，争夺领导权；在外各处“串联”，到基层煽风点火，到处造反。单位的正常工作完全陷于瘫痪。

面对这样一场史无前例的运动，很多人感到十分迷茫困惑。程裕淇从参加“四清”运动的农村回到北京，看到动乱也感到迷茫和困惑。还没有从迷茫中走出来，他就被中国地质科学院的造反派戴上“反动学术权威”的帽子揪上台进行批斗，被关进学习班写材料交代问题，还被迫打扫卫生、清洗厕所，被剥夺了领导的权力和科研工作的权利。

1966年8月14日，中国科学院首批学部委员（院士）、地质科学的大师、矿床学巨匠、程裕淇长期共事的同事谢家荣先生因不堪造反派的凌辱而自杀谢世，这给程裕淇带来很大冲击，也让他更加困惑迷茫。但他深信这一切都是暂时的，社会不会停下前进的脚步，国家不能不发展工农业生产，不能不要教育和科学技术。在这段非常时期，自己既然一腔热血暂时报国无门，那就要保住革命最重要的本钱——身体，只要有健全的体魄，自己的聪明才智就一定有尽情发挥的时候。那时，不论是集中办学习班交代问题还是集中写材料，他都按自己的方式进行一些锻炼（走步、自我按摩）。

客观地说，在“文化大革命”期间，程裕淇受到的仅是冲击，而同为中国地质科学院副院长的谢家荣、黄汲清、孟宪民、孙云铸［程裕淇与这四位都是1955年中国科学院学部委员（院士）］等则受到了更多的虐待和摧残。他们都被多次抄家、戴高帽游街。其中，著名矿床学家孟宪民被刑讯逼供，受尽屈辱，1969年2月不甘屈辱，坠楼自尽。在“文化大革命”中，程裕淇受到的虐待相对较少，除了历史原因之外，应该还与个人性格有关。古希腊哲人赫拉克利特曾说，“一个人的性格就是他的命运”，不能完全说性格就是命运，但是在相同历史条件下个人性格往往会影响到一个人的命运。程裕淇的性格比较谨慎平和，所以平时说话都留有余地，为人处世谦和谨慎。特别是反右运动以后更是谨言慎行，无论在单位还是在地质界都很少得罪人，工作中也中规中矩，这样的性格使他在“文化大革命”中少受了不少罪。

没有工作权利，只有不断接受批判、不断检查、不断撰写交代材料，在这样的环境下程裕淇度过了“文化大革命”前三年的艰难时光。

二、太要铁矿，艰苦锻炼

1971年初，为了稳定局势，许多单位派驻了中国人民解放军毛泽东思想宣传队（军宣队），成立了“三结合”的革命委员会（指有军队代表、干部代表和群众代表参加的革命委员会，以下简称“革委会”）领导各单位的“文化大革命”运动。为“抓革命，促生产”，当时中国地质科学院革委会特地组建了以陈毓川为队长的铁矿队，在四川攀枝花外围的红格、秦岭等地区开展铁矿地质工作。1971年5月，经审查，驻中国地质科学院的军宣队宣布程裕淇获“解放”，可以参加地质业务工作，并分配他到陕西省太要参加秦岭地区的铁矿地质调查。

尽管当时对“文化大革命”有许多的不解和困惑，但是能进行秦岭地区地质考察，特别是他钟情的铁矿地质工作，还是感到非常高兴。此时接到任务后的他很快收拾好了行装，与中国地质科学院地质研究所的伍家善、罗镇宽、王富宝、朱志直等一起到达陕西省渭南市潼关县太要镇开展铁矿地质调查。

1958年大炼钢铁时，当地群众曾在太要山上找矿，采矿炼铁。1960年，西北冶金勘探公司普查一队在该地区做过普查找矿评价工作，1968年，航空测量大队在该地区进行了航空磁测工作，圈定了该地区磁异常范围。1970—1971年，陕西省地质局第六地质队等又在此完成了普查评价工作。为此，太要铁矿队的任务就是在已有工作基础上，确定矿体规模、成矿背景、是否具有工业价值，等等。

程裕淇的“反动学术权威”帽子刚被摘除并获得“解放”，格外珍惜这次野外地质工作的机会，在工作中始终以一位普通工作人员的身份要求自己。在近5个月的野外考察过程中，他虽年近六旬（实足59岁），但仍与组内年轻同事一样爬山，跑路线，进行地质观察，拉测绳，测剖面，观察钻孔岩心，描述探槽，采集样品，等等。到了炎热的三伏天，组内同志不让他爬山，劝他在室内整理资料，在镜下看薄片等，他却说：“我就是普通一员，不能搞特殊化。”组内年轻同志为他的健康和安全着想，专门开会集体讨论议决此事，他才被迫接受大家的决定。除了特别炎热的日子在室内进行总结外，其他时间仍然是和大家一起出野外。在室内工作时，他对同志们在业务上有求必应，耐心解答大家提出的各种问题，引导大家钻研矿区地质，不断总结矿区矿床特征。离队前，他指导该铁矿组完成了三份野外地质报告，分别是《太要铁矿区地层层序划分》《太要铁矿矿床特征及成矿条件》《含磁铁矿角闪质岩石的地质特征》。此后这三份报告直接交给了当地的陕西省地质局第六地质队，这对他们来说有非常重要的参考价值。他们于 9 月底结束了野外地质工作返回北京，在返京火车经过石家庄时，长子程学枢去车站迎接他，并告知林彪因叛逃出国已经折戟沉沙，坠机身亡，他听后深感震惊。

经过野外地质调查工作，程裕淇等初步认为，太要铁矿主要产于太古宙的太华群上部地层，有条带状铁矿和富磁铁矿角闪质岩石两种含铁建造，前一种类型个体小、数量多、分布散，矿物组成复杂、变化大、品位低；后一种类型数量多、规模较大，成分更加复杂、品位更低。他们得出的结论是：太要磁铁石英岩铁矿为一小型铁矿，工业意义不大。从太要回到北京后，程裕淇等对太要的工作进行了总结，和项目组一同撰写了《对于陕西潼关太要铁矿矿床特征的一些看法》一文。此后程裕淇总觉得从地质角度看，太要铁矿还有深入研究的必要，于 1985 年由张寿广陪同再度赴太要补采样品，进行了再研究，并于 1989 年和伍家善联合撰写了《陕西潼关附近太古宙变质铁建造中条带状铁矿层和富磁铁矿角闪质岩石》一文，后收录在《中国矿床学——纪念谢家荣诞辰 90 周年文集》中。

三、调研考察，再谋发展

1970 年地质部撤销，改设国家计划委员会地质总局（以下简称国家计委地质总局），组织领导全国的地质勘探事业。按照上级的有关要求，国家计委地质总局决定制定地质总局 1973—1980 年科技发展规划，为此委托中国地质科学院进行有关调研和起草地质总局 1973—1980 年科技发展规划。当时正处于“文化大革命”中期，基层地质队伍状态如何？生产工作中对于地质科技的需求如何？这些问题都不甚了解。根据中国地质科学院的要求，1972 年 9 月，程裕淇与陆春榕、陆兴根和项礼文到湖南、贵州和云南三省地质局及很多地质队进行实地调研，了解地质队伍建设、地质调查与勘探工作状况和对地质科技工作的需求，以便为编制地质科技发展规划提供依据。每到一个地质队，他们除和领导了解相关情况之外，还深入地质分队、勘探分队与地质人员座谈，了解“抓革命，促生产”、地质队伍建设情况、地质调查和地质勘探中的问题以及实际工作中对地质科技工作的需求，等等。从外地调研回来之后，程裕淇一行尽快撰写了调研报告。10月，程裕淇参加了国家计委地质总局科技组与中国地质科学院联合组成的规划编制小组，在讨论、起草、修改地质总局1973—1980年科技发展规划过程中发挥了重要作用，并做了筹备地质系统地质科技工作会议的各种事务性工作。通过这次调研，程裕淇对“文化大革命”中的地质队伍状况有了一定了解，同时对“抓革命，促生产”有了新的认识。他认为，抓革命是解决路线问题，促生产是解决发展生产力、解决人民生活问题的根本，所以一定要把促生产作为重要工作来抓。1973年3月底至4月，程裕淇出席国家计委地质总局科技组和中国地质科学院在河北省保定市召开的地质科技工作会议，传达贯彻了全国科技会议精神，详细讨论、修改了此前起草的国家计委地质总局1973—1980年科技发展规划，并谋划了新的发展。此前的调研和这次会议是在“文化大革命”期间极其困难的条件下进行的，为“文化大革命”后地质科技的发展做了基础性和恢复性工作。

1972年，中国地质科学院承担了国家科学技术委员会长江中下游宁芜地区火山岩铁铜矿床研究的科技攻关项目。为与国外有关矿床进行对比，中国地质科学院提出需要到罗马尼亚考察火山矿床并得到了国家计委地质总局的批准。由中国地质科学院副院长冯志爽为团长，程裕淇为副团长，陈毓川、向缉熙和闵志组成的考察团于1973年9月中旬前往罗马尼亚进行地质考察。罗马尼亚面积为24万平方千米，有较丰富的矿产资源，有储量位于欧洲前列的铜矿，有较丰富的煤矿，也有一些铁矿。在这期间，考察团重点调查了与火山作用有关的铜矿与铁矿。罗西亚-波埃尼（Rosia Poieni）地区铜矿发育，其铜储量占罗马尼亚铜矿总储量的60%，是考察的重点。同时，他们考察了一些规模较小的铜矿，还考察了几个铁矿山，罗马尼亚的铁矿通常矿体规模小、品位低（24%—35%），但是选矿条件和技术较好，可以选出较高品位的精矿粉，所以也参观了几个矿山的选矿厂。这次考察由陈毓川担任专业的俄文翻译，遇到罗方专家讲英语且讲得较好时，程裕淇就亲自担任翻译。除了矿山，他们还考察了与矿床有关的火山岩。在考察期间，程裕淇等详细考察了三期火山活动，形成三个火山岩层，而矿床产于火山岩层之间。程裕淇敏锐地认识到，与火山作用有关的矿床是有规律的，是成系统的，为以后提出矿床成矿系列增加了感性认识。通过这次野外考察，他对火山旋回的演化规律、成矿作用与火山旋回的相互关系、成矿元素及组合在时间上的阶段性演化和在空间上的规律性分布有了较深刻的认识，这对以后提出成矿系列概念产生了一定的影响。回国后，他们分工撰写了《罗马尼亚火山岩地区地质矿产概述》的考察报告。1974年8月，程裕淇出席了中国地质科学院在云南昆明召开的全国火山岩地区铁铜矿产工作经验交流会，陈毓川也出席了会议。在会上，他们介绍了在罗马尼亚考察火山岩地质矿产的主要成果。

1972年美国尼克松总统访华标志着自中华人民共和国成立后中美两国开始走向关系正常化，同时打开了中国科技界与欧美科技界交流的大门。为与世界典型的火山岩矿床进行对比，从中汲取有益经验，1974年9月，程裕淇再次率领地质考察团赴瑞典考察铁矿。基律纳（Kiruna）铁矿位于瑞典北博滕的罗萨湖东岸，距北极圈以北145千米的基律纳市（一座因矿山于1900年兴建的城市），是世界上最典型的火山岩型铁矿床，以产高品位铁矿石而著名（含铁率达70%）。程裕淇率领的考察团重点考察了基律纳铁矿，他们下采坑，钻矿硐（该矿因为长期开采当时已从露天开采转为地下坑道开采），详细了解了铁矿床产出的地质背景、矿床与火山演化的关系、矿体及围岩的蚀变特征、矿山的开发历史，等等。该铁矿产于元古宙（？）中偏基性火山岩中，尽管有一定的蚀变，但基本属于火山喷流型铁矿，是岩浆分异的产物。此外，代表团还参观了恩格尔斯堡铁矿工场（Engelsberg Ironworks）等地。恩格尔斯堡铁矿工场是17—18世纪全世界最著名的铁矿工场，也是当今世界保存最完好的中世纪铁矿工场，1993年联合国教科文组织将其作为文化遗产列入《世界遗产名录》。通过对该铁矿工场的考察，他们进一步了解了瑞典铁矿与火山活动及后期蚀变作用的关系，同时了解了瑞典铁矿开采的历史。此次回国后，以程裕淇为主撰写了《瑞典铁矿考察报告》。

1972—1974年，程裕淇等在国内的调研及地质科技规划的编写为“文化大革命”后地质科技的发展奠定了重要基础，对罗马尼亚和瑞典与火山作用有关矿床的考察，为今后矿床系列概念的提出做了有效的铺垫。

1974 年，在瑞典考察时在北极圈标志前留影（中为程裕淇）

四、潜心研究，成矿系列

1971 年程裕淇获得“解放”，尽管没有恢复领导职务，但可以潜心从事具体地质业务工作。没有领导职务，有了更多的时间回顾他 30 余年的地质经历，阅读更多的文献，思考一些自己感兴趣的重要地质问题。

1959 年为召开第一届全国地层会议，程裕淇等总结当时的地质资料撰写了《中国的前寒武系》一书。随着全国各地区大规模 1 : 20 万区域地质调查和各种专题研究的开展，在前寒武系研究方面积累了大量新资料。程裕淇认为，有必要利用这段时间根据研究进展对一些重点地区的前寒武系进行再次总结。于是，他与钟富道、苏咏军查阅了 1959—1972 年 13 年期间大量的 1 : 20 万区域地质调查资料和专题研究成果，特别是有关前寒武纪地层、岩石学、地质年代学（多为钾氩法年龄，少量为锆石 U-Pb 年龄）的新资料。在认真分析这些资料的基础上，他们一起在《地质学报》1973 年第 1 期上发表了《中国华北和东北地区的前震旦系》一文。该文对东北南部（吉林及辽宁）、山东地区、内蒙古和燕山地区、太行山—五台山—吕梁山地区及秦岭东段北坡和相邻地区的前寒武系进行了系统的分析，对 1959 年的《中国的前寒武系》一书的有关内容进行了修订或补充。

《中国华北和东北地区的前震旦系》一文在详细论述各个地区前寒武

系特征之后，提出了5点总结性意见。第一，华北与东北地区的前震旦系下部是厚度巨大、变质很深的最古老岩系，其区域变质时代不晚于23.5亿—25.5亿年。第二，最古老岩系以上，有些地方可见两套地层，下者为“五台群”及其相当地层，变质程度变化大，或变质中深或变质稍浅，在五台山地区其变质时代不晚于20.5亿年。其上为滹沱群及其相当地层，变质程度较浅或较轻微。在东北地区的南部，上面只见一套辽河群地层，厚度较大，变质中等或低等，其变质时代为18.5亿±0.5亿年，应属古元古代。第三，除了和不同变质地层同生的火山活动外，属于前震旦时代的岩浆活动范畴共有5期：24亿—25亿年、22.3亿±0.3亿年、20亿—21亿年、18亿—19亿年、17亿年。第四，前震旦系形成以后，在漫长的历史中，还在多方面受到不同的改造而产生相应的变化。这是在研究古老地层时值得注意的一个方面。第五，本区前震旦系在地层划分对比方面问题较多，需更好地在区域地质、同位素年龄、微体古植物等各方面进行综合研究才能很好地加以解决。

这篇论文是对1959年后13年地质调查和地质科研所取得资料的系统总结，是我国前寒武纪研究历史过程中的一篇重要文献。

从1939年在西康调查铁矿到20世纪50年代初的铁矿研究，铁矿研究始终是程裕淇的重要追求。只要有时间、有条件，他就翻阅与铁矿有关的文献，到有关铁矿产地进行调查。1971年后有了较充裕的时间，他对地质调查中有关铁矿及其背景的资料进行了认真阅读，广泛收集全国不同时代、不同成因铁矿的资料。在此基础上，程裕淇和赵一鸣、陆松年再次对这些资料进行了认真分析，并结合他们多年从事铁矿研究的实践经验，精心撰写了《我国几组重要铁矿类型》一文，于1976年发表在《地质科技》上。

他们在该文中提出了8种铁矿类型：与基性、基性-超基性岩浆侵入活动有关的岩浆晚期矿床、与中-酸性岩浆侵入活动有关的接触交代-热液型铁矿床、与中性（偏基性或偏酸性）钠质或偏钠质火山-侵入活动有关的铁矿床、浅海相沉积铁矿床、海陆交替相及湖相沉积铁矿床、变质沉积铁矿床、风化淋滤及残积型铁矿床、一些多时期多因素形成的铁矿床。其中三个还分出了次一级的类型，以上这些是对我国铁矿类型进行的全面而又深入的总结。该文还对铁矿成因进行了分析，提出了8条意见和建议。

文中写道：

> 二十多年的地质工作，使我们了解到一定地区内的铁矿，往往虽主要形成于同一成矿期，并受相同主要地质作用的制约而产生的，但由于形成的具体地质环境的不同及其所反映的空间或时间上的一定的差别，实际上是形成条件有所不同而在区域成矿的发生发展上又有内在联系的一组铁矿类型，它们构成一个铁矿类型组，我们建议称它为一个成矿系列。

这是在正式文献中首次提出“成矿系列”的概念。在这篇文章发表之前，1975年6—7月程裕淇在长春、绥化、鞍山等地的几次报告会上，曾提出“类型组”“类型组合”“成矿地质体组合”等概念，后经反复比较，在文中基本采用了“类型组合”的概念。之后听取了陶惠亮的建议，进一步修改完善“类型组合”概念，并采用了“成矿系列”概念。由此看出，成矿系列概念在多年铁矿研究的基础上经历了不断完善的过程。该文的“后记”中指出，应该把成矿系列应用于铁矿的普查找矿方向的分析研究中。

从中国地质科学开始创立到发展至此，该文首次提出了成矿系列的概念，可以说成矿系列的提出是程裕淇几十年从事铁矿地质工作的系统总结，是在中华人民共和国成立后铁矿找矿勘探工作总结基础上的理论升华。虽然该文只提出了铁矿的成矿系列，但是后经程裕淇不断补充与完善，最终形成了全面系统的成矿系列理论。这是我国独创的区域成矿理论，被人们称为“国产的原创性区域成矿理论”。

在“文化大革命”十年中，程裕淇尽管受到了一些冲击，但依然参加了地质考察，了解了基层情况，并坚定认为“抓革命，促生产”是第一要务，社会要进步、经济要发展、人民生活要改善，科研和生产始终不能放松。在当时那种困境中，他还潜心研究，系统整理前寒武纪资料，进一步完善前寒武纪地质的研究。考察国外的典型矿床，在综合分析的基础上提出了成矿系列的概念。同时，通过对基层队伍状况和科技工作发展的调研，积极参与了国家计委地质总局1973—1980年科技发展规划的制定，为后续工作开展奠定了坚实的基础。

第五章　立足全局，改革发展（1977—1995年）

一、拨乱反正，勇挑重担

1976年10月粉碎“四人帮”标志着“文化大革命”的结束，“文化大革命”时期极左的路线、方针、政策都受到了批判、纠正和摒弃。1977年邓小平同志恢复工作后，首先从教育、科学技术工作入手，当年即恢复了高等学校招生考试。1978年初又宣布恢复研究生制度，各行各业呈现出一派大好形势。1978年12月18—22日，中国共产党第十一届中央委员会第三次全体会议在北京召开，决定今后党的工作重点是“以经济建设为中心”，正式吹响了改革开放的号角，一个崭新的时代开始了。1978年3月，全国科学大会在北京召开，宣告科学的春天的到来。程裕淇出席了这次会议，由他牵头编著的《变质岩的一些基本问题和工作方法》一书在大会上获得奖励，他因此受到极大的鼓舞。

1979年7月27日，中国地质科学院科技处党支部通过了程裕淇由陆春榕、苗培实为介绍人的入党申请，光荣地成为中国共产党预备党员。成为中国共产党预备党员后，程裕淇严格要求自己，1980年4月向党组织提交了思想汇报——《9个月来预备党员生活的体会》，并向所在党支部汇报了9个月来的工作和思想体会。经过一年的考察，1980年8月20日，中国地质科学院科技处党支部专门讨论他的预备党员转正问题，结果是一致同意予以通过，从而实现了他长久的追求。程裕淇从中华人民共和国成立前对中国共产党缺乏基本认识，到南京解放对中国共产党有了直观认识，社会主义建设取得的巨大成就使他加深了对中国共产党的认识，经历“文化大革命”后他体会到了中国共产党的自我完善、自我改革的决心和能力，由此表达了对党的信仰从无到有，而且越来越强烈了。通过自己的亲身经历，程裕淇深刻认识到只有中国共产党才能救中国，只有中国共产党才能领导人民过上幸福的生活。通过长期的实践，程裕淇完成了从科学救国到只有中国共产党才能救中国的思想转变，完成了从认识中国共产党到坚决跟党走的思想转变。

1979 年 11 月 24 日，中央决定撤销原国家计委地质总局，恢复地质部，任命孙大光为部长，程裕淇等被任命为副部长，程裕淇重点负责地质找矿和科技工作。这样，他就经常参加部长会议，参与各种行政事务的管理。同年，他还与孙大光部长一同赴甘肃、青海、新疆视察工作，考察选拔干部。

根据职能调整的需要，1982 年地质部更名为地质矿产部。为了领导班子的年轻化，组织上让年已七旬的程裕淇改任地质矿产部总工程师，仍负责地质找矿和科技方面的工作，同时兼任地质矿产部科学技术委员会副主任，1985 年又任部科学技术委员会顾问委员会主任。

自从走上副部级领导岗位，程裕淇肩上的担子更重了，承担的责任更大了，手上的工作更繁重了，格局也更开阔了。在承担繁重的日常行政管理工作的同时，他还有很多社会职务。1979 年程裕淇任中国国际地球科学计划（International Geoscience Correlation Program，IGCP）全国委员会主任。1980 年 7 月 3—30 日，出席在法国巴黎举行的第 26 届国际地质大会，任中国代表团副团长。1979 年任国家第一届发明奖励评审委员会委员兼地质采矿组组长，1980 年任国家第一届自然科学奖励评审委员会委员。1979 年 3 月在北京举行的中国地质学会第四次全国会员代表大会上，黄汲清当选为理事长，程裕淇等 18 人当选为副理事长，他还兼任《地质学报》主编和《地质论评》编委会委员。1984 年 1 月程裕淇正式当选为中国地质学会第 33 届理事会理事长。1979 年 11 月下旬在北京出席第二届全国地层会议，程裕淇当选为第二届全国地层委员会副主任。1980 年，程裕淇任《中国大百科全书》编委会委员兼地质学卷编委会主任。1980年出席中国科学技术协会（简称中国科协）第二次全国代表大会，当选为中国科协第二届全国委员会委员。1986年6月23—27日，他出席中国科协第三次全国代表大会，当选为第三届全国委员会委员。1981年任国务院学位委员会地质学科评议员兼评议小组副组长、组长。1981年当选为中国科学院地学部常务委员兼地学部副主任。1983年任国际科学联合会岩石圈委员会（ICL）中国国家委员会执行主席。1985任全国自然科学名词审定委员会（后改称全国科学技术名词审定委员会）委员兼地质学名词审定委员会主任委员。1989年在我国著名科学家李四光100周年诞辰之际，由孙殿卿、王泽九、苗培实联合发起，经地质矿产部同意上报中央，经中宣部批准成立了由地质行业等部门共同捐资的李四光科学奖基金会和李四光地质科学奖委员会。李四光地质科学奖是我国地质行业的最高荣誉奖，每两年评奖一次，下设李四光地质科学奖野外奖、李四光地质科学奖科研奖、李四光地质科学奖教师奖、李四光地质科学奖荣誉奖。荣誉奖为了表彰奖励对我国地质事业有特殊贡献的健在的专家所设立，由奖励委员会提名并讨论通过后予以奖励，第一批获此殊荣的为程裕淇和王鸿祯。程裕淇任李四光地质科学奖委员会副主任，1989年任陈嘉庚科学奖基金会理事，1994年任何梁何利基金科学与技术奖评议委员会委员。面对这些繁杂的社会工作，程裕淇统筹合理安排时间，在做好本职工作的同时，认真完成社会工作，为促进地球科学的发展、地学人才的培养尽职尽责。这些工作，让他的时间更加紧凑、知识面更加拓展、统筹协调能力更强。尽管工作繁杂，但程裕淇始终全心全意努力工作。

在副部级领导岗位上，程裕淇处理各种政务、研究对外合作交流、参加各种会议等工作占了很多时间。但是他深知，好的政策和决策来源于实践，所以他非常重视对基层的考察和调研。1979—1982年，程裕淇先后到西藏、浙江、甘肃、青海、新疆、吉林、江西等地进行了调研考察。每次考察和调研，他不仅在地质局里听取汇报，更多时间是深入地质队、科研院所这些基层单位。例如在浙江调研时，在地质局里听取汇报后，他深入浙江省区域地质调查队和台州地质队及所属的基层分队，就队伍建设、工作安排等进行实地考察。在吉林调研时，他先后到吉林省地质研究所、吉林省地质局物探队、区域地质调查队、板石沟铁矿等基层单位深入了解基层地质队的队伍建设、区域地质调查进展和存在的问题、区域成矿规律、科技工作对地质调查和勘查工作的促进作用，等等。在江西考察时，他重点深入江西省区域地质调查队调研 1:5 万区域地质调查的规划、如何多快好省地开展 1:5 万区域地质调查，等等。通过大量调研，可以及时掌握基层地质队伍状况、工作开展情况及存在的问题，为全国地质工作部署和推进 1:5 万区域地质调查获取第一手资料。在调研过程中，程裕淇非常重视区域地质调查工作，了解了各地地质调查队 1:5 万区域地质调查工作的进展和存在的问题，为后续在全国开展大规模 1:5 万区域地质调查做了充分准备。

1980 年，程裕淇（右）在浙江黄岩进行野外考察

1981 年，程裕淇在吉林考察时用放大镜
认真观察岩石标本并认真记录

二、坚持开放，促进交流

程裕淇在任地质部副部长期间曾负责外事工作，通过“文化大革命”后几次出访，他深深感到，由于长期的封闭以及十年动乱造成的业务工作停顿和人才的断档，我国的地质研究水平已与先进国家有较大差距。为尽快改变这种状况，必须采取“请进来，走出去”的办法，通过广泛的交流和人才培养，尽快缩小差距。程裕淇把IGCP国际合作项目作为抓手，积极推进国际合作与交流。

IGCP是联合国教科文组织的自然科学计划之一，也是联合国系统唯一的国际地球科学发展计划。该计划由联合国教科文组织和国际地质科学联合会于1972年共同发起，并于1974年实施。IGCP共设五大科学主题，包括地球资源、全球变化和生命演化、地质灾害、水循环的地质科学、地球动力学。为加入IGCP，1978年国家计委地质总局组织有关专家出访德国和法国，进行了大量的沟通工作，并对一些矿山进行了考察，程裕淇也参加了这次考察。根据IGCP的组织管理要求，经外交部批准，中国国际地球科学计划全国委员会于1980年正式成立，它是我国与联合国教科文组织IGCP的对口机构，也是我国参加IGCP活动的领导机构，挂靠在地质部。IGCP项目通常是围绕一个科学问题，组织几个国家的科学家联合进行研究，通过这类项目，我国科学家可以走出国门与国际同行进行联合研究，也可以把国外顶级同行请到国内开展合作研究。我国学者通过IGCP的执行，可以紧密追踪国际地学前沿，开阔视野，从更高层次研究和对比中国、亚洲乃至世界的地质科学问题，更加接近世界先进水平。所以，程裕淇认为IGCP项目是解决“走出去，请进来”、促进我国地学领域快速发展的有效途径。

IGCP项目由某国科学家联合有关国家的科学家提出申请，由各国国家委员会汇总后提交给国际地球科学对比计划理事会审议，批准后才能获得资助执行，通过率通常在50%左右。程裕淇在担任IGCP全国委员会主席期间，非常重视项目的申请和执行。1988年他多次与董申保、沈其韩商谈申请IGCP变质岩有关项目一事，从项目的题目到人员组成、从研究内容到技术路线都进行了详细的讨论。文本提交后，他写信给东亚各国

1978年，程裕淇（中）出访法国时考察铅锌矿

IGCP全国委员会主席，征求新提出的IGCP东亚变质作用项目意见。最后“东南亚前寒武纪变质作用项目”（IGCP 285）终于获得批准。1988年9月，程裕淇在天津参加IGCP东北亚第一次会议，会议由IGCP组织执行局委员业治铮教授主持，程裕淇及地矿部副部长张宏仁、天津市副市长李振东、IGCP地学部秘书杜迪契（Endre Dudich）先后发言。杜迪契与中国、日本、韩国、泰国、苏联、越南代表报告了各自的IGCP工作情况，后由IGCP各项目组报告工作情况。大会讨论了4个新申请项目，在此之前程裕淇已认真阅读了4个新申请题目的建议书，并进行了认真修改。同时，会下他与杜迪契进行了坦诚的沟通，促成了这些项目的通过。1989年，哈帕尔斯（I. Haapals）提出“环斑花岗岩及相关岩石”的IGCP项目，其中有中国学者［中国地质大学（北京）的池际尚教授］参加，主要研究密云的环斑花岗岩。哈帕尔斯给程裕淇写信希望他给予支持，程裕淇了解情况后，对该项目给予了大力支持。由于程裕淇的不懈努力，中国学者参加的IGCP项目逐年增加。据IGCP的统计资料，1989年中国参加的IGCP项目为23项，在世界排名第五位；1990年已达32项（其中11项为项目国际负责人或副负责人），排名跃居世界第二位。简单的增长数字凝聚了程裕淇大量的心血。

要获得更多的IGCP项目，必须在IGCP组织拥有更多的话语权。全国委员会推荐人选必须从全国角度出发，为此，程裕淇多次与各部门、各方面、各单位协商，推荐IGCP科学委员会和IGCP执行局的中方人选。

一度，我国在IGCP执行局有数位代表，在科学委员会也有我国成员，这些背后都有程裕淇默默的付出。此外，他还组织全国委员会会议，参加由我国负责或参加的一些IGCP项目在我国召开的交流会，先后参加了IGCP磷矿会议、IGCP 203项目工作会议、IGCP 199项目第二次学术讨论会、IGCP 217项目“元古代活动带地球化学及成矿作用”讨论会、IGCP 224项目国际讨论会、IGCP 280项目“世界最老岩石”的学术讨论会，等等。在一些会议前，他与项目负责人就会议的日程、接待、野外考察等进行讨论，敦促落实。在此期间，程裕淇撰写修改全国委员会向IGCP执行局提交的年度工作报告，有时工作人员起草了中文的年度报告，他亲自翻译成英文。为宣传一些IGCP项目取得的成果，程裕淇推荐项目成果在国际刊物上发表，1988年，他与IGCP 224项目中方负责人一起商量在国际刊物上出版专辑，并给《东南亚地质》（《亚洲地球科学》的前身）主编写信推荐该项目的研究成果，还撰写了前言。程裕淇在担任IGCP全国委员会主席期间，为我国参加IGCP的国际合作做了大量工作，特别是在20世纪80年代后期，他把相当多的时间和精力投入该项工作中，促进了我国地学界的国际合作交流，提高了我国的地学研究水平。

IGCP项目的组织实施，造就了一大批具有国际视野的战略科学家和造诣深厚的学术大家。几乎所有知名的中国地学家都领导或参与了国际地球科学对比计划项目，包括杨遵仪院士、张宗祜院士、孙枢院士、袁道先院士、殷鸿福院士、裴荣富院士、任纪舜院士等。同时，参与IGCP项目，还帮助我国大批中青年地球科学家走向世界，成为学科带头人。IGCP是我国地学国际合作活动中持续时间最长、规模最大、成效最显著的国际科技合作活动之一，已成为中国地质学家了解国际地学前沿的桥梁，也是国际地学界了解中国地学发展的窗口。

程裕淇为推动我国的地学国际合作，始终把参加国际地质大会作为一个重要内容。第一届国际地质大会于1878年在法国巴黎召开，成立了国际地质科学联合会，以后每隔4年左右召开一次大会，是国际地学界的奥林匹克盛会，是各国地质学家进行学术交流的舞台。国际地质科学联合会是非政府、非政治、非营利性的国际学术组织，1961年后隶属联合国教科文组织。

1922年在比利时首都布鲁塞尔召开的第13届国际地质大会，我国只有翁文灏一人出席，一直到1948年在英国伦敦召开的第18届国际地质大会，虽均有我国地质学家参加，但都是寥寥数人。根据国际地质大会章程，一个国家只能有一个全国性学术组织代表参加。1971年中国恢复联合国合法席位，本应恢复我国在国际地质大会的合法席位，我国也做好了参加1972年第24届国际地质大会的准备，但第24届国际地质大会主办方加拿大并未邀请我国。后经多方工作，1976年在澳大利亚悉尼召开第25届国际地质大会和国际地质科学联合会第5届理事会，会议通过了恢复我国地质学会的合法席位。中国地质学会立即组成以代理事长许杰为团长、叶锋为副团长的代表团于22日赴悉尼参加大会。从那以后，我国都组团参加了国际地质大会，国际地质大会成了向世界展示我国地学领域研究成果的舞台，也是我国地学研究人员了解世界地学研究前沿的窗口。

我国代表团是中途才参加第25届世界地质大会的，为了筹备参加这次大会，1975年国家地质总局成立了以许杰为负责人的第25届国际地质大会论文筹备处，分为地质、岩矿、水工环、方法技术四个小组，程裕淇为岩矿小组的指导专家，负责岩矿小组论文征集工作。参加论文征集工作的常印佛院士曾回忆道：

> 征集来的关于岩矿领域的论文，差不多每一篇都要经过他（指程裕淇）过目，他都一丝不苟地认真审阅，提出中肯的修改意见。有些文章中关于复杂地质过程及与之有关的一些概念的阐述，有时词不达意，程先生都能找到最贴切的词句加以表达，这不仅是文字功底的深厚宽广，更重要的是思维逻辑的深刻严密。

尽管这些论文很多没能在第25届国际地质大会上宣读，但程裕淇始终希望我国科学家能以最出色的成果、最好的状态、最贴切的语言向世界展示我国的地学成果。

1980年第26届国际地质大会召开之前，身为地质部副部长、中国地质学会副理事长的程裕淇，多次听取了关于参加这次地质大会的准备工作汇报，审阅了中国代表团参展的有关内容，并提出了一些修改建议。程裕淇还参加代表团矿床组、构造组论文预讲会，认真听取每篇论文的预讲，听后对一些论文的内容以及英文表达等提出意见或建议，使我国代表团的展台和会议宣读的论文以最好的状态展现在国际舞台上。1980年7月3—

30日，程裕淇出席在法国巴黎召开的第26届国际地质大会，任中国代表团副团长（团长是中国地质学会理事长黄汲清）。会议期间，程裕淇作为中国首席代表率4人参加了国际地质科学联合会第六届理事会会议。大会后的地质旅行期间，他与王泽九等前往英伦三岛西北方赫布里底群岛考察了第三纪火山岩。回国以后，他于8月2—5日出席了第26届国际地质大会中国代表团全体人员总结大会，讨论总结报告的编写和国外地质发展趋势及差距等问题。第26届国际地质大会中国代表团主要成员向地质部汇报此次会议情况，程裕淇做了主要发言。

1980年，程裕淇（左）与王泽九出席第26届国际地质大会期间在英国进行地质考察

1983年，我国地质界为即将召开的第27届国际地质大会积极做准备，程裕淇参加了多次筹备会。12月24日，他参加评审在第27届国际地质大会上放映的科教影片（中法合作喜马拉雅山考察、李四光及第四纪冰川、任丘古潜山油田等），对如何更加突出主题、改进影片效果等提出了修改意见和建议。他还出席了地质矿产部系统参加第27届国际地质大会论文审查小组会和论文摘要审查会及论文预讲会，对一些论文的内容和表达发表了中肯的修改意见与建议。1984年8月1—14日，程裕淇随中国代表团出席在俄罗斯莫斯科召开的第27届国际地质大会，任中国代表团副团长（地质矿产部部长朱训任团长），听了大会报告，在矿床、岩石两个专题会上听了报告，并在专题会上宣读了题为“中国前寒武纪成矿的某些特征”的学术论文。大会期间，程裕淇还出席了国际地质科学联合会理事会，任中国首席代表（通过章程修改原则，以及新会员、新执行局委员、新选举委员名单）。在此后的几届国际地质大会的筹备过程中，程裕淇都在为提高我国地质领域的展台、影视和论文的水平默默做了大量工作。

1984 年 8 月，程裕淇（左）参加第 27 届国际地质大会期间
在乌克兰野外考察，用显微镜观察样品

国际学术交流的舞台也不平静，为维护国家声誉和国家尊严，程裕淇在各种场合都坚持一个中国的原则，坚持台湾是中国不可分割的一部分。在第 28 届国际地质大会召开前的 1988 年，某位获得过诺贝尔奖的美籍华人曾致信我国有关部门，希望中国台湾地区能加入国际地质科学联合会。与有关领导协商后，程裕淇给国际地质科学联合会有关部门写信，阐明了一个中国的严正立场。同年 9 月，时任国际地质科学联合会主席的德国地质学家赛博尔德（Seibold）和巴西地质学家科尔丹尼（Cordani）等在天津参加 IGCP 217 项目讨论会期间，向我方提出关于中国台湾地区加入国际地质科学联合会一事。回京后，程裕淇立即向领导汇报请示，之后与张炳熹、许宝文、张之一、李廷栋等商量如何具体回答赛博尔德等人的问题，后由他出面会见了赛博尔德和科尔丹尼，向他们阐述了一个中国的原则和立场，并提出了中国台湾地区可能加入国际地质科学联合会的途径、方式等，从而维护了我国的尊严。

1989 年在美国华盛顿召开的第 28 届国际地质大会上，我国再次提出主办第 30 届国际地质大会的申请，大会讨论决定，同意第 29 届国际地质大会在日本举行，基本确定第 30 届国际地质大会于 1996 年在中国召开（待第 29 届国际地质大会时给以确认）。1991 年 7 月 22 日，程裕淇收到日本第 29 届国际地质大会主席佐藤的来信，得知保加利亚提出申办第 30

届国际地质大会。收到信后他立即与朱训、王大雄等商量处置意见。最后由程裕淇出面给佐藤回信，并致信国际地质大会指导委员会，在信中首先说明，第30届国际地质大会在北京召开是第28届国际地质大会时会议基本确定的，另外，强调了中国政府主办第30届国际地质大会的决心和信心，以及大会各项组织、筹备工作进展情况等，让国际地质大会指导委员会相信中国政府有能力组织好第30届国际地质大会。1992年第29届国际地质大会在日本东京举行，会前程裕淇和赵逊帮助起草与修改朱训团长申请举办第30届国际地质大会的发言稿，回顾了第28届国际地质大会决议第29届国际地质大会在日本东京举办、第30届国际地质大会在北京召开的经过，详细介绍了几年来我国所做的精心准备，介绍了几条经典的考察路线，得到了各国地质学家的认可和称赞。经过不懈努力，第30届国际地质大会于1996年在北京顺利召开。

为组织好第30届国际地质大会，自1993年开始程裕淇多次参加第30届国际地质大会中国学术计划讨论会、第30届国际地质大会筹备委员会会议、第30届国际地质大会组织委员会会议等，拟定第30届国际地质大会期间的国际学术组织活动，审查第30届国际地质大会上拟展览的中国图件，等等。在第30届国际地质大会上，程裕淇有两个学术报告，分别为《平山阜平群变质岩深熔作用》《山东雁翎关组科马提岩》，为做好这两个报告，会前他两次试讲，听取有关人员的意见和建议。

1980年的第26届到1996年的第30届国际地质大会，程裕淇连续参加了5届，前4届他都是作为副团长身份出席的，同时是国际地质科学联合会理事会的中国首席代表，对学术外交做出了重大贡献。通过参加5届国际地质大会，我国一批地质学家走上了国际地学舞台，一大批成果在国际上绽放异彩。在这背后，他做了大量的组织、协调、沟通工作，达到了国际合作交流的目的，同时维护了我国的尊严。

程裕淇在担任地质部副部长、地质矿产部总工程师期间，在坚持开放促进国际合作交流方面，除抓好IGCP和国际地质大会之外，还组织协调国际科学联合会岩石圈委员会的国际岩石圈计划项目。1983年，程裕淇任国际岩石圈委员会中国国家委员会执行主席。当年7月1日，他出席了中国科协召开的国际岩石圈全国委员会执行主席会议。1988年1月12—13日，程裕淇主持了国际岩石圈委员会全国委员会的扩大会议，8月30

日—9月1日，在德国柏林参加了大陆科学钻探国际讨论大会。回国之后，他和张良弼、刘广志、赵文津等合作撰写了《加强重大地学基础性研究 推动我国大陆科学钻探——参加国际大陆科学钻探会议暨管理者会议的收获》一文，对我国开展大陆科学钻探提出了7点建议和清晰的时间表，积极推动我国大陆科学钻探项目的立项和实施。程裕淇还积极推进国际岩石圈计划ILPIII-6项目“碰撞造山带的超高压变质作用及地球动力学”的立项和组织实施，这个项目的实施，使我国超高压变质带的研究成为当时地学研究领域的热点，一批青年才俊在超高压变质带研究领域走到世界前列。

程裕淇还积极推动中法在喜马拉雅山的合作研究。1979年10月11日，地质部、国家科学技术委员会、外交部以地科〔1979〕913号发文“关于中法合作开展喜马拉雅山地质研究项目的请示”，经国务院批准，由程裕淇和G.奥贝尔（G. Aubert）分别代表中法双方签字。程裕淇作为中法喜马拉雅合作领导小组组长，多次组织领导小组会议，研究中法双方合作研究的方式、研究的主要内容、人员组成、与地方政府的沟通等问题，积极推进中法合作项目。中法合作对喜马拉雅的研究是开放后政府间双边大规模的科技合作，通过合作引进了先进的理论及探测技术，培养了人才（如李廷栋、肖序常、常承法、赵文津、许志琴等），使青藏地区的地质研究提升到一个崭新的水平，成为国际地学研究的前沿和热点。

1979年，程裕淇在西藏考察

在抓好地质科技领域的合作之外，程裕淇也在考虑如何通过国际合作提升我国地质调查的水平。1983年，他出席了在北京召开的国际前寒武纪地壳演化讨论会，并做了《华北陆台前寒武纪基底的某些地质和地化特征及其演化》的学术报告。会后中外前寒武纪地质学家到冀东地区野外考察，在一些露头，外方专家一致认为是岩浆成因的英云闪长岩-奥长花岗岩-花岗闪长岩（TTG）片麻岩，而我方提供的地质图上则表示为变质地层，认识分歧很大，很难进行交流。程裕淇听到汇报后，认识到我国已完成的地质填图成果与国外同类型地区的成果有较大差距，特别是在高级变质岩地区，我们在区域地质调查理念、观念、技术方法方面与国际先进水平存在很大差距。于是，他在地质部的各种会议上积极推进区域地质调查新方法研究项目，1986年地质矿产部科技司主持的“1∶5 万区调填图新方法研究”终于被列为部重点科研项目。他作为该项目的总顾问，特别提出在一些地区，特别是高级变质岩地区，可以请一些外国地质专家和我国的区域地质调查人员一起开展工作，以尽快提高我国的区域地质调查水平。正是在程裕淇这一倡议下，“冀东中深变质区1∶5万区调方法研究”课题成立了由河北省地矿局区域地质测量队、长春地质学院构造教研室，以及英国皇家学会会员萨顿（Sarton）带队的英国地质调查局有关人员组成的联合调查队，混合编队开展试点填图。通过三年的合作填图，初步建立了在高级变质区采用构造-岩石法的填图原则和方法。在500平方千米的填图范围内建立了全新的填图单位，使图面大为改观。这样的结果也得到了程裕淇的肯定，他在为围绕该专题撰写的《高级变质岩区填图方法——冀东地区构造-岩石法填图研究》一书作序时，把该专题研究的结果与过去1∶20万区域地质调查规范进行对比后指出：“从这个意义上讲，它的出版，在我国变质岩区调工作中的发展史上，具有里程碑的性质。”可以说，程裕淇所倡导的国际合作填图，一方面使我们在变质岩地区的地质调查快速与国际接轨，另一方面培养了一批具有国际视野的区域地质调查人员。

从改革开放之初到20世纪90年代，程裕淇通过抓IGCP项目、国际地质大会、国际岩石圈项目、中法喜马拉雅山合作研究项目及冀东高级变质岩区中英的联合填图等，积极促进了地质科技工作和地质工作的对外开放与交流，搭建了“请进来，走出去”的桥梁，迅速扭转了因“文化大革命”造成的地质科技落后的状态，通过国际合作培养了一批具有国际视野的中青年科技人才，为实现地质强国梦做了扎扎实实的基础性工作。

三、做好工作，服务社会

从改革开放初期到20世纪90年代，程裕淇担任许多重要的社会职务，他没有把这些工作当成负担，而是认为这是服务社会、回馈社会的机会，总是脚踏实地地做好这些工作。

程裕淇是1955年首批中国科学院学部委员（院士）。“文化大革命”开始不久，许多学部委员被作为“反动学术权威”批斗，不少人惨遭迫害致死，学部委员的称号名存实亡。1979年1月，经中共中央同意，学部恢复活动，学部的原有职权也很快得到恢复。此时，原有的科学技术方面的学部委员已从172人减员为117人，平均年龄达73岁。1957年地学部总共有27位学部委员，当时健在者仅11人，约占原有总数的40%。因此，增补学部委员，以充实和健全学部机构成为当务之急。1980年正式启动了“文化大革命”后第一次学部委员增选工作，为做好增选工作，程裕淇认真阅读每位申报人的材料，并与有关学部委员沟通，最终64人当选为地学部学部委员。1981年程裕淇当选为地学部副主任，为地学部的发展尽心尽力。

1979年，程裕淇任国家第一届发明奖励评审委员会委员兼地质采矿组组长，1980年又任国家第一届自然科学奖励评审委员会委员。在这两项任期内，他十分关心地质部在大庆油田发现、开发中的贡献进而申请国家科学技术奖的问题。地质部和石油部为大庆油田的发现、开发都做出了重要的贡献，但是涉及部门利益，许多问题需要协调，地质部内部的不同认识也需要协调。作为自然科学奖励评审委员会委员，程裕淇多次与张同钰副部长、塞风副部长、夏国治副部长商谈与石油部共同申报国家自然科学奖一等奖的有关问题，之后又与黄汲清、孟继声等人了解当年的有关情况。经过多次沟通后，确定以“大庆油田发现过程中的地球科学工作”为题申报国家自然科学奖一等奖。此后，程裕淇还与武衡、钱三强等著名科学家商谈大庆油田科技成果请奖问题。1982年6月，他多次去中国科学院地学部、国家科学技术委员会成果局就大庆油田科技成果请奖问题交换意见。7月初，他参加了地质部讨论大庆油田科技成果奖的获奖人名单与排序会议，并根据了解的情况发表了看法。月中，程裕淇参加了国家自然科学奖励委员会的评审会议。先由科技部对评奖项目情况进行了说明，然后分组进行评审，他在分组评审时介绍了有关情况。最终122项获奖项目中，地学方面有两个一等奖，分别是“大庆油田发现过程中的地球科学工作”“中国地质图类及亚洲地质图”。这两个项目的获奖是20世纪50年代中后期广大地质科技工作者奋斗的结果，代表了当时的地质科技发展水平，获得国家奖励是实至名归。

1982年国家自然科学奖一等奖《中国地质图类及亚洲地质图》
部分获奖作者于1991年春节前合影，前排右起：王鸿祯、程裕淇、
郭文魁、楚旭春，后排：李廷栋（右）、耿树方（左）

1988年3月初，程裕淇参加自然科学奖励委员会会议，对申报的各学科一、二、三、四等奖项目进行评审，他在分组会上分别介绍了陈正、李春昱、彭志忠、徐克勤、欧阳自远等申报的二等奖项目和张秋生申报的四等奖项目的有关情况，最后投票通过。程裕淇就是这样为其他人项目的获奖在默默地工作。

1989年，程裕淇任李四光地质科学奖委员会副主任。9月28—29日，他参加了该委员会会议，先后由教师奖、野外奖、科研奖三个评奖小组汇报，后阅读有关资料，进行讨论和投票通过获奖人员。10月25日，程裕淇参加了第一届李四光地质科学奖获得者（14人）的见面会，鼓励获奖人员发扬李四光勇于探索的精神，再接再厉，再创佳绩。一直到 2001 年程裕淇生病，他一共参加了 7 届李四光地质科学奖的评审工作，为推举创新人才默默地工作。通过李四光地质科学奖的评审，一大批野外地质工作人员、地质科研人员和地质教育工作者获得奖励，从而激励他们不断努力，成为地质不同领域的带头人，不少人在获得李四光地质科学奖之后成为中国科学院院士。

1989 年，程裕淇担任陈嘉庚科学奖基金会理事，1994 年任何梁何利基金科学与技术奖评议委员会委员，多次参加陈嘉庚地球科学奖及何梁何利基金科学技术奖气象、地学、资源小组会的评审，还亲自修改黄汲清、王鸿祯等获奖人的事迹报道稿，为一批有成就的地学科学家获奖默默地工作。按照这两个奖励基金会的章程，基金会的评议委员不得请奖，程裕淇作为地学界的大师本来有机会获得陈嘉庚地球科学奖的，但是为了他人获奖自己却错失了机会。1998 年他卸任了何梁何利基金科学与技术奖评议委员会委员之后，才获得何梁何利基金科学技术奖。

1979 年 3 月，程裕淇在中国地质学会第四次全国会员代表大会上当选为副理事长，兼任《地质学报》主编。1984 年 1 月 28 日，程裕淇当选为中国地质学会第 33 届理事会理事长（至 1988 年 11 月）。在此期间，他为中国地质学会的发展做了大量工作，从学会的学术活动、专业委员会的设立、国际交流与合作、期刊出版到青少年的地学科普宣传等都认真研究，指定专人落实，安排得有条不紊。作为《地质学报》主编，他多次与编委就提高刊物质量座谈，对每期的稿件都认真审阅，尽管已是终审程序，他还认真修改、逐字校对，对于文中的图表也认真核对，一丝不苟，精益求精。由于平时工作忙碌，这些审稿与出版工作，他大都是利用晚上和节假日休息时间做的，几乎每天工作到深夜。

四、推进立法，保护资源

1953 年，程裕淇和黄汲清等一同参加了九三学社，常年担任九三学社地质部（后为地质矿产部）支社的负责人之一，1983 年担任九三学社第七届中央委员会常委。1964 年当选为中国人民政治协商会议第四届全国委员会委员。1978 年，他再次当选为中国人民政治协商会议全国委员会委员，在第六届和第七届全国政协期间任常务委员会委员。自从当选为全国政协委员后，程裕淇主动作为，积极做好参政议政、促进矿业立法、保护矿产资源等方面的工作。

矿产资源管理的法律制度，是在一定社会制度下，矿业生产力发展到一定阶段的产物。建立健全矿业法律制度是促进矿业发展、合理利用资源和保护环境的重要保障。我国有着悠久的矿业开发历史，但缺乏明确的法律制度。清代晚期，随着资本主义的萌芽和帝国主义的入侵，以及半封建、半殖民地矿业的出现，1898 年（清光绪二十四年）制定了《路矿章程二十二条》，标志着中国近代矿业立法的开端。1907 年，借鉴西方资本主义国家的矿业法而颁布实施的《大清矿务章程》是近代中国第一部矿业法。1914 年农商部参考外国的矿业法修订了《矿藏条例》，1930 年南京国民政府颁布了《中华民国矿业法》及其实施细则。但是由于帝国主义的入侵（特别是日本军国主义的入侵），这些法律不可能得到有效实施。中华人民共和国成立后，全国人民代表大会及其常务委员会根据《中华人民共和国宪法》开展了矿产资源的立法工作，中央人民政府高度重视矿产资源的法律保护。1951 年 4 月，中央人民政府政务院公布了《中华人民共和国矿业暂行条例》，该条例明确规定全国矿藏均为国有，同时规定金属矿产归口当时的中央人民政府重工业部管理，能源矿产归口当时的中央人民政府燃料工业部管理。1955 年重工业部和燃料工业部先后撤销，矿产资源管理和执行该条例的主体部门不清。1965 年 12 月国务院批转了地质部制定的《矿产资源保护试行条例》，该试行条例明确规定，矿产资源是社会主义建设的重要物质基础，保护和合理利用矿产资源是国家一项极为重要的技术经济政策。依然不足的是，该条例未明确执法主体部门。另外，由于该条例颁布不久即发生“文化大革命”，条例未能实施。不论是 1951 年颁布的《中华人民共和国矿业暂行条例》还是 1965 年国务院批转的《矿产资源保护试行条例》，都是在计划经济体制下制定的，均未得到有效的贯彻执行。以 1978 年中国共产党第十一届中央委员会第三次全体会议召开为标志，我国进入了改革开放的历史新时期，我国的经济体制正在从计划经济向市场经济转变，在市场经济条件下如何进行矿产资源的管理成为一个新的课题。

随着改革开放，矿产资源开发活动中积累的旧矛盾和出现的新问题日渐增多。当时，矿产资源勘查、开发活动中存在如下主要问题：一是，由于多部门（包括地质部、冶金部、石油部、二机部、化工部、建材部）参与矿产资源的勘查、开发工作，管理分散，造成了矿产资源和勘查、开发资金的巨大浪费；二是，为了尽快取得部门、企业的更大效益，在开采过程中多组分矿床综合开发利用不够、开富弃贫现象较普遍，矿产资源损失浪费现象严重；三是，多种经济成分办矿和乡镇矿业的迅速发展，导致争夺资源、矿业秩序混乱的现象十分突出；四是，矿产资源勘查、开采活动不尊重科学规律和经济规律，部门之间、单位之间缺乏沟通，相互之间资料封锁严重。上述问题的存在，在很大程度上影响了矿产资源勘查与开发的速度和效益，损害了国家的整体利益和长远利益。

针对这些问题，在 1979 年召开的中国人民政治协商会议第五届全国委员会第二次会议上，程裕淇联合黄汲清、曾世英、顾知微、刘东生、汪寅人共 6 位委员联名提交了名为“请国务院尽快拟定地质、矿产资源法案”的第 264 号提案，在阐述当时矿产资源勘查、开发等领域存在问题的基础上指出，上述种种现象，如再不引起重视，采取立法措施，不仅将使地质、矿业工作继续出现人力、物力、时间上的浪费，造成当代矿产资源利用上的损失，产生环境上的污染等，还将贻误后代，站在历史的高度阐明了矿产资源立法的重要性。同时还指出，世界上一些工业国家，早有相关法案的制定，如英国 1845 年的地质调查法、1926 年的矿业法、1943 年的石油法，等等。中国在从计划经济向市场经济转变的历史过程中还缺少相应的法律，是说不过去的。为此，制定我国的地质矿产资源法已提到实现四个现代化的重要日程上来。

该提案明确建议，国务院责成国家经济委员会或国家计划委员会组织地质部、冶金部、石油部、煤炭部、二机部、化工部、建材部、中国科学院、国家海洋局等单位的代表成立地质、矿产资源法起草小组，于一年内拿出草案。建议法案包括地质、矿产的调查研究与普查勘探，各种矿产的综合开采与利用，矿产与矿山保护及各种地质、矿产原始资料的保管与使用四个方面的内容。

1979 年，程裕淇等人有关矿产资源法的提案受到国务院的重视，9 月，经国务院批准，在国家经济委员会领导下，由地质部牵头，有关部门参加，着手起草矿产资源法。起草办公室总结了中华人民共和国成立 30 年来有关矿产资源工作的经验与教训，研究了已有的法规、规章，参考了十几个国家的矿业法规，充分考虑了当时矿业经济发展和管理体制的状况，广泛征求了各方面的意见，到 1980 年中国人民政治协商会议第五届全国委员会第三次会议召开前已经四易其稿。

1980 年 8 月 28 日—9 月 12 日，程裕淇出席中国人民政治协商会议第五届全国委员会第三次会议，并列席了全国人大会议。会议期间，程裕淇联合黄汲清、宋叔和、刘东生、孙殿卿、傅承义、高振西、关士聪、朱效成、林盛中、曾世英、岳希新等委员提出了案由为“希望国家对矿产资源法讨论稿第四稿尽快审查并请人大常委会法制委员会审查定稿后，提请人大常委会讨论通过，颁发试行”的第 148 号提案。

在矿产资源法提案理由部分，程裕淇等再次列举矿山建设周期长、投资效益低、矿山开采中回收率低下、矿权管理混乱等问题，建议对报送的矿产资源法讨论稿第四稿尽快审查处理，并在“办法”一节中指出：鉴于实施矿产资源法牵涉的问题比较多，比较复杂，必定要经过一定的实施步骤过程。为了在现有的经济管理体制条件下，尽快地收敛矿产资源管理工作方面的损失、破坏和浪费，必须立即开展五方面的工作，否则矿山寿命将大幅度缩减，用于矿山建设的投资将大幅度增加，给我国四个现代化建设带来严重危害。五方面的工作包括：从管理体制上解决矿产资源的综合开发、利用和储备，加强对采掘工业基本建设的管理，将采矿损失率、采矿回收率等纳入考核采掘工业完成计划的主要指标，建立国家对县、社小矿管理制度以及试行矿产资源法讨论稿第四稿规定的奖惩制度，严明法纪。

1981 年 12 月在中国人民政治协商会议第五届全国委员会第四次会议上，程裕淇又联合黄汲清、孙殿卿、马杏垣、刘东生、高振西、宋叔和等 18 名全国政协委员，提交了案由为“请国务院经济法规研究中心和人大常委会法制委员会及早审定矿产资源法草案并颁发试行，以应工作急需案”的第 88 号提案。自中国人民政治协商会议第五届全国委员会第二次会议提交第 264 号提案和中国人民政治协商会议第五届全国委员会第四次会议提交第 148 号提案以来，矿产资源法起草工作已历时两年多，有了 5 次讨论稿，面向全国征求意见，反响强烈。在此之前，国家经济委员会已于 1981 年 9 月 28 日召开了有关各部负责同志参加的会议，决定将第五次讨论稿修改成送审稿，并于 10 月 10 日将送审稿报国务院经济法规研究中心。具体办法是："请国务院经济法规研究中心和人大常委会法制委员会尽快审定上报的矿产资源法草案，以应当务之急。"

在 1982 年 11 月召开的中国人民政治协商会议第五届全国委员会第五次会议上，程裕淇又联合宋叔和、黄汲清、孙殿卿、汪寅人等 21 位委员提交了案由为"及早讨论通过《中华人民共和国矿产资源法》案"，明确提出"颁布《中华人民共和国矿产资源法》实属刻不容缓"。

从 1979 年中国人民政治协商会议第五届全国委员会第二次会议程裕淇等提出矿产资源法提案，开始起草矿产资源法到 1983 年中国人民政治协商会议第六届全国委员会第一次会议，已历时四载，十易其稿，但是有关部门在几个问题上存在分歧，尚不能由立法机构审定颁发。因此，在 1983 年在中国人民政治协商会议第六届全国委员会第一次会议上，程裕淇联合戴恒贵、宋叔和、池际尚、黄汲清、王鸿祯等 26 名全国政协委员提交了案由为"确立开发与保护并重的资源政策，尽快审定、颁发中华人民共和国矿产资源法案"的第 196 号提案。在提案中指出：如继续延宕不决，对四个现代化建设和长远发展都将造成不利影响，并建议"国家在眼前利益服从长远利益、局部利益服从整体利益的原则下确立开发与保护并重的资源政策。请国务院按照这一政策思想协调解决《矿产资源法》（草案）中的分歧，以期尽快审定、颁发"。1984 年在中国人民政治协商会议第六届全国委员会第二次会议上，程裕淇又联合李轩、宋叔和、岳希新等 28 位全国政协委员提交了"加速审理修订《中华人民共和国矿产资源法》案"的提案，提议"人大常委会收到国务院提交的《中华人民共和国矿产资源法》草案后，加速审理过程，并要求在短时间内完成立法手续"。1985 年在中国人民政治协商会议第六届全国委员会第三次会议上，程裕淇联合孙殿卿、何善远等 23 位全国政协委员再次提交了案由为"请人大常委会及早审议《中华人民共和国矿产资源法》（草案）案"的第 283 号提案。

1979—1985 年的 7 年间，程裕淇连续在政协会议上就矿产资源法提案 7 次。正是程裕淇等政协委员锲而不舍的努力和不断推进，才促成我国矿产资源法的立法工作。矿产资源法起草办公室经过 8 年，易稿 15 次，才正式提交全国人大常委会审议，可见矿产资源立法来之不易。1986 年 3

月19日，第六届全国人大常委会第十五次会议终于审议通过了《中华人民共和国矿产资源法》，于1986年10月1日起施行。这是我国从计划经济向市场经济转变后，调整矿产资源勘查、开发社会经济关系的基本法律，这部法律的诞生，把地矿行政管理和矿业生产经营纳入法治化轨道，提供了前提条件，在我国矿业立法进程中具有里程碑意义。

《中华人民共和国矿产资源法》实施初期，还存在有法不依、执法不严的问题。在一些地区，有人非法涌入国营矿山的矿区范围强行采矿、偷抢矿石、破坏矿产资源和矿山设施的违法事件仍很严重。针对这种情况，1987年在中国人民政治协商会议第六届全国委员会第五次会议上，程裕淇联合李轩、张同钰等6名全国政协委员提交了案由为“从严执法，抓紧处理哄抢、破坏矿产资源的大案要案以儆效尤”的提案，在4月6日的政协全体大会上，程裕淇与岳希新、宋叔和、谭振雄、孙殿卿、廖民欢共6位委员做了题为“认真贯彻、严格执行矿产资源法”的联合发言。程裕淇在发言中肯定了《中华人民共和国矿产资源法》实施一年多取得的主要成绩，同时指出还存在两方面的问题：一是在一些地区，强行采矿、偷抢矿石以及破坏矿产资源和矿山设施的违法事件仍很严重，并且没有得到及时、严肃的处理；二是一些矿山采用掠夺性开采方法或对资源的综合利用极不重视，造成矿产资源严重的破坏和浪费。针对这些问题，他们在联合发言中指出，《中华人民共和国矿产资源法》明确规定：无证采矿、拒不停止开采的，盗窃、抢夺矿山企业矿产品的，破坏采矿设施的，扰乱矿区生产秩序、工作秩序的，要追究刑事责任；对采取破坏性开采方法开采矿产资源，造成矿产资源严重破坏的，要给予行政处罚。但是，当前对上述这种哄抢、破坏和浪费矿产资源的案件没有进行严肃处理。今后，随着矿业的发展和各类从业人员的增加，预计哄抢、破坏、浪费矿产资源的违法犯罪活动还会大量发生。为了维护法律的尊严，刹住这股无政府主义哄抢、破坏、浪费矿产资源的社会恶习，保护不可再生的宝贵矿产资源，使其能最大限度地被开发利用，保障社会主义现代化建设当前和长远的需要，迫切要求各级人民政府、各级司法部门和有关主管部门从严执法，抓紧处理哄抢、破坏、浪费矿产资源的大案要案，严厉打击这些违法犯罪活动，以儆效尤。同时，有关部门还要大力倡导和督促实现矿产资源的综合开发与综合利用。

1991年程裕淇参加中国人民政治协商会议第七届全国委员会第四次

会议时，代表九三学社组在大会上做了题为“严格执行《矿产资源法》，科学开采、利用和保护矿产资源”的发言。他在发言中尖锐地提了三个问题：一是矿产资源未充分利用；二是存在乱采、滥挖和偷抢矿石的违法和破坏行为；三是无偿开采。针对这些问题，他提出要凭矿山许可证开采，要从严执法，处理大案要案，打击违法犯罪活动，要树立全国一盘棋观念，中央要制定科学、合理的矿产资源开发规划，要加强县以下集体和个体矿产企业的依法管理，要加强综合开发，节约资源。1992 年在中国人民政治协商会议第七届全国委员会第五次会议上，程裕淇做了题为“进一步贯彻执行矿产资源法，确保乡镇矿业及我国矿业的全面健康发展”的大会发言，在发言中指出，只要我们全面正确地按《中华人民共和国矿产资源法》办事，摆正国家、集体、个人三者的关系，处理好当前和长远的关系，就一定能实现包括乡镇矿业在内的我国整个采矿业的蓬勃健康发展，从而为我国社会主义生产力不断发展做出重大贡献。

由此可以看出，从提案到大会发言，从推进《中华人民共和国矿产资源法》的立法到全面贯彻落实《中华人民共和国矿产资源法》，程裕淇以国家、民族利益为重，呕心沥血，不懈努力，展现出高尚的情操和品格。

《中华人民共和国矿产资源法》的实施是我国矿业史上的一个重要转折。后经多年的实践证明，该法的施行，在增强全社会矿业法律意识、维护矿产资源国家所有权、打击乱采滥挖和破坏矿产资源的行为、促进矿业经济健康可持续发展等诸多方面，都发挥了重要的法律调节作用。

程裕淇在任全国政协委员、常委期间，除为《中华人民共和国矿产资源法》的立法多次提案之外，还多次就矿产资源的合理开发与综合利用、组建联合矿业企业等方面提交提案。其实，程裕淇在 1980 年中国人民政治协商会议第五届全国委员会第三次会议上还提交了第 149 号提案“关于大力开发我国非金属矿产资源并扩大对外贸易案”；1981 年在中国人民政治协商会议第五届全国委员会第四次会议上提交了第 89 号提案“建议按自然地质条件所形成的矿区（位于省、市、区内的或跨省级行政区的）建立联合矿业企业，统一管理、保护、开发、利用所在矿区范围内各种矿产资源，从而最大限度地充分和合理开采、利用我国丰富的矿产资源案”；1983 年在中国人民政治协商会议第六届全国委员会第一次会议上提交了第 195 号提案“按照以工作阶段分工的原则，制定地质矿产部与有关工业部关于矿产地质工作分工的具体方案，并组织实施案”；第197号提案“按照矿产资源赋存的客观条件，建立地区性矿山联合企业，以利于综合开发利用矿产资源案”；1984年在中国人民政治协商会议第六届全国委员会第二次会议上提交了第350号提案“提高野外地质职工工资、津贴标准和解决他们一些实际困难案”；1985年在中国人民政治协商会议第六届全国委员会第三次会议上提交了第229号提案“按经济协作形式建立地区性的矿山（矿冶）联合企业，以利最大限度地综合开发利用矿产资源案”；1986年在中国人民政治协商会议第六届全国委员会第四次会议上提交了第275号提案“加速建立按经济协作形式成立地区性的矿山（矿冶）联合企业，以利最大限度地综合开发利用矿产资源案”；1987年在中国人民政治协商会议第六届全国委员会第五次会议上提交了第315号提案“改进横向联合办矿，加速扩大共生和伴生矿产的综合开发利用案”；1988年在中国人民政治协商会议第七届全国委员会第一次会议上提交了第0251号提案“严禁黄金走私案”；第0881号提案“大力加强我国在东部沿海地区的地质勘查工作案”；1989年在中国人民政治协商会议第七届全国委员会第二次会议上提交了第0425号提案“扩大横向联合办矿，加速实现共生和伴生矿产最大限度的综合开发利用案”；1990年在中国人民政治协商会议第七届全国委员会第三次会议上提交了第1045号提案“建议把‘征收矿产资源补偿费办法’列入立法计划案”；1991年在中国人民政治协商会议第七届全国委员会第四次会议上提交了第0320号提案“建议把‘十分珍惜、合理利用、有效保护自然资源’作为一项基本国策案”；第0434号提案“建议积极规划建立攀西一六盘水地区的矿业开发集团案”；第0580号提案“建议将长江中下游以铜为主的有色金属后续资源基地研究列入‘八五’和十年科技攻关项目”。这些提案绝大部分是有关保护、合理利用矿产资源的，体现了一位老地质工作者对保护资源、保证可持续发展的家国情怀。

从1979到1992年的14年间，程裕淇出席中国人民政治协商会议14次，每次大会他都牵头呈上委员提案，少则一件（5年），多数两件（7年），最多者达三件（1983年中国人民政治协商会议第六届全国委员会第一次会议、1991年中国人民政治协商会议第七届全国委员会第四次会议），总共提案达到25件。每件提案他都是第一提案人，他联络的共同参与的提案委员达386人次。为写好每一份提案，程裕淇事前会做充分的调查研究，做到提案内容简短但言之有物、言之有据，到会上联系相关委员联合提名以扩大影响。从实际效果看，经过多次提案促成了《中华人民共和国矿产资源法》的立法和实施，有的提案也得到了有关部门的重视，并采取了相应措施，为我国地质矿产工作的行业化管理、资源的合理开发利用及保护做出了重大贡献。可以说，这些提案是程裕淇参政议政交出的多份圆满答卷。

五、建言献策，地矿改革

在计划经济时代，我国从事地质工作的部门很多，分属于国务院的有关部、委、局和相应的 17 个部门，在地方和军队也有一些地质力量，总人数约 120 万。主要承担矿产地质工作的有 9 个部门，职工约 110 万；负责水文、工程、环境地质与有关工作的有 5 个部门；从事基础地质工作的有 3 个部门。由于部门多，各自形成系统，所属机构交叉重叠，以往曾发挥过的某些积极作用在从计划经济向市场经济转变过程中已经基本消失，反而导致队伍臃肿，结构不合理，引发一系列问题。例如，同水平的工作重复、浪费严重，是某些地质工作效果和效益都差的重要原因之一。一方面，有争抢矿点的不正常现象；另一方面，矿山地质工作又相当薄弱，致使矿产资源得不到合理开发利用。针对这种状况，1985 年初，中央书记处和国务院领导明确指出，地质工作体制要进行改革，要求打破地质勘查工作的部门分割，进行行业改革。在从计划经济向市场经济的过渡阶段，改革是历史的必然，是大势所趋。程裕淇坚决拥护地矿系统的改革，并在不同的会议上指出，地矿系统的改革就是要精简烦琐机构，促进生产力发展，促进地质找矿事业的发展。他还指出，在改革过程中，由于部门的减少，财政支出相对减少，但财源不可断。臃肿的队伍可以缩减，但从事基础地质调查和基础地质研究的队伍要适当保留，基础地质研究不能丢。部分地质队伍可以转型，但地质队伍，特别是地质调查队伍不可乱更不能散。地勘队伍的改革，最终是要解放生产力，释放人的积极性，因此改革时刻不能忘记为国找矿。他后来的一系列文章和讲话都体现了这一基本的改革思路。

程裕淇在 1988 年 11 月 29 日中国地质学会第六次代表大会的讲话中

提出：

> 体制改革是整个地质工作改革的先行和主要环节，必须加速进行，以便带动全局。除加速部一级的政、事、企分离之外，尤应有计划、有步骤地推动省（区）级地勘管理机构的职能转变及政、事、企分离。一部分单位（地质队、研究单位、实验室）可联合建立类似西方国家的地质调查所模式的机构，接受政或企、事业机构的长期委托任务；一部分单位可调整转化为企业。从而为建立跨原有各部门的升级管理机构（政）和有关事业单位打下基础。

在这里，他对部级、省级地勘单位的改革方向提出了明确的建议，后来一些省国土资源厅和地质调查局的建立及所赋予的职能与程裕淇当年提出的建议基本一致。

在这个讲话中，程裕淇还提出，

> 开发性地质工作的经费可先由地勘费或建议设立的地质勘查基金垫付，其成果属有偿使用范畴，要作为商品进入市场，使用其报告和有关资料的国营企业单位（如矿山公司、水电建设工程单位等）应将完成相应工作的费用列入其基本建设预算，拨还地质勘查基金或有关法律规定的机构。

关于设立地质勘查基金的建议，得到了有关部门的高度重视，自1990年起，先后设立了黄金、白银、煤、油气等单矿种的勘查基金，2006年设立了中央地质勘查基金，主要目标是引导和拉动商业性矿产勘查，缓解国家资源约束；建立地质勘查投入良性循环新机制，保障经济社会全面协调可持续发展。此后20多个省先后设立了省级地质勘查基金。两级地质勘查基金已成为国家财政资金投入矿产资源风险勘查的主体部分，成为我国化解矿产勘查风险、活跃商业性矿产勘查、实现找矿重大突破的重要拉动力量。

随着政（事）、企的分离，以及省级地勘队伍的属地化，地勘工作经费逐年减少。1992年地勘工作经费加上石油单位自筹资金，占国家财政支出的比例达到3.41%（扣除油气后为1.15%），到2000年已经下降到1.37%（扣除油气后为0.16%）。由于投资减少，20世纪90年代初期以后，传统的基础地质调查、矿产普查和勘探工作不断被削弱，地质工作陷入低谷。由于投资减少，地质队伍的生存面临危机，基础地质工作几乎陷于停顿。在此情况下，程裕淇与地质矿产部副总工程师李廷栋于 1994 年撰写了《关于加强基础性公益性地质工作的意见和建议》一文，发表在《中国地质》上。该文在分析各国事业性地质工作的重要性基础上，认为我国事业性地质工作包括 5 方面的内容：区域性地质调查或称国土地质调查，基础性地质理论研究，地质技术方法特别是高新技术方法研究，图书、资料、规范、信息服务和探索性研究。针对事业性地质工作削弱的状况，提出了 6 点对策建议，包括：第一，要统一思想，提高认识，明确事业性地质工作是任何一个国家不可或缺的重要工作；第二，根据我国实际，借鉴国外开展近代地质工作的共同经验，应在原有关单位的基础上建立全国地质调查局（所）和省级地质调查所，分别隶属于全国和省级管理地矿工作的政府地质机构，不能由企业单位来管理；第三，区域地质调查、区域地球物理调查及水文地质、工程地质调查任务，目前应主要由有关区调队、物探队、水文队来承担；第四，我国是海洋国家之一，当前的主要任务是在海域开展小比例尺（1 : 100 万—1 : 50 万）地质、地球物理调查，在部分重要地区进行中比例尺调查；第五，1 : 5 万区域地质调查工作部署，除优先考虑具有重要远景成矿区（带）和具有重要科学意义的地区外，要尽早开展并完成重要城市地区、经济开发区及重大工程建设区的 1 : 5 万区域地质调查工作；第六，包括地质、地球物理、水文工程地质在内的区域性调查研究资料是公益性质的，是为全社会服务的，必须坚持不营利的原则。1995 年，程裕淇与李廷栋再次联合署名发表了《加强基础性地质工作深化体制改革的思考》一文（《中国地质》，1995 年第 12 期），再次提出 6 点建议。对策建议中所提的组建国家地质调查局、开展海洋地质调查、开展城市地区和经济开发区 1 : 5 万区域地质调查等建议都得到了领导的重视。1998 年组建成立了中国地质调查局，先后开展了南海、东海地区的 1 : 100 万海洋地质调查，开展了重要城市和珠三角、长三角等重要经济区的 1 : 5 万区域地质调查。

这些建议的落实使地质工作特别是基础性公益性地质工作，从低谷中逐渐步入了正轨。

在地质行业改革建议中，程裕淇特别重视海洋地质调查工作，进行海洋地质调查工作必须有一支公益性的海洋地质调查队伍。1997 年，广州海洋地质调查局要随中国新星石油公司一起脱离地质矿产部转为企业，时任地质矿产部副总工程师的李廷栋了解了有关情况后立即打电话告知程裕淇，他当机立断，告诉李廷栋“以你和我的名义给部党组并邹家华副总理写个报告，建议广州海洋地质调查局继续留在地质矿产部，从事海洋地质及海洋油气调查研究工作”。李廷栋与广州海洋地质调查局的同志起草报告后，程裕淇即刻进行了修改，并附有一封写给邹家华副总理的亲笔信。这份报告送地质矿产部并报邹家华副总理后，经邹家华副总理批示，把广州海洋地质调查局保留在国土资源部。这支队伍的保留为以后我国海洋地质、海洋油气调查研究、天然气水合物调查研究和中国地质调查局海洋地质调查队伍建设发挥了重要作用。应该说，程裕淇为保留一支从事社会公益性海洋地质调查队伍做出了历史性贡献。

地质体制改革是在保证社会主义道路前提下的改革，改革的道路并不是一帆风顺的。对于改革中出现偏离大方向的问题，程裕淇也坚决予以制止。1993 年 7 月 2 日《人民日报》第八版刊登了《北京市国土资源遥感公司 1 : 5 万区域遥感地质调查公司招标通告》，程裕淇见此文后非常生气。1993 年 3 月地质矿产部就接到国家某部委发来的关于委托北京国土资源遥感公司承办五万分之一区域地质调查项目公开招标工作的函，接此函后部里高度重视，委托程裕淇组织座谈会听取专家意见。他邀请王鸿祯、杨遵仪、宋叔和、郭文魁、张炳熹、孙殿卿、沈其韩 7 位院士，地质矿产司余鸿章、地质调查处陈克强等人参加。参加座谈会的人员一致反对国家某部门委托公司进行遥感地质图幅招标，一致认为，该招标公告背离了改革的方向，需要制止。原因是，一是它架空了地质矿产部的行业领导管理权，属于跨部门管理；二是遥感解译只是地质调查中先期工作的一部分，用遥感解译代替区域地质调查是不行的；三是一个公司怎么能代替国家对区域地质调查的管理呢？会后由陈克强整理出会议纪要，程裕淇将此纪要交给了部领导。同时，他与陈克强和陶惠亮联合署名发表了《关于区调工作的思考和建议》一文（《中国地质》，1993 年第 10 期），文中明确指出：经过反复认真研究，认为这种招标工作不应该是深化改革的一项试点工作，必须坚决制止。理由是：第一，由一个地方的企业代替专业行政机构（地质矿产部及其下属专业管理单位）主持组织全国性的专业基础科技工作，违背了社会主义市场条件下必须遵循的政（事）、企严格分离的大原则，任其执行，将会造成体制改革上不应有的混乱，甚至倒退。第二，以区域遥感地质调查来代替必须采用以地质为基础的综合科学技术方法的区域地质调查，既不符合地质科学技术发展的实际情况，更不是区域地质调查工作发展的趋势，实际上是一种以偏概全的表现。第三，由一个地方性的遥感公司来组织全国几个分散地区大比例尺的遥感区域地质调查，既不利于有关专业人才的培养和相应地质构造单元区域地质（成矿）特征的整体综合，又容易导致区域地质调查科技资料的散失和混乱，影响到有关科技档案的系统性和完整性，并将给图件等信息的必要标准化带来极大的困难，更谈不上主持单位对招标区域地质调查工作必须进行的有效业务指导和质量监控。对这种偏离改革方向的行为，程裕淇旗帜鲜明地表示反对，制止了基础地质调查公司化操作的偏差。

从广州海洋地质调查局的归属到委托公司进行 1∶5 万遥感地质调查招标，实际上反映了当时一些领导对于是否需要保留一支从事公益性地质调查队伍的争论。程裕淇一直认为，从中央到地方都需要保留从事公益性基础性地质调查的队伍，全国的基础性、公益性地质工作需要“野战军”承担，不能由“雇佣军”承担。为此，程裕淇三次上书时任副总理的温家宝，提出建立由地质调查局直接领导的从事全国战略性、基础性地质调查的队伍，称为“野战军”；各省（自治区、直辖市）可以保留部分从事公益性、基础性的地质调查队伍，可称为“地方部队”。其他从事矿产地质调查的队伍可以部分转为企业。同时重新组建地质科学院，从事战略性、公益性、基础性的地质研究。程裕淇的信引起了温家宝副总理的重视，他在 2000 年第三届全国地层会议的讲话中指出：“在社会主义市场经济条件下，基础性、公益性地质工作作为一种相对独立的公共事业，主要由国家建立专门队伍承担，其工作成果提供全行业、全社会使用。”[①]同时指出，精心组建一支承担全国基础性、公益性地质工作的“野战军”，已刻不容缓。正是由于程裕淇的上书和坚持，一支承担全国基础性、公益性地质工作的“野战军”才得以保留。

20 世纪 80 年代，我国已经建立了一批自然保护区，但是有关地质的自然保护区只有天津蓟县中上元古界一处，与我国保存大量具有特殊地质遗迹和典型地质景观的实际情况不相匹配。当时对于“建立地质自然保护

① 温家宝. 在第三届全国地层会议上的讲话. 地质通报，2000，3：237-238.

区的重要性和必要性，目前尚未被人们普遍认识，在实际工作中往往被忽视”。为此，1986 年 1 月程裕淇在《中国地质报》上撰文，提出加强地质自然保护区建设工作的建议。文中提出，“建立地质自然保护区，首先要像地质找矿那样进行普查工作，弄清有哪些需要保护的特殊地质剖面、地质构造、冰川遗迹、火山现象、温泉、瀑布、化石产地、特殊地貌等景观，并根据它们的重要性、完整性、科学价值和旅游价值进行分类排队，分期分批建立不同类型、不同级别的地质自然保护区”，并建议“建立地质自然保护区的工作，要纳入国家和各级地质、环保部门的规划，列入有关学术团体的业务活动计划和各地博物馆的建设内容”。程裕淇的这一建议得到了有关部门的重视，后来在全国建立了不同级别的地质公园，对这些大自然赋予我们的宝贵遗产进行了保护，为子孙后代留下了可贵的资源和景观。第一批国家地质公园中的张家界国家地质公园开园时，程裕淇亲临大会并剪彩，为国家地质公园的建设站台助威。

在改革过程中，程裕淇通过与领导谈话、会议发言和撰写文章，发表了很多真知灼见。这些意见、建议对于保证我国地质工作体制机制改革坚持正确方向，促进地质工作体制机制改革进程，保留一支从事公益性、基础性地质调查队伍，加强基础地质调查，开拓海洋、城市等区域地质调查都发挥了重要的、历史性的作用。当年的很多建议已经落在实处，可以说程裕淇为中国地质工作改革做出了重要贡献。

六、放眼全国，续写新篇

1978 年以后，程裕淇担任领导职务以及众多的社会职务，日常工作繁忙，在这种情况下他仍抽时间、挤时间考虑与研究自己关心的科研和有关的区域地质问题。

改革开放以后，程裕淇在多次与国外专家接触交流的过程中深深感到很多国外专家对中国地质的情况了解很少（当时中国在国外地质专业期刊上发表的论文还很少），对一些中国地质的认识还停留在 20 世纪 40 年代的水平。程裕淇想到了李四光 1939 年出版的 *The Geology of China*（《中国地质学》）一书，这是第一本向国外读者全面介绍中国地质特征的专著，在国外有很大影响。40 多年过去了，中国地质学的研究已经取得非常大的进展，亟须根据新的资料重新编写一本英文版的中国地质学方面的图书，为国外学者提供一个最新的中国地质概观。在这个背景下，程裕淇、杨遵仪和王鸿祯于1981年开始商量如何编写这本专著，并与英国牛津大学出版社联系，表示希望能出这样一本专著。牛津大学出版社认为确实需要一本全新介绍中国地质的专著，于是将该书列入了“世界地质学及地球物理学丛书”出版计划。落实出版计划之后，程裕淇、杨遵仪和王鸿祯多次协商，确定了全书的结构（章节）、分工、体例等。全书分为四篇，第一篇“地质背景”由杨遵仪负责，第二篇“地层”由杨遵仪、王鸿祯和程裕淇按时代分别负责，第三篇“中国的岩浆岩及变质岩”由程裕淇负责，第四篇“中国的大地构造发展”由王鸿祯负责。分工和编写原则确定后，程裕淇阅读了大量文献，并多次与宋叔和、张寿广、伍家善和徐惠芬就有关问题进行讨论。经过两年的努力（在此期间，程裕淇担任地质部副部长，工作繁忙，只有利用晚上时间进行专著的编写），终于在1983年完成了初稿。之后三位作者又对文字、图表等进行了认真的修订，最后该书（英文版）于1986年由克拉伦登出版社（Clarendon Press）（英国牛津大学出版社的学术部）出版。

该书是对截至20世纪80年代初期我国地质调查和研究工作的系统总结，也是三位作者多年来研究工作的总结。在该书中，程裕淇对不同地质时期岩浆活动形成的岩浆岩、不同地质时期变质阶段形成的变质岩和变质带进行了系统总结，对中国东部中生代陆相火山岩、华南东部的花岗岩、多期变质作用和同期变质作用的多阶段、混合岩化作用的类型等问题进行了深入探讨。1988年由中国地质大学出版的《中国地质学》一书中的“出版者的话”中写道：“该书出版后获得了国际地学界广泛的注意和好评，认为是中国地质研究史上一个重要的里程碑。”该书英文版在克拉伦登出版社出版后，国内地学界普遍希望参考学习，以促进我国地质科研和教学工作。在征得作者同意后，于1988年由中国地质大学出版社出版了该书的中文版《中国地质学》，该书在地质调查、地质科研和地质教学中发挥了重要的作用。

到1980年，我国中东部地区的1∶20区域地质调查基本完成，获得了极其丰富和宝贵的基础地质资料。为了全面总结已有的区域地质调查成果，充分发挥其应有的作用，地质矿产部决定由程裕淇总工程师直接领导，地质矿产司负责组织编写分省（自治区、直辖市）《区域地质志》，并公开出版发行。1989年在基本完成分省（自治区、直辖市）《区域地质志》的同时，组成以程裕淇为主编、由18人组成的编图委员会、陈克强为项目办主任的编图机构，开展中华人民共和国1:500万地质图的编图工作。

作为主编，程裕淇一开始就提出该图要做到资料新、精度高、界线准的高标准。之后他多次主持召开编图委员会成员会议，研究接图、界线、色标等问题。由于1:500万地质图是在各省（自治区、直辖市）编制的1:50万地质图基础上进行再编辑的，所以邻省（自治区、直辖市）间的接图是一个很复杂的问题，为此他多次与有关人员沟通，研究处理接图中的问题，最后使图面达到统一、界线准确。在小比例尺地质图上，一些中深变质或构造改造强烈的变质岩区岩石地层单位如何表达是一个具有争议的问题，他联想到1965年再版《变质岩的一些基本问题和工作方法》时提出的用于大、中比例尺图件的岩组、岩段的概念，这时提出在小比例尺图件上可以用岩群来表达，于是形成了从岩段、岩组到岩群的一个完整系列，体现了程裕淇学术思想的连续性。在程裕淇领导下，经过近3年全体编图人员的共同努力，《中华人民共和国1:500万地质图（附说明书）》终于在1990年由地质出版社出版。为向国外介绍中国的基本地质概况和特征，之后又出版了英文版。该成果于1993年获地质矿产部科技成果二等奖。该地质图的出版，是对我国1:20万区域地质调查成果、各省（自治区、直辖市）区域地质志的概括总结，在整个编图过程中，程裕淇作为主编，做了大量的组织协调工作，对一些疑难或有争议的问题进行了妥善处理，展现了高超的组织协调能力和深厚的学术造诣。

按照地质矿产部的计划，在完成各省（自治区、直辖市）地质志的基础上，除编制1:500万全国地质图外，还要进行全国层面的总结，编写《中国区域地质概论》，程裕淇为主编。从1989年开始，程裕淇着手组织该书的编写，很快就确定参加编写的人员、整体结构、人员分工、编写体例等。有关章节草稿完成后，他与有关人员对相关内容进行深入讨论与修改。1990年10月他组织召开了各章主编会议，各章主编报告了工作情况，并讨论了存在的问题和解决办法。在做好组织工作的同时，他撰写了该书的第九章“中国的变质岩系、变质带及变质作用演化”，把中国的变质作用划分为9个时代，即早—中太古代变质期、晚太古代变质期、早元古代变质期、中—晚元古代变质期、早古生代变质期、晚古生代变质期、早中生代变质期、晚中生代变质期和新生代变质期，对每一期变质作用所形成的变质岩石的分布、组合特征、变质作用特征等进行了详细论述。同时，对变质作用的演化规律、不同时期的蓝片岩带进行了详细论述。1992年初，程裕淇认真审阅了全书初稿，5月通过评审验收后，他又组织有关人员根据专家意见对全书进行了修改，他对绪论、导言、结语、参考文献及各有关部分反复核对，精益求精，最终该书于1994年由地质出版社正式出版。该书是一本资料性和科学性兼具的区域地质综合性专著，代表了中华人民共和国成立以来中国区域地质调查研究的丰硕成果，具有广泛的使用价值和重要的科学意义。后来，为了向国外地质学家介绍这一成果，2002年出版了该书的英文版 *Concise Regional Geology of China*。在英文版中，以新概念、新观点和新认识分别对地层、岩浆岩、变质岩、区域构造特征进行概括的描述，同时按照板块构造的发展阶段和板块构造机制对全国岩浆岩进行构造-岩浆类型划分和岩浆演化规律的总结，按照不同的地质时期对中国变质岩系、变质带划分以及变质作用演化进行总结。这些内容都富有创新性和广泛的实用价值与科学意义，为国际地质学界交流提供了最新的、系统反映中国地质科学特色的优秀成果。

英文版 *Concise Regional Geology of China* 准备出版时，也遇到了问题，发现出版费留少了，程裕淇让陈克强找来出版社编辑商量，到底还需要多少钱才能出版，编辑根据计算，提出大概还需要3万元，但不包括稿费。程裕淇立即表示："我可以不要稿费！"他让陈克强打报告给中国地质调查局提出补充经费的申请，很快得到批准，解决了出版经费问题，该书顺利出版。

1988年，程裕淇获英国利物浦大学名誉博士学位后留影

在此期间，程裕淇的学术研究得到了国际同行的高度评价。1982年英国伦敦地质学会鉴于他的学术贡献授予他英国伦敦地质学会荣誉会员称号。1988年利物浦大学授予他名誉博士学

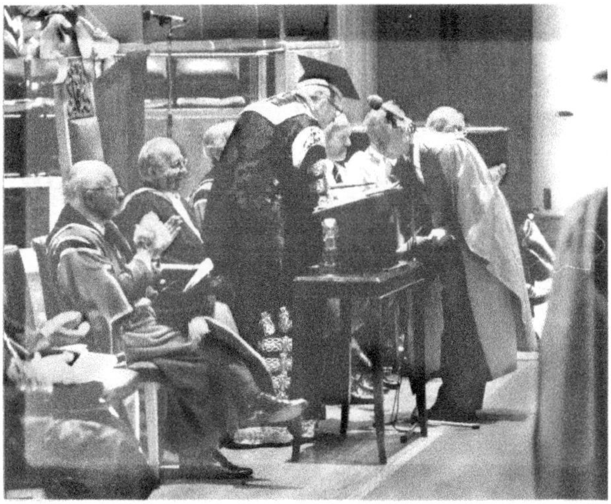

1988 年，程裕淇在英国利物浦大学接受名誉博士称号

位。1988 年程裕淇偕夫人前往利物浦大学接受了名誉博士学位称号。

1977—1995 年，程裕淇肩负繁重的领导工作（1978—1986 年）和大量的社会工作。在此期间，程裕淇坚持地矿系统的改革，促进地质队伍建立适应社会主义市场经济的新体制，促进立法保护资源，坚持扩大开放，促进地质科技、地质工作适应世界地质科技的新发展。他还抽时间、挤时间开展科研工作，做到工作、科研两不误，在中国区域地质综合研究方面取得了重要的成果。这是程裕淇一生中工作最繁忙的一段时间，是为推进地质工作改革开放、参政议政促进矿产资源法立法和实施、在科研上不断创新和呕心沥血的 18 年。

第六章　三大领域，奠基开拓
（1935—2001 年）

一、开山鼻祖，变质岩石

变质岩是组成地壳的三大岩石（沉积岩、火成岩和变质岩）类型之一，占陆壳总体积的 27.4%。变质岩是已经形成的岩浆岩、沉积岩甚至是变质岩，在地壳运动、岩浆活动的影响下，受到高温高压、动力作用以及热液和气体的作用，使原来岩石的岩石成分、矿物成分、结构和构造发生改变而生成的一种新的岩石。比如由石灰岩变质形成的大理岩，砂岩变质形成的石英岩，泥质岩变质形成的板岩、千枚岩、片岩和片麻岩，等等。它们广泛分布于早前寒武纪结晶基底及其以后的碰撞造山带、大陆边缘和大陆裂谷带等各种重要的地质构造单元中。变质岩记录了地壳形成演化的动力学过程，研究变质岩是探讨地壳形成演化的重要方面。

国际上很早就开展了变质岩的研究。早在 1820 年，布厄（Boue）首先提出了原岩经过内生成因热力学作用形成变质岩，并称这一作用过程为变质作用。1833 年，莱伊尔（C. Lyell）进一步完善了变质作用、变质岩的概念。此后一些学者从不同角度研究了变质岩和变质作用。我国的变质岩石学的研究起步较晚，1935 年程裕淇留学英国，担任其顾问导师之一的李四光建议他到利物浦大学学习变质岩石学，才开启了我国学习、研究变质岩之门。

程裕淇在利物浦大学留学期间师从著名岩石学家里德教授，系统学习了岩石学的有关课程，并以“Geology and Geomorphology of North Sutherland”（“索受兰北部的地质和地貌”）为题完成了博士学位论文。程裕淇是我国第一位以变质岩中混合岩①为主要内容进行博士学位研究的学者。在其博士论文中，他首次将芬兰使用的 migmatite（混合岩）一词引进英国地质文献。回国后，程裕淇将博士论文整理出来，先后发表了《苏格兰索受兰郡北部混合岩地区的一种角闪质杂岩》（1942 年）和《索受兰培戴希尔附近的混合岩区》（1944 年），向国内同行介绍了培戴希尔附近混合岩的有关情况。

在英国留学期间，程裕淇于 1937 年分别拜会了世界著名地质大师、芬兰的 P. 爱斯科拉（Eskola）和挪威的 V. M. 戈尔德施米特，并一起参观考察了芬兰南部的变质岩和混合岩的典型出露区，以及挪威奥斯陆地区典型的接触变质带，是我国第一位对世界上典型的区域变质岩区和接触变质岩进行考察的学者。

1941 年，程裕淇在西康省丹巴地区进行地质考察时就对变质岩石的分带性进行了认真观察和详细采样。在野外和室内深入研究的基础上，程裕淇于 1945 年在中央研究院《科学记录》上发表了“On successive zones of regional metamorphism in the vicinity of Tanpa，Sikang”（《西康丹巴附近的渐进区域变质带》）一文，把丹巴附近的变质岩划分为绿泥石-黑云母带、黑云母带、石榴子石（铁铝榴石）带、十字石带、蓝晶石带、蓝晶石-十字石带、局部发育夕线石的注入带和层状注入的片麻岩带 8 个带。这是我国学者第一次对变质岩按照变质级别进行分带的研究。

1939 年 5 月，程裕淇与崔克信、周德忠在康定一带考察时就发现有混合岩的大转石。1940 年 9 月他与彭琪瑞、朱夏在康定一带考察时，在康定杂岩中发现混合岩的大包体，这些岩石的组成和结构特征与程裕淇在英国做博士论文时所见的混合岩非常类似。1948 年，程裕淇在《地质论评》上发表了《西康康定之阿许式混合岩》一文，介绍了阿许式混合岩的特征，并指出“是为此类混合岩在我国的首次发现”，并将英文 migmatite 一词首先翻译成“混合岩”一词，使该术语在我国得到广泛的应用。

① 混合岩是一种特殊的变质岩。

1963年，程裕淇与沈其韩、刘国惠和王泽九出版了《变质岩的一些基本问题和工作方法》一书，该书首次对区域变质岩和混合岩分类命名原则与命名方案进行了详细论述，是我国第一本有关变质岩分类命名和野外工作方法的专著，当时多次修订重印，仍供不应求，对促进当时地质调查和科学研究中对变质岩的认识起到了极大的推动作用。

以上表明，程裕淇在我国变质岩（包括混合岩）研究中具有很多开拓性的“第一次”，无愧为我国变质岩石学研究的奠基人，也可称为“我国变质岩石学之父”。

变质岩石学的研究随着时间推移而不断深入，大体经历了三个阶段：第一个阶段重点是变质岩石学研究，重点研究变质岩的类型、分类命名以及变质岩的原岩恢复等；第二个阶段为变质作用研究，主要内容包括对变质作用类型的认识和梳理、对变质作用空间变化规律的认识以及对控制变质作用条件的地质因素进行研究；第三个阶段为变质地质学研究，重点是把大地构造背景与变质作用研究相结合，以揭示早前寒武纪大地构造格局以及变质作用与板块构造间的内在联系，探索变质作用地球动力学机制。程裕淇是我国变质岩石学研究第一阶段的奠基人，但他并没有故步自封裹足不前，而是随着变质岩研究程度的深入而不断深化。

1965年以后，程裕淇又提出“混合岩系列”概念，对不同类型的混合岩化作用按地质背景进行了分类，把混合岩的形成与大地构造环境结合起来进行综合分类。1987年，他在《有关混合岩岩化作用的一些问题——对半个世纪以来某些基本认识的回顾》一文中，进一步全面论述了该问题。1982年，程裕淇与张寿广联名署名发表的《略论我国不同变质时期的变质岩系、变质带和若干有关问题》的论文和1986年与杨遵仪、王鸿祯合著的 *The Geology of China* 一书的第18章，首次系统总结论述了我国不同地质时期的变质阶段变质岩系、变质带的分布特点以及演化规律等问题，提出同期变质作用的多阶段变质（polystage metamorphism）的观点。之后，程裕淇于1994年在《中国区域地质概论》一书中再次详细论述了中国不同时期变质带的演化规律及形成的区域构造背景。

20世纪80年代，在全球几个造山带中发现含有柯石英和金刚石的超高压榴辉岩，大大地拓宽了变质作用的研究范围，也成为当时国内外变质地质学研究的一个热点。程裕淇密切关注这一研究动向，于1995年与张立飞合作撰写了《华中东部榴辉岩研究进展简述》一文，介绍了我国在超高压变质岩研究领域的新进展。为了直观地认识超高压变质岩的特征，1996—1998 年，80 多岁的程裕淇带领庄育勋、高天山等在大别山造山带对超高压变质岩进行了深入研究，指导庄育勋等在该区填制了 1∶1 万比例尺的详细地质图和剖面图。同时，把碧溪岭地区的榴辉岩研究作为认识超高压变质作用的点做了重点解剖，对整个造山带高压—超高压变质作用的演化给予了充分重视。此后又三次到胶东、苏北考察高压—超高压变质带，主持编制了 1∶50 万大别—苏鲁造山带地质图及说明书，对大别—苏鲁造山带高压—超高压的分布、变质作用的演化规律等进行了系统总结，先后撰写了《大别山碧溪岭深色榴辉岩和片麻状花岗质岩石 SHRIMP 分析——晋宁期高压—超高压变质作用的同位素年代学依据》《大别山菖蒲—碧溪岭地区高压—超高压榴辉岩相变质岩和有关岩石的岩石类型及其原岩性质》等论文。

1998 年，程裕淇在大别山双河附近对超高压变质岩进行观察

20 世纪 90 年代中期以来，程裕淇把野外地质、镜下观察、实验岩石学、地球化学、矿物电子探针分析紧密结合，进一步开拓变质岩深熔作用和混合岩的研究方法，通过综合手段研究深熔作用过程、混合岩的成因和演变过程，具有开创性。

从博士研究生期间对混合岩的研究到晚年对超高压变质岩的研究，从变质带的研究到变质岩（混合岩）深熔作用的研究，程裕淇始终把变质岩石学作为自己的研究方向，他不仅是我国变质岩石学研究的奠基人，也是变质岩重要领域的开拓者。

程裕淇在变质岩领域为我国变质岩石学的发展所做出的贡献可概括为以下几点。

一是丰富了混合岩化理论。程裕淇在利物浦大学做博士研究期间，首次在英国文献中采用芬兰的“混合岩”（migmatite）名词，并补充了它的含义。他系统描述了索受兰培戴希尔地区6种原岩类型的变质岩及其变质生成的混合岩类系统，分析了混合岩化作用过程中元素和矿物的变迁与演化现象，并将过程划分为相当于花岗质岩浆活动的正岩浆末期和热液期两个阶段，丰富了混合岩化的理论。沿原生层理走向系统采集的泥质、半泥质岩石标本的研究，充分证明了有关的混合岩是由原岩经碱交代作用形成的论点，引起当时国际地质界的重视。

二是把变质作用等化学过程从泥质岩扩展到中酸性火山岩。1945年，程裕淇在《西康丹巴附近的渐进区域变质带》一文中首次报道了中国发育较完善的区域变质带，并提供了“等化学系列”概念在变质带研究中的实例。在其之前，变质岩的等化学系列概念主要应用于变泥质岩石。在丹巴地区，除变泥质岩石外，还有变质的中酸性火山岩，他把这些火山岩和泥质岩一同进行变质带的划分，把等化学系列原理从泥质原岩推广应用到中酸性火山岩-沉积岩中变质带的划分，具有创造性。

三是提出混合演化迁移过程中交代作用形成富铁矿和硼矿的观点。程裕淇没有仅仅停留在变质岩石学本身，而是将变质岩石学研究进一步拓展到变质成矿作用。20世纪50—60年代，程裕淇根据对鞍山、本溪地区铁矿地质的研究，以及辽东后仙峪硼镁铁矿的大量研究，提出混合岩化迁移、交代作用形成富铁矿和硼矿的观点。在1957年所发表的《中国东北部辽宁、山东等省前震旦纪鞍山式条带状铁矿中富矿的成因问题》一文中，程裕淇把在较贫的条带状铁建造中产出的富铁矿划分为四种类型，并认为重要的富铁矿都是“由贫矿经含铁热液（气）交代富集生成”，而这种交代作用与花岗质岩石或由花岗岩化生成的混合岩有关。1965年在《614矿后仙峪区（辽宁营口）科研工作组岩石小组1964年度小结报告》中，他对硼矿的形成与混合岩化作用之间的关系进行了论述，认为该区的硼矿是含硼沉积建造先经历了变质改造，后“受到混合岩化作用的影响而经历了一系列硼元素（及络合物）的迁移及有关的交代和蚀变作用，终于在一定的镁质碳酸盐中富集成可开采的硼矿和有关的蚀变带”。把混合岩化作用与成矿作用联系起来，从而拓展了混合岩的研究领域，并直接为区域找矿服务。

四是编著了我国第一部变质岩分类命名和野外工作方法的专著。1962年，程裕淇在与他人合著的《变质岩的一些基本问题和工作方法》一书中，根据国际惯例和中国的实际情况提出了全国统一的区域变质岩和混合岩分类命名原则与方案，论述混合岩化作用的理论分析和微观特征，分析变质岩系分布地区的成矿特征和找矿方向，提出区域变质和接触变质之间过渡类型变质作用的观点，并论证前者与混合岩化的相互关系，详细阐述变质岩区地质的野外工作方法。该书是我国第一部关于变质岩分类命名和野外工作方法的专著，对提高20世纪60—70年代我国地质工作人员对变质岩地区的工作能力和理论水平、促进和提高变质岩分布地区的研究程度起到了重要作用。

五是提出了混合岩化作用三分的认识。20世纪70—80年代，程裕淇对混合岩又进行了大量研究，1987年发表的《有关混合岩和混合岩化作用的一些问题——对半个多世纪以来某些基本认识的回顾》一文全面总结了混合岩及混合岩化作用研究的历史。在该文中，他创造性地提出了区域混合岩化作用和边缘混合岩化作用的概念，并吸收引用了他人提出的断裂带混合岩化作用的概念，以此为基础提出了混合岩化作用和混合岩成因三分的概念。该文对于混合岩的正确命名和了解混合岩化作用的形成背景具有重要的意义。

六是在花岗岩扩大化的时候提出了深熔作用在混合岩和花岗岩之间的有机联系。自花岗岩-绿岩带概念被引进我国后，一段时间内在早前寒武纪研究中花岗岩被扩大化，在一些图面上除了花岗岩只有零星的条带状铁建造外，表述非常不合理。对此情况，程裕淇以阜平地区为实验基地，通过野外详细观察、岩石岩相学观察、地球化学以及实验岩石学研究，在深熔作用过程和形成机理方面进行了大量探索，同时指导研究生张希平对原地型花岗岩——平阳岩体进行了深入研究。通过这一系列工作，他提出了变质岩中的深熔作用与原地型重熔型花岗岩之间的内在联系，为认识一些花岗岩的成因提供了实证。

七是较早系统地总结了我国不同时代变质带的特征。1982年，程裕淇与张寿广联合署名发表的《略论我国不同变质时期的变质岩系、变质带和若干有关问题》的论文和 1986 年与杨遵仪、王鸿祯合著的 *The Geology of China* 一书的第 18 章，首次系统总结论述了我国不同地质时期的变质阶段变质岩系、变质带的分布特点以及演化规律等问题，提出同期变质作用的多阶段变质的观点。之后，程裕淇于 1994 年在《中国区域地质概论》一书中再次详细论述了中国不同地质时期变质带的演化规律及形成的区域构造背景。这些对变质带的论述，推动了我国对区域变质带以及变质带与大地构造背景相互关系的研究。

从变质岩石学的研究逐步扩展到变质带的研究，从变质作用演化的研究扩展到变质作用与大地构造环境相结合的变质地质学的研究，反映了程裕淇在这一领域的研究轨迹，也代表了我国变质岩石学研究的发展历程。在 2006 年纪念程裕淇院士座谈会暨《程裕淇文选》首发式上，著名变质岩石学家董申保院士在发言中列举了程裕淇在变质岩领域所做的 7 个方面的重要贡献，明确指出，“程裕淇先生是我国变质作用和变质岩研究的创始人，是留学英国并取得国际荣誉地位的学者”。

二、独具特色，成矿系列

程裕淇不仅是一位著名的岩石学家和前寒武纪地质学家，同时是一位颇有造诣的矿床学家。

早在 1939 年，程裕淇就发现了昆阳磷矿，1939—1941 年对川西的砂金矿、湘西的脉岩型金矿、川西泸沽的铁矿等进行过调查和研究。1945 年，他考察了加拿大和美国西部多处不同类型的矿山（包括世界著名的肖德贝里铜镍矿、克莱马克斯公司的钼矿、犹他州铜业公司的铜矿等）。20 世纪 50 年代初，他组织辽宁鞍山、本溪地区沉积变质铁矿的调查和研究，组建 429 铁矿地质勘查队，领导了大冶铁矿的矿产勘探；他对辽宁营口后仙峪硼镁铁矿进行了研究。20 世纪 60 年代，对秦岭的铁矿进行了研究；70 年代，他对罗马尼亚和瑞典与火山作用有关的铜矿与铁矿进行了考察。经过国内外大量的矿床调查研究实践，程裕淇深刻认识到，一个地区不同的矿种、不同类型的矿床不是孤立的，它们通常在空间、时间及成因上存在一定的内在联系。

1955年，程裕淇在《中国已知铁矿的成因与工业类型及今后的普查方向》一文中把铁矿床划分为三种基本成因类型，对每一类型又进行了详细划分，把具有两种以上成因特征的矿床称为“混合类型”。1958年，程裕淇等在全国第一次矿产会议上做了题为“中国已知铁矿类型的特征、分布与生成的地质条件及今后的普查方向”的报告，在报告中讲到中石炭世及以前的赤铁矿、褐铁矿（山西式铁矿）的成因时，指出“实际上可能是包括不止一种成因类型的一套混合类型的铁矿”，再一次提出“混合类型”矿床的认识，同时把不同成矿时期叠加成的矿床称为“复杂类型”矿床，已经认识到矿床成因的复杂性。1959年，他根据该报告在《地质论评》上发表了《我国已知的重要类型铁矿简介》一文。1976年，程裕淇和赵一鸣、陆松年联合撰写了《我国几组重要铁矿类型》一文，再次强调，一些铁矿床“由于形成的具体地质环境的不同及其所反映的空间或时间上的一定的差别，实际上是形成条件有所不同而在区域成矿的发生发展上又有内在联系的一组铁矿类型，它们构成一个铁矿类型组，我们建议称它为一个成矿系列”。这里提出了铁矿类型组，也是在正式文献中首次提出了“成矿系列”的概念。

从以上两篇文章可以看出，铁矿成矿系列的提出是程裕淇几十年从事铁矿地质工作的系统总结，是在对中华人民共和国成立后铁矿找矿勘探工作总结基础上的理论升华。

提出铁矿的成矿系列以后，程裕淇就在思考其他类型的矿床是否也存在成矿系列的问题。20世纪70年代，我国地质工作者在江西、广东等地针对石英脉型黑钨矿床创造性地提出五层楼控矿模式，长江中下游铁矿研究组提出了玢岩铁矿模式。1978年，宁芜铁矿研究组在研究宁芜陆相火山盆地中的铁矿时，发现盆地中的凹山式、梅山式、向山式、南山式、凤凰山式等矿床实际是与辉长闪长玢岩有关的岩浆热液因成矿环境和条件的差异而形成的不同矿化类型，因而是一个有机的矿床组合，统称为玢岩型铁矿。程裕淇认真阅读学习这些矿床工作的实践及成矿模型，受到很大启发，认为其他矿种也存在成矿系列。结合在罗马尼亚和瑞典对与火山作用有关的铁铜矿床的考察，他认识到与火山岩有关的铁铜矿床和火山作用演化的特定阶段有关，尽管矿种不同，但它们之间存在成因联系。

在大量收集有关资料和与陈毓川等多次沟通交流的基础上，1979年程裕淇与陈毓川、赵一鸣共同撰写并发表了《初论矿床的成矿系列问题》一文（《中国地质科学院院报》，第1卷第1号）。该文论述了成矿系列问题的由来，并将与岩浆作用有关的矿床分为12个成矿系列，把与沉积成岩作用有关的矿床分为5个成矿系列，把与变质作用有关的矿床分为2个成矿系列。同时，给成矿系列以明确的定义："矿床成矿系列是由两个或更多的矿床类型（或矿石相）所组成，它们分别含有一定的［共同的及（或）各自的］有用组分（元素、矿物），产出在一定地质单元内的不同地质部位，其具体的生成地质条件虽有所不同，但都在一定的主要地质作用的影响下，主要形成于一定的地质历史时期（即统称的成矿期）的同一或不同阶段，且从区域地质的发展历史角度来考虑，彼此之间存在着内在的联系，并构成一个四维成矿整体，即一个成矿系列。"这篇文章的发表意味着成矿系列概念从单一的铁矿扩展到多类矿种，是一次质的飞跃。该文还阐明了成矿系列概念的作用，指出"成矿系列概念的提出和进一步研究，有可能不断提高矿床学研究的预见性；这种概念的应用，也将有利于提高区域成矿分析和矿产预测的效率和效果"。

1979年《初论矿床的成矿系列问题》一文发表后，很快受到了很多矿床地质工作者的高度关注，在1980年召开的第二届全国矿床会议上就有多篇论文应用成矿系列的概念研究一些矿床的成因，如杨敏之的《晋北前寒武纪铁矿床组合系列及其演化的地球化学特征》、章崇真的《试论华南中生代花岗岩的演化规律及其成矿系列》、夏宏远等的《试论华南钨、铍、锡、锂、铌、钽矿床成因系列》，等等。鉴于《初论矿床的成矿系列问题》一文侧重划分不同类型的成矿系列，对于划分的原则论述不够，在应用中存在一些问题，程裕淇和陈毓川、赵一鸣、宋天锐在1983年又发表了长文《再论矿床的成矿系列问题》(《中国地质科学院院报》，第6号)，对不同类别和级别的矿床成矿系列的划分原则、依据等进行了详细论述。在1979年文章的基础上补充了与岩浆作用有关的成矿系列的一些具体内容，把与沉积作用有关的成矿系列从5个扩展到7个，把与变质作用有关的成矿系列由2个扩展到3个，并论述了作者的成矿系列概念与苏联矿床学家斯米尔诺夫等类似概念的差异。该文的发表明确了划分成矿系列的原则和依据，进一步完善了成矿系列概念及其理论。

矿床成矿系列理论提出以后，一些人认为如果不同成因类型矿床之间有先后演变的规律，应该用“序列”一词更好。程裕淇认为，对不同类型矿床之间递变相互关系的认识还有待深化，“序列”一词通常意味着不同矿床之间的演化顺序基本清晰，目前还是用“系列”一词较为妥当。用“系列”还是用“序列”一词，表面看来只是一个术语的使用，但是采用“系列”一词充分体现了程裕淇认为理论必须有充分依据的严谨治学态度。

从矿床的成矿系列提出到再论矿床的成矿系列，可以看出，成矿系列理论是一个不断发展和完善的过程，是程裕淇等对不同类型矿床长期研究的积累和我国广大矿床地质工作者长期研究成果的综合，凝聚着作者和广大矿床地质工作者的辛勤劳动，是多年矿床研究工作的总结和升华。

第一，矿床成矿系列概念内含辩证唯物主义的思想。矿产成矿系列把一定地质单元内、主要形成于同一成矿期并有内在联系的不同类型矿床看作一个整体，突出了它们的内在联系，即体现了辩证统一的思想。矿床地质是一个复杂的系统，涉及有用矿质的来源、有用矿物原料的寄主岩石、矿质形成的时代和构造背景、后期多种活动的影响和改造等，由于时代原因以及专业和从事具体工作的制约等因素，一些矿床地质工作者仅就所研究的具体矿床进行分析研究。而矿床成矿系列概念提出要把具有一定内在联系的不同矿床看作一个四维的整体，这样有利于从全局上把握一个地区一个时代的成矿规律，更有利于找矿预测。

第二，矿床的成矿系列体现了突出主要矛盾的哲学思想。地质成矿过程是一个复杂的过程，影响因素很多，有成矿作用前原始岩浆或原始沉积物的化学成分特征，有成矿作用期间的物理化学场变化及成矿空间制约因素，也有成矿作用后期不同地质作用的改造和影响，面对诸多的影响因素，程裕淇等在《初论矿床的成矿系列问题》一文中分析了三种类型（与岩浆、沉积和变质有关）矿床成矿系列的主要控制因素，突出主要矛盾。另外，在漫长的地质历史中，很多地质单元经历了不止一次的地壳运动和成矿期的矿化作用，必然产生成矿作用的叠加现象。对于这种成矿历史的复杂性，程裕淇等提出“必须推测或判断起主导作用的是哪一期成矿作用，这才有利于做出合理的成矿分析和矿产预测”。这种突出主要矛盾、从控矿的主要方面着手是矿床成矿系列的精髓之一，也是程裕淇的一贯主张，要分析地质现象、讨论地质问题，必须抓住主要矛盾和矛盾的主要方面。

矿床成矿系列概念是在我国改革开放的帷幕刚刚拉开、思想禁锢还没有完全被打破、地质科技水平还相对落后的历史背景下提出的，体现了程裕淇等长期坚守地质科研的定力以及不断思变的进取精神。这一概念的提出具有深远的意义，它突破了对单一矿床研究的局限性，突出了不同矿种和不同成因类型矿床的内在联系，有力促进了中国矿床成因和成矿理论的研究，迄今仍有重要的指导意义。

在这之后，成矿系列的观点和方法得到了进一步的推广，由此深化了对矿床类型的综合研究，进而发展出成矿系统和区域成矿学的思想。翟裕生等研究了长江中下游和南岭成矿带的主要成矿系列，提出了成矿系列结构的概念，强调了各矿床类型的时-空-物质-成因联系。随后，国内学者将成矿系列的研究进一步深化和拓宽，并以成矿作用动力学为基础，将同一成矿事件导致的成矿要素、成矿过程和作用产物作为一个系统进行整体性、综合性研究，提出了区域成矿系统观点，相继出版了《成矿系统分析的理论与实践》《古陆边缘成矿系统》《区域成矿学》等专著。这一时期，中国不仅发现和确定了一些新的成矿带或成矿域，包括西南三江成矿带、华南大面积低温成矿域、古亚洲洋成矿域等，而且对主要的成矿带和成矿区开展了系统的成矿规律研究，取得了丰硕成果，如长江中下游成矿带、华北地台北缘成矿带、南岭多金属成矿带、秦巴地区和三江成矿带的成矿规律研究都达到了很高的水平。叶连俊和陈其英探讨了地史演化和区域地质背景对沉积矿床的控制。常印佛等和翟裕生等系统总结了长江中下游成矿带铁铜（金）多金属矿床的成矿作用特征、成矿模式和成矿规律。矿床成矿系列概念在区域成矿预测中也得到了很好的应用，如叶天竺、吕志成、庞振山等于2014年编著的《勘查区找矿预测理论与方法》（总论）一书，在进行找矿预测工作中也体现了矿床成矿系列的学术思想。2017年陈毓川、王登红、徐志刚等著的《中国重要矿产和区域成矿规律》一书，把矿床成矿系列应用于全国重要矿产的潜力评价。总之，矿床成矿系列概念及其理论的提出促进了我国区域成矿规律的研究，提高了区域矿产预测的水平。矿床成矿系列理论的提出，使我国地质找矿工作从就矿找矿提升到科学找矿、理论预测的阶段，为我国矿床学的研究和区域成矿预测工作做出了巨大贡献。

三、不断发展，前寒武纪

前寒武纪是指从地球形成（约46亿年）到寒武纪（5.4亿年）之前漫长的地质历史时期，约占地球全部发展历史的7/8。在这一阶段，地球经历了早期的分异、大陆地壳的形成、水圈和大气圈的形成、超大陆的聚合分离、早期生命的形成和发展演化、板块构造的出现和发展、多次的大规模成矿作用、多次的寒冷事件等复杂的地质事件。由于与寒武纪之后的地球演化具有很大差异，地质学家将这一漫长的地质历史时期称为前寒武纪，把对这一阶段地质特点、过程和演化的研究称为前寒武纪地质学。世界上绝大部分铁矿都产于前寒武纪，我国的鞍山、本溪等地区的条带状铁建造也产于前寒武纪，因此程裕淇非常重视前寒武纪地质的调查和研究。

中华人民共和国成立初期，程裕淇开展鞍山、本溪弓长岭地区铁矿的地质调查和勘查。由于该区的铁矿产于前寒武纪地层中，他就对赋存铁矿的前寒武纪地层进行了较详细的划分，自下而上划分为下混合岩带、角闪岩层、含铁层、硅质岩石层、上混合岩带，对含铁层又进一步划分为下含铁带、中部半黏土质标示带和上铁矿带，同时对矿区前寒武纪的岩浆岩进行了划分和描述。对于矿区的前寒武纪地质背景的研究，是程裕淇把前寒武纪地质研究与铁矿形成环境研究相结合的重要实践。

在第一个五年计划期间，全国的地质工作紧密围绕国家急需的矿产资源开展工作，基础地质调查和研究工作相对较弱。由于区域地质背景不清，导致1956年部分矿区就出现后备矿产地告急的状况。1957年全国第一次区域地质测量会议召开，地质部何长工副部长在会议开幕式的讲话中指出，“区域地质测量，是扭转后备矿产地缺乏和矿种不平衡的根本方法，也是进行地质科学研究的重要基础，它正在逐步成为我们地质工作中最基本的和最主要的工作方面之一”。为了开展全国的区域地质调查，需要对全国的一些基本地质特征有所了解，才能有效地指导全国的区域地质调查。在这种背景下，1957年程裕淇担任地质部地质研究所前寒武纪地质及变质岩和有关矿产研究室主任后，就带领全室人员广泛收集了全国的前寒武纪地质及前寒武纪矿产的有关资料，在此基础上，于1959年和王曰伦一起主编了1∶300万中国前寒武纪地质图，程裕淇主编了1∶300万中国前寒武系地区矿产分布图，前者经修改后于 1961 年正式出版。这是首次通过编图方式对我国前寒武纪地质（主要是前寒武纪地层）和前寒武系地区所赋存矿产的总结，在我国前寒武纪地质研究历史上具有里程碑的意义。这两张图作为《中国地质图类及亚洲地质图》的组成部分获得了国家自然科学奖一等奖。

在编制全国前寒武纪地质图的基础上，程裕淇与同事对我国前寒武系进行了全面系统的总结。在 1959 年 10 月召开的第一届全国地层会议上，他做了题为“中国的前寒武系”的专题报告，会后对报告进行了补充、修改，于 1962 年出版了《中国的前寒武系》一书。该书按照三个大区对我国的前寒武纪地层进行了深入分析，提出了全国前寒武系的对比方案。这是第一次对我国前寒武纪地层进行全国性的对比，对于指导当时的区域地质调查工作起到了重要作用。该书还对我国一直存在争议的震旦系问题进行了较深入的讨论，根据当时的同位素年龄数据以及南、北方相关地层的厚度等，提出“南方震旦系有可能相当于北方震旦系的中上部”的认识，这对于后来把南方、北方震旦系划分开具有重要的启示作用。

1964 年，程裕淇与李璞联名发表了《关于我国地质年代学研究的一些成果的讨论》一文。1965 年他又与沈其韩、于荣炳、张自超、白云斌联名发表了《我国北方某些地区岩浆岩类和变质岩类绝对年龄数据的讨论》一文。这两篇文章，根据当时我国自己获得的同位素年龄（当时称为绝对年龄）数据（主要是钾-氩法年龄数据），对变质岩的变质作用时代和前寒武纪岩浆岩的时代进行了划分。尽管后来的研究证明钾氩法由于同位素体系易于开放，不适于前寒武纪地质事件时代的确定，但这是第一次将同位素年代与前寒武纪地质研究相结合，对于我国前寒武纪同位素年代学的研究具有开创性的意义，对后续前寒武纪同位素年代学的发展具有促进作用。

1972 年，程裕淇与钟富道、苏咏军联名撰写了“Pre-Sinian of Northern and Northeastern China”（未刊）一文，程裕淇又撰写了《〈中国华北和东北地区的前震旦系〉一文的背景资料和有关情况与问题的说明》（未刊）的详细说明材料。经过修改补充后，他们在《地质学报》上正式发表了《中国华北和东北地区前寒武系》。该文对东北南部、山东地区、内蒙古南部及燕山地区、太行—五台—吕梁地区、秦岭东段等地的前寒武纪地层和岩浆岩进行了系统总结，提出前震旦纪的岩浆活动可分为 5 期，特别是 18

亿—19 亿年的一期最复杂、强烈而普遍。这种认识得到了后来工作的证实。这篇文章已经重视寒武纪的岩浆作用，具有一定的先导作用。

前寒武纪地质历史非常漫长，20 世纪 70 年代后，程裕淇把研究重点放在早前寒武纪（包括太古宙和早/古元古代）。为迎接第二届全国地层会议的召开，他与白瑾、孙大中总结了我国早前寒武纪的地层和岩浆岩的有关资料，在 1979 年 11 月召开的第二届全国地层会议的大会上做了题为“中国的下、中前寒武系”的报告。之后，根据一些新的资料再次做了补充修改，于 1982 年发表了《中国的下、中前寒武系》一文。该文对我国早前寒武纪的地层和岩浆岩进行了系统总结，并用旋回的观点对我国早前寒武纪发育过程进行了总结，划分为两个火山-沉积巨旋回，每一巨旋回又划分为若干个次级火山-沉积旋回。此时已经把早前寒武纪的研究从描述、对比发展到用旋回观点对前寒武纪的发展演化进行总结。

1986 年，程裕淇在 *The Geology of China* 一书的有关章节中，对中国太古宙表壳岩和前寒武纪的岩浆岩与岩浆作用特征进行了全面、扼要的总结，向国际地质界介绍了我国太古宙地层和前寒武纪岩浆岩的发育特征。

除根据不同地质时期的进展对我国前寒武纪地质进行系统总结外，程裕淇还十分重视前寒武纪地质研究。如前文所述，20 世纪 60 年代到 80 年代，程裕淇和他的团队把鲁西雁翎关地区作为前寒武纪研究的窗口，开展了大量、详细的工作，把这一地区做成了前寒武纪研究的经典地区。1987 年，程裕淇申请到国家自然科学基金项目“华北地台早前寒武纪地壳组成、地质演化及有关矿床的成矿地质背景”（项目编号：4870151），他和团队成员对华北一些典型地区（如鞍山、冀东、鲁西）的前寒武纪及其早前寒武纪中的条带状铁矿的特征和形成的地质背景等进行了重点研究，对雁翎关组进行了再划分，提出了东鞍山铁矿区鞍山群条带状铁建造与下伏东鞍山花岗岩之间为沉积不整合接触的新认识。项目结题后，程裕淇和伍家善将团队成员的研究成果集结为《华北地台早前寒武纪地质研究论文集》一书，于 1998 年由地质出版社出版。

程裕淇在点上把雁翎关地区做成前寒武纪地质研究的经典，同时认真考察了冀东、胶东、内蒙古南部、阿拉善、吉林南部等地区出露的早前寒武纪地质体，以及云南、湖南等地出露的晚前寒武纪地质体，使在进行全国性总结时有坚实的基础。

1988年，程裕淇（中）在胶东地区考察早前寒武纪岩层时进行野外记录

程裕淇对前寒武纪地质的研究始终与前寒武纪的成矿作用紧密联系。从中华人民共和国成立初期在鞍山地区铁矿的研究进入前寒武纪地质研究领域开始，到“文化大革命”后到秦岭潼关一带对早前寒武纪太华群中含铁建造的研究，再到三种变质成矿系列的提出，都体现了程裕淇把前寒武纪的研究与有关矿产紧密结合的工作思路。1985年，程裕淇与徐惠芬联合发表了《中国前寒武纪矿床及成矿的某些特征的探讨》一文，从前寒武纪不同时期的成矿地质背景出发，用成矿系列的观点，对已知的不同矿床成矿系列组合、成矿系列、亚系列及类型进行了较全面的综述，并提出一些前寒武纪矿产具有一定的地质时代特色，如华北的条带状铁建造主要形成于太古宙、辽吉地区的硼镁铁矿主要产于古元古代、含稀土铁建造主要形成于中元古代、南方的碧玉型铁矿主要形成于新元古代，并从前寒武纪地质演化的过程分析了其形成的区域背景。

纵观程裕淇对前寒武纪地质的研究，从铁矿围岩的前寒武纪地质开始，到对全国前寒武纪地层的区域对比，再到把同位素年代学方法引入前寒武纪研究，进一步到前寒武纪地层、岩浆岩的阶段划分，再进一步到从旋回观点总结前寒武纪发展演化规律；从点的解剖到区域的综合；从前寒武纪地质到前寒武纪变质成矿系列的研究等，经历了连续发展的过程。这一过程记录了程裕淇对于前寒武纪研究不断深入探索的脚步，也记录了我国前寒武纪地质研究发展的历程。程裕淇为中国前寒武纪地质的发展起到了积极和重要的推动作用。

变质岩石学、矿床学和前寒武纪地质学是程裕淇一生探索的学术领域。他是我国变质岩石学的奠基人，最早从事变质岩石学的研究，并厘定了丹巴区域变质带，撰写了具有重要影响的《变质岩的一些基本问题和工作方法》一书。但是程裕淇并没有囿于变质岩石学的研究，而是随着时代发展，逐步把变质岩石学扩展到变质地质学领域。他创造性地提出了矿床成矿系列概念，从铁矿矿床成矿系列逐步扩展到各矿种的矿床成矿系列，并把成矿系列进一步深化成科学找矿的学术思想，在找矿预测中发挥了重要作用。此外，在前寒武纪地质学领域，程裕淇从鞍山式铁矿围岩的层序开始到为区域地质调查服务的全国性前寒武纪地质总结，再到对早期地壳演化的探讨，研究不断深化。由此可见，他在三大地质领域的研究与我国地质事业的发展始终紧密相连。

第七章　严谨治学，大师风范（1962—2001年）

一、基础地质，填图调查

地质学是一门实践性很强的学科，要求对所研究的地质体有全面的了解和认识。程裕淇在长期的地质工作中形成了以区域地质调查为基本手段，以扎实的野外地质工作为基础，将最新地质进展与国内地质找矿实践、宏观地质现象和微观地质现象紧密结合的工作理念。这些工作理念对于今天开展地质工作，特别是对年轻的地质工作者开展地质工作尤为重要。

认识地质体最直接、最有效的途径就是区域地质调查。只有通过区域地质调查把所研究的地质内容完整、准确地表达在图面上，才能使本人和后续研究者有效地把握地质体的特征与成因，从而进行更深入的研究。区域地质调查形成的地质图和相应的文字报告，不仅可以使地质工作者全面认识和把握所研究地质体的特征，同时是从事矿产、能源和水资源勘查与开发、大型工程建设和各种废料管理场地选址、土地使用评价、环境保护规划等的主要基础资料，也应用于地震、火山灾害、滑坡和泥石流、矿山灾害等地质灾害的防治工作中。

程裕淇在《关于区调工作的思考和意见》一文中写道：

按不同比例尺分图幅进行系统区域地质调查（简称区调），在西方和许多其他国家叫作地质填图（geological mapping），它同分幅开展不同比例尺地形图的测制一样，是任何一个国家为持续推进社会发展、加强经济和科技文教建设所必须进行的最基本的科技工作。

区域地质调查在国民经济建设中具有重要的作用，同时，区域地质调查也是地质人员的基本功，是后续研究的基础。在《程裕淇副部长谈地质填图的体会》一文中，程裕淇说道：

地质填图和基本地质剖面测制是地质工作的基础，因此，我们每个地质人员都要学会地质填图和测制基本地质剖面，这是任何地质工作的基本工作。

地质填图是地质人员的一项基本功。地质人员必须通过实践，能在不同地区，根据不同任务，进行不同比例尺和性质的地质填图。

他认为，“不少地质人员长期没有填过地质图，这是很不正常的”。

作为地质大家，程裕淇的很多成果都来自区域地质调查，他始终把区域地质调查作为深入研究的基础。因而，把区域地质调查作为地质工作的基础是程裕淇地质观的基本思想。

任何事情的成功，都不是一蹴而就的。程裕淇的学习和工作，先从地质填图开始。他在清华大学学习时就受到了良好的地质填图培训，在谢家荣、王竹泉先生指导下完成了 1∶2.5 万蓝靛厂幅地质图，之后与另两位同学一起在北京与河北交界处完成了 3 幅 1∶2.5 万地质图，重点对当时划分的震旦系地层进行了划分。到中央地质调查所工作后，程裕淇在进行有关矿产研究的同时进行了矿区及邻区地质图的填绘。1933 年，程裕淇随谢家荣在安徽庐江地区进行明矾石矿调查，与陈恺一起填制了 1∶2 万安徽庐江矾矿地质图。1934 年，程裕淇又与王曰伦、刘祖彝、颜惠敏在湖南宁乡开展铁矿地质调查，测制了 1∶1 万的湖南宁乡黄材龙王潭一带地质地形图和湖南宁乡莲花峰青静岑一带铁矿地质及地形图。由于当时没有地形图，他们都是与地形测绘人员一起进行地质和地形测量。1936—1937 年在英国做博士研究生期间，程裕淇采用罗盘定点、步测距离的方法，测制了研究区不同混合岩类型分布的地质图。从英国回到国内中央地质调查所后，他在进行找矿和地质研究中也十分重视地质图的填制。根据工作性质和要求，有时填制详细的、正规比例尺的地形地质图，有时则填制简要的地质图。中华人民共和国成立后，不论是从事铁矿勘查工作还是进行地质科研，他都十分重视地质图的填制。正因为把地质填图作为基础的方法，所以程裕淇从事地质工作得心应手且很有效果。这与当下个别人走马观花式采样就出文章的作风完全不同。

程裕淇不仅十分重视地质填图工作，同时认为地质填图是提高野外工作水平的必要手段，地质人员只有通过地质填图才能得到较全面的训练，所以他要求所带的研究生都要填绘一张研究地区的地质图。到 20 世纪 80 年代，很多地区已经有了正规的 1∶20 万和 1∶5 万地质图，但他仍要求学生们边学习边填绘。他认为，研究的任务不同，填图的对象就不完全一致，应该以自己的研究对象为主要目标有针对性地进行地质填图。另外，一个研究生研究的范围通常较小，需要更大比例尺的填图才能准确反映所研究对象的基本特征。在程裕淇的指导和建议下，他的研究生都会按照他的要求填绘相应的地质图，这不仅让他们对研究对象有了更深刻的了解，同时通过地质填图增长了才干。程裕淇到野外检查研究生的工作时，也重点对研究生填制的地质图进行检查，特别是针对一些关键的地质点，他都会与学生一起认真分析，确定各种界线的标志。

地质填图作为地质工作的基础，详细认真的观察和对地质现象的准确认识是绘制好地质图的关键。在《程裕淇副部长谈地质填图的体会》中，程裕淇认为“地质填图的质量必须建立在地质点的观察基础上”。他是这样要求的，也是这样做的。在野外，每到一个地质点，他都认真观察，首先对地质点的露头进行宏观观察，看清该点有几个基本的地质现象或几种基本的岩石类型；然后在露头上对每种类型的岩石进行详细观察，确定各种岩石类型的结构构造特征和大致的矿物组成；再用放大镜对不同类型岩石的手标本进行详细观察，确定不同岩石的主要矿物组成和大致比例，在此基础上给出较准确的岩石定名，并进行详细记录。这样的场景是程裕淇几十年野外地质工作的真实写照。

程裕淇不仅自己重视地质调查，在担任地质部副部长和地质矿产部总工程师期间，还到外地区域地质调查队进行调研，有时还和区域地质调查分队人员一起到野外考察，既检查工作，也给以指导，以此提高地质调查人员的水平和能力。

1995年，程裕淇（左二）在山东新泰指导1∶5万区域地质调查工作

野外的观察是地质工作（包括地质调查、矿产勘查、地质研究）的基础，而将宏观的地质现象与微观的地质现象的观察相结合是深化地质作用认识的重要途径。这样室内显微镜下的薄片鉴定（岩矿鉴定的基本内容）就显得非常重要了，程裕淇每次从野外工作回到室内都会对所有样品的薄片进行详细观察，并把手标本的观察和显微镜下的观察紧密结合起来，通过显微镜下的详细观察，可以准确确定岩石的矿物组成、不同矿物之间的相互关系及生成顺序，进而确定岩石的形成与演化过程。在显微镜下观察时，程裕淇除对岩石的主要组成、结构等进行详细描述之外，还会对一些重要地质现象进行素描（后来随着技术的进步以照相为主）。为了准确统计微观下不同矿物的含量，开始是用肉眼目测，有了显微镜积分台之后，程裕淇开始采用积分台进行统计，以此准确确定岩石中不同矿物的含量。正是这样详细的观察，程裕淇在康定地区最早识别出变质矿物的分带现象，首次在我国划分出变质带；在鲁西的雁翎关地区识别出残余的鬣刺结构，为确定科马提岩的存在提供了直接证据；在太行山平山小觉地区识别出深熔作用的演化序列，从而为建立深熔作用演化过程奠定了基础；等等。

由于岩石薄片鉴定的重要性，程裕淇一贯强调从事野外地质调查的人员需要亲自进行岩石的薄片观察和鉴定。但是我国主要从事地质调查的地质队长期以来分工过细，野外调查人员只负责野外工作，岩矿鉴定则由专门的室内岩矿鉴定人员负责，这样就产生了野外调查与室内研究的严重脱节。程裕淇在多次讲话和文章中批评了这种野外与室内研究脱节的做法，提出“基本的岩矿鉴定工作交给别人去做，在国外是一个笑话，我们要

1990年，程裕淇在办公室用放大镜和显微镜研究阜平群变质岩

努力改变这种状况，岩矿必须自己去鉴定”，并建议给从事地质填图的野外分队配备显微镜，由在野外一线工作的人员自己进行岩矿鉴定。遗憾的是，程裕淇呼吁了多年，这个问题还是没有得到根本解决。

树高叶茂，系于根深。观察是地质调查的基础，地质调查是各项地质工作和地质研究的基础，只有把基础打牢，才能在地质研究中取得更大的成绩。

二、精益求精，治学严谨

程裕淇在地质研究中一个重要的学术作风就是治学严谨。他在晚年多次提到自己一生中两个1.8米的研究过程，这两个1.8米的详细研究充分体现了他严谨的治学态度。

前已述及，在研究鲁西雁翎关组变质火山岩时，程裕淇及其团队开始从地球化学角度提出该区可能存在科马提岩，但是没有找到科马提岩独特的鬣刺结构，尚不能做出定论。之后经过翻山越岭、多次寻找，终于在石河庄剖面仅有1.8米的范围内发现了从堆晶岩带、火山岩浆分异带到火山冷凝带的完整序列，并在火山冷凝带所采集的样品中，通过显微观察发现了难得的残余鬣刺结构，犹如大海捞针一般，从而在我国首次发现了典型的科马提岩。

第二个1.8米的详细研究是程裕淇晚年与团队成员在太行山平山的小

党地区完成的。这个地区出露的是新太古代的阜平岩群，岩层中深熔作用发育，在一些角闪岩中出现大量的不规则蝌蚪状、以长石和石英为主的浅色体，也有一些不规则条带状浅色体。以往把这类含有不同形态浅色体的岩石称为团块状混合岩、条纹（条带）状混合岩。经过多年研究，程裕淇和团队成员认为，这是岩石在地下高温减压状态下深熔作用的产物。深熔作用是指原先存在的岩石经历了粒间的、部分的、不均匀的、差异的或者完全被熔融，通常与高级变质作用密切相关。通常来说，它是在区域变质事件演化过程中，处于地壳中深层次的变质岩，由于温度升高、压力降低、流体加入或构造作用发生导致其部分乃至全部发生熔融的地质作用和过程。因此，深熔作用不仅是形成高级变质区深熔混合岩和深熔片麻岩的主要机制，而且是地壳中大面积花岗质岩浆形成的重要原因。由于深熔作用对于认识变质岩中混合岩的形成以及部分花岗岩的形成具有重要的科学意义，程裕淇和团队成员自 20 世纪 90 年代就对阜平地区的深熔作用开展了深入研究。

深熔作用是如何发生、发展的是程裕淇非常关心的科学问题。经过数次野外调查和多条剖面测制，他及其团队成员冲破难关，不辞辛苦终于在平山县小回龙沟村附近找到一条长 1.8 米的剖面，在这条剖面上一层厚 40 厘米的弱纹层状黑云变粒岩（粒度约 0.5 毫米）沿片麻理走向逐渐过渡为中粗粒的（粒度约为 1 毫米）混合岩化黑云母片麻岩。于是，他带领团队在这条只有 1.8 米的顺层剖面上进行了详细采样。他们首先对样品的薄片进行了详细的岩相学观察和研究，确定了斜长石等矿物的转变过程。从薄片上对斜长石的观测中发现，一方面，斜长石在遭受深熔作用的初期表现出大量微细的绢云母，称为糟化，之后在斜长石边部出现净边结构；另一方面，随着深熔作用的加强，在斜长石中出现板片状微斜长石，称为反条纹长石。一些微细的绢云母在深熔熔体的作用下形成了白云母，甚至在斜长石解理或裂纹部分产生不透明的熔体物质。部分斜长石在深熔过程中转变形成了夕线石。在两种长石之间出现代表粒间流体活动的缝合线结构和铰链结构。对黑云母的详细岩相学观察，表明黑云母经历了三个阶段的深熔改造作用：在深熔作用的早期，黑云母中形成颜色不同的不规则的条纹或条带，并伴随有铁质的析出；之后沿页理面分布的一些黑云母在流体作用下转变为夕线石；随着深熔作用的加强，黑云母脱水熔融形成一些不规则状的熔体。在以上详细岩相的观察基础上，通过电子探针对矿物成分进行了分析，表明随着深熔作用的进行，斜长石中钙长石的组分逐渐降低。此外，还对该剖面的样品进行了地球化学分析、高温高压实验岩石学研究。通过对 1.8 米长的剖面宏观与微观的详细研究，程裕淇及其团队提出了深熔作用初期阶段的岩相学标志，并揭示了深熔作用发生与发展的过程，因而为变质岩区的深熔作用提供了可靠的依据。

根据以上研究结果，在这个只有 1.8 米短剖面中揭示的是从细粒变粒岩到粗粒片麻岩的深熔过程，为研究不同岩石类型的深熔过程，程裕淇等还对小觉地区的浅粒岩、片麻岩和角闪岩等不同岩石类型的深熔作用过程进行了深入研究，从而为古老岩层的深熔作用研究提供了典型的范例。

1995 年 9 月，程裕淇（左）与万渝生在平山小觉地区对深熔作用进行研究

实际上，对这两个 1.8 米短剖面的详细研究并不是说程裕淇及其团队只重视点上的研究，实际上这两个点的选择是在大量详细野外地质填图和剖面测制中发现的。正如在太行山平山地区程裕淇与他的团队测制了大量剖面，程裕淇在剖面测制过程中基本都用照相机记录下整个剖面的变化过程，在每一张照片后边都详细说明了所照的内容及与相邻照片的衔接关系。程裕淇在这些点上的工作都是以详细的地质填图和剖面测量为基础的。值得一提的是，程裕淇的野外照片所用的胶卷和相纸都是国产的乐凯胶卷与相纸，这也体现出他浓浓的爱国之情。

总之，程裕淇严谨的治学态度和精益求精的工作作风，体现在很多方面。举个例子，在编写 *The Geology of China* 一书中晚古生代变质带一小节时，程裕淇就亲赴新疆阿尔泰地区考察晚古生代（海西期）变质带，因为这里既有区域动力热变质带，又有低温动力变质作用和热变质作用的叠加，是较为复杂的变质带。在此之前，新疆区调队已对该变质带进行了较为详细的研究，划分出绢云母-绿泥石带、黑云母带、铁铝榴石带、十字石带、蓝晶石-红柱石带和夕线石带，并由赵铭钰和顾家俊整理成《阿尔泰地区变质岩》一文。其实，作为全国性的总结，程裕淇完全可以根据该文进行编写，但是他认为该变质带具有典型性并比较复杂，必须亲自考察后做到心中有数，才能动手写作。于是，他和张寿广一起乘飞机到乌鲁木齐，又经过两天砂石路的颠簸才到达阿勒泰。当天到目的地后已是晚上10点，可他当晚依然与新疆区调队人员商量这次的变质岩考察路线。他们在近10天的考察中，详细调查了各变质带的矿物组合、变质作用类型、混合岩和花岗岩，并观测了已有部分变质带的岩石薄片。通过这次考察，程裕淇对该变质带的组成、空间分布和变质带与混合岩化的关系等有了明确的认识，在基本接受新疆区调队所划分的变质带的同时也提出了不同的意见：夕线石带的岩石经常受到混合岩化作用的影响，并常与有关的混合岩类、混合花岗岩类，以及伟晶岩密切伴生。最后在成文时，尽管对阿尔泰变质带又做了这么多的工作，可文中的论述仅用了300余字，从中可以看出程裕淇严谨的治学态度。

三、谦虚谨慎，博采众长

程裕淇一直谨慎谦虚，从一件小事就可以看到他谦逊的品格。前文已经说过，1939年初程裕淇发现了昆阳磷矿，可到了1982年IGCP磷块岩项目研讨会在昆明召开时，他作为中国IGCP全国委员会主席到会致辞，其中介绍到我国磷块岩研究取得的成绩，但他对自己发现昆阳磷矿一事只字未提。在此期间，参会的孙枢向国内外代表介绍了这一情况，大家才了解了这段史实。

大师需要海纳百川的胸怀，程裕淇的学术生涯就是在不断学习、不断纳新的过程中发展的。

1982年，程裕淇在昆明参加IGCP磷块岩项目研讨会后进行地质考察

由上所述，混合岩研究是程裕淇一生的追求。早期他受赛特霍姆（J. J. Sederholm）和里德的影响，认为混合岩主要是交代成因的，其中的浅色体多为外来注入（injection）。1968年，梅内特（Mehnert）提出深熔混合岩（metatexite）、高级熔融混合岩（diatexite）概念后，程裕淇非常重视。但当时处于“文化大革命”时期没有条件对此进行深入研究，一直到20世纪80年代才陆续做了一些研究，但总体研究程度相对较低。针对这一情况，程裕淇晚年选择了平山的小觉地区，对深熔型混合岩进行了深入研究。在此基础上，他不仅提出了深熔作用不同阶段的岩相学标志，还提出了深熔作用与混合岩化作用的关系，以及深熔作用对部分岩浆起源的关系等，丰富了混合岩化的成因类型，揭示了地壳深熔作用的过程，发展了混合岩化理论。

在长期的地质工作中，程裕淇重点研究的是区域混合岩，对于与构造作用有关的混合岩研究相对较少。20世纪60年代在一些高级变质岩发育地区开展的1∶20万区域地质调查发现了一些与剪切带有关的混合岩，1992年张伯友等在广东肇庆进行深层次推覆构造研究时发现了垂直分带的糜棱岩、混合岩和花岗岩带组成的地质组合特征。对于这些与构造有关的混合岩，程裕淇获知后尽快进行了部分考察，通过研究认为这是一种具有重要构造意义的混合岩。这样在区域混合岩作用和边缘混合岩化作用的基础上，增加了断裂带混合岩化作用这种类型。通过不断的学习和接纳新的成果，程裕淇不断完善了混合岩化作用的分类。

程裕淇最初提出成矿系列概念的时候是以铁矿为基础，其他矿种工作较少，是否也存在成矿系列还不清楚。在这种情况下，程裕淇阅读了大量文献，并多次请陈毓川、宋天锐给他讲与岩浆作用和沉积作用有关的成矿系列问题。在这种学习过程中，他不断完善和发展了成矿系列概念及其理论。

程裕淇不仅在自己熟悉的领域不断学习、不断发展，而且对一些自己不是很熟悉的领域甚至与自己观点不尽相同的观点和认识也认真学习。20 世纪 60 年代的区域地质调查中，由于混合岩化概念的扩大化，人们对一些古老的侵入体认识不够。1983 年 TTG 概念引入后，程裕淇积极推动在冀东高级变质岩区按照 TTG 概念开展中英合作的区域地质调查，并支持在我国其他高级变质地区也采用 TTG 的观点开展工作。根据已完成的中英合作三屯营幅地质填图，之后他由耿元生陪同到冀东的三屯营地区对中英合作填图的所有地质单元进行了全面考察，对他们划分的大多数地质单元表示认可。但是也指出了三屯营片麻岩单元有扩大化的倾向，一些变质表壳岩也混在了这个 TTG 片麻岩单元之中，并语重心长地对填图负责人杨振升、李勤说：“过去混合岩扩大化导致对一些古老的岩浆侵入岩认识不够，现在也要注意另外一种倾向，把 TTG 扩大化，忽略了太古宙表壳岩的存在。”作为试点填图，中英合作填图结束后由中方人员撰写了《高级变质岩区填图方法》一书，并请程裕淇撰写序言。他在序言中说：

> 该书的出版对改变以往 1 : 20 万区域地质调查规范要求所有变质地区，不论变质程度深浅和构造的复杂与否，都必须建立变质地层柱状剖面，因为往往依据不足就创立了不少高级区变质地层系统的情况，要求做到今后的大比例尺高级变质岩区的区调中，合理划分出物质组成和形成演变过程各具特色的填图单元，完成较能反映客观实际的地质图幅，提高对其区域地质特征的理性认识，将起到积极作用。从这个意义上说，它的出版，在我国变质岩区调工作的发展史上，具有里程碑的性质。

从上可知，程裕淇对这一成果给予了高度评价，这也是对采用 TTG 观点进行地质填图的充分肯定。由此表明程裕淇总是以一种广阔的胸怀对待新鲜事物，以及对待与自己的学术观点并不完全一致的学术认知。

对于一些新的方法技术，程裕淇也在不断地认真学习。1945 年程裕淇在美国西部进行经济地质考察期间，在芝加哥大学听了著名实验岩石学家鲍温教授的课，在高温岩石实验室做了几天的高温硅酸盐实验，并做出了温度-成分相平衡图。在这一过程中，他将高温高压实验装置绘制了详细的结构图，希望回国后能开展实验岩石学方面的研究。但是囿于当时的条件，他的这一愿望一直到晚年才得以实现。后来的长春地质学院引进了三轴高温压力仪，他认为通过这样的设备可以开展深熔作用过程的实验研究，为此三次到长春，就设备的性能、实验条件与地质条件的相关性、岩石样品的制备、实验结果的进一步分析等向主管设备的技术人员详细了解、学习，在这样的基础上确定了实验方案，最终通过实验证实了平山小觉地区的深熔过程。尽管在长春使用的三轴高温压力仪与鲍温的高温实验装置不同，解决的问题也不相同，但是他始终认为，岩石学的发展需要实验岩石学的支撑，实验岩石学资料可以模拟岩石的演化过程，因此是岩石学发展的必要手段。

程裕淇就是这样谦虚谨慎，博采众长，在不断学习和工作中提升了自己的地质研究水平，也在不断学习和交流中发展了混合岩化理论和矿床成矿系列概念及其理论。

四、八个结合，融会贯通

程裕淇一贯倡导地质工作要做到八个“结合”，即野外工作与室内工作相结合、调查与研究相结合、点与面相结合、宏观与微观相结合、直接观察与间接观察相结合、体力劳动与脑力劳动相结合、理论与实践相结合、不同科学技术方法的紧密结合。

程裕淇用一生践行了这八个“结合”。从前文已经看出，他一直在坚持理论与实践的结合、野外工作与室内工作的结合、点与面的结合、调查与研究的结合、宏观与微观的结合、直接观察与间接观察的结合。本部分通过程裕淇的日常工作看看他是如何坚持体力劳动与脑力劳动相结合、不同科学技术方法的紧密结合的。

做好任何一项科研活动，其实并不是简单易行的，是身心的结合。程裕淇一直坚持野外地质填图，他认为这是体力劳动，但是他在一个点上工作非常认真，不断思考。他常说，如果只对在一个点上所看到的现象进行描述，这是简单的体力劳动，只看到了表面现象，并不是知识。只有根据这些现象问一问“为什么”，需要进行深入的思索，探索一下这种现象形成的原因，这才是体力劳动与脑力劳动的结合，才能获得知识。他在野外常和同行的人员说，在野外观察点上首先要解决“是什么”的问题，只要具有一定的岩石学和构造地质学的基础就能够解决“是什么”的问题，这也是地质填图在点上工作的基础。但这远远不够，还需要知道“为什么”。要知道“为什么”就要思考，就要有坚实的基础和广博的知识。通常只有一个点上的思考是不够的，只有把在相邻几个点上观察到的现象联系起来进行思考才能获得较全面的认识，这才是进行地质研究的基础。所以他始终认为，只有知道了“为什么”，才是真正的科学研究，才是将体力劳动和脑力劳动相结合。

一次在冀东出野外，程裕淇很辛苦地跑了多个地方，并仔细观察了不同的斜长角闪岩。在回住地的车上，他一路闭目养神，同行人员怕影响程裕淇休息，不作打扰。他突然问道：“今天看的几处斜长角闪岩为什么都出露在一个构造带上？”随行人员说出了自己的看法后问道：“您没有休息吗？”他说：“闭目养神就是休息，但是睡不着就要想问题。”他还说：“有时路途比较长，闭目养神恢复了体力，但是大脑不要休息。这样把一天看到的地质内容在大脑里回放一遍，就能加深印象，也能对一天观察的内容做一个总结。”所以在匆匆回程的路上，既要休息，也要回顾一天地质考察的内容。程裕淇就是这样把休息和工作紧密联系在一起的。

20世纪90年代末期中国地质科学院地质研究所的刘福来在日本做访问学者期间，通过对锆石逐层抛光后进行显微观察，发现在锆石不同断面的不同区域内存在不同的包裹体矿物：在核部包裹有代表超高压变质作用的柯石英和绿辉石等特征矿物，在边部包裹有代表退变质阶段的角闪石、斜长石等变质矿物。但是由于矿物粒度过于细小，只能借助激光拉曼光谱确定矿物的种类，继而采用离子探针技术确定锆石不同域的形成时代。精确的定年结果表明，经历了超高压变质作用的核部形成于约240Ma，蜕化变质阶段形成的锆石边部则形成于约220Ma，准确确定了锆石所经历的变质作用演化过程。程裕淇知道这一进展之后非常兴奋，认为这是应用不同科学技术方法解决重要地质问题的典范。之后，他多次与刘福来、庄育勋、简平等进行讨论，了解这一组合方法的实施过程和效果，并要求简平等尽快采用这种组合技术对碧溪岭等地超高压变质岩的变质历史进行研究。

程裕淇晚年在研究太行山平山太古宙变质岩深熔作用时也采用了多种技术方法，对不同岩石类型进行室内高温高压实验之前对一些主要组成矿物进行了电子探针观测，实验之后再对这些矿物进行电子探针分析，对比实验前后主要组成矿物的成分变化，进而探讨了变质岩深熔过程化学元素的迁移规律。此外，还研究了深熔样品的地球化学特征、稀土元素和微量元素分析以及测年问题。多种技术方法的综合运用，揭示了变质岩深熔作用的过程、化学元素的迁移规律以及深熔作用的机理。

随着科学技术的发展，越来越多的技术方法被不断应用到地质研究中，为我们提供了一些新的有效的方法和手段。但是在行星地球系统演变中，地质过程是一个复杂的过程，往往通过一种方法研究有其局限性，因此，程裕淇一直强调多种技术方法的综合运用，他说，只有综合运用多种技术方法，才能更客观、更准确地认识复杂的地质过程。

五、严格要求，诲人不倦

程裕淇是著名的地质学家和地质科技管理专家，但他深刻认识到中国地质的未来需要靠有抱负、有能力的年轻地质学家担当大任，所以他一直非常注重年轻人的培养。

前已述及，1946 年中央地质调查所从重庆北碚搬回南京，为了地质事业的发展招收了一批新的成员。这样矿物岩石研究室也进了几位年轻的地质工作者（包括沈永和、边效曾、李广源、沈其韩等），由于战争，这批刚入职的地质工作者缺少实践锻炼。程裕淇作为矿物岩石研究室主任和经济地质研究室代主任，非常重视对这些年轻人的培养，为提高他们的野外实践能力，就近组织他们到南京附近的江宁一带开展中生代火山岩的地质填图工作。在野外调查中，程裕淇把新来的人员分为两人一组，沈其韩是 1946 年重庆大学毕业后考入中央地质调查所的，程裕淇就把他和 1944 年毕业于西南联合大学的李广源分为一组，由李广源带领填图。在填图过程中，他多次前往野外指导与检查工作，包括火山岩的野外识别和定名、野外火山岩岩性界线的划分和连图方法，而且对实验室内的火山岩薄片进行鉴定，程裕淇都亲自进行教学示范。其后程裕淇又特地指导沈其韩把野外填制的多幅分散的 1∶10 000 火山岩地质图拼合起来，编制成

1∶50 000火山岩地质图。在这一过程中，沈其韩不仅学会了使用缩放仪，而且掌握了由大比例尺图件缩编成中比例尺地质图的规范和规则。通过两年的实践工作，这批年轻成员基本掌握了野外地质填图方法、火山岩的分类定名以及显微镜下的矿物、岩石鉴定，为他们以后的发展奠定了坚实的基础。

在完成自己的科研任务的同时，程裕淇对所带的每一位研究生与博士后都倾注了大量的心血。1957年王泽九从宣化地质学校毕业后被分配到地质部地质矿产研究所前寒武纪地质及变质岩和有关矿产研究室工作。由于工作基础薄弱，程裕淇指导他熟悉室内工作方法，练习弗氏旋转台的使用、折射率的测定等，同时安排他每周看15—20个岩石薄片，让其尽快掌握利用显微镜进行岩石薄片鉴定。每周程裕淇还留出2次的答疑和讨论时间，由王泽九汇报看显微镜的收获并提出问题。针对工作中的一些疑难问题，他都和王泽九一同观察岩石薄片，并给以详细解释，直到弄明白为止，这样王泽九在短时间内就基本掌握了岩石薄片鉴定方法。

沈其韩和王泽九都不是程裕淇自己带的学生，但是程裕淇对他们都像对待自己的学生一样精心培养。后来，二人在回忆程裕淇的文章中写道：

> 我们二人虽然不是程先生的研究生，没有正式成为入门弟子，执师生之礼，但他把我们从一个初出校门的毛头小伙培养出来了，将沈其韩培养成专门从事前寒武纪地质和变质岩专业的地质工作者，将王泽九培养成既具有前寒武纪地质专业基础又有较广泛地质知识的专业管理人才。程先生在教育、指导和帮助方面，花费了很多心血，使我们逐步成长起来，他是我们名副其实的导师，我们是他地地道道的学生。

1955年，国家储量委员会聘请了一些年轻的地质人员作为助理评议员，主要任务是对各单位提交的矿床勘探报告提出评审意见。一些年轻同志刚参加工作不久，不知道如何进行评论，如1953年从南京大学毕业的孙枢，接到任务后感到丈二和尚摸不着头脑。时任地质部地矿司副司长的程裕淇尽管忙碌，但还是抽出时间对如何评审进行了详细的讲解，并以一个矿床为例，做了评审示范，这样在短期内就让年轻同志掌握了评审方法，很快适应了工作。总之，只要工作需要，程裕淇就认真指导、严格示范，加速年轻人的成长。

1963 年，程裕淇招收了第一位研究生，就是从中国科学技术大学毕业的毕孔彰。程裕淇与毕孔彰第一次见面时就提出，中国科学技术大学侧重基础科学知识的学习，现在学习变质岩、变质作用，更要注重实践，并且需要从理论与实践相结合的高度关注社会主义经济建设。在学习与工作中，程裕淇嘱咐他谨记地质工作的“三严”要求，即严肃的态度、严格的要求和严密的方法。为此，程裕淇安排毕孔彰在辽宁营口后仙峪地区做混合岩化作用与硼镁铁矿相互关系的学位论文。于是，他要求填制相关区域的 1∶10 000 混合岩地质图，不仅要在大片的混合岩中划分出混合岩化分带，还要填制出硼镁铁矿在混合岩中的赋存状态。讲清了要求后，程裕淇先带毕孔彰和室内有关人员到此地进行了补充踏勘，在每一个露头点他都按例进行了观察和记录，并对矿物的组成、结构构造特征、长石成分的变化做了详细描述，同时和毕孔彰等一起确定了划分混合岩带的界线标志。之后，他又两次到后仙峪检查指导工作，对工作中发现的问题给予了详细的解答。程裕淇这样的言传身教，为毕孔彰完成在后仙峪的野外地质工作增强了信心和勇气。之后回到实验室，他又指导毕孔彰进行岩石薄片鉴定，等等。在他的精心指导下，毕孔彰在这个地区顺利完成了 1∶10 000 混合岩的填图，并按时完成了自己的硕士学位论文。

1978 年恢复研究生招生考试以后，程裕淇陆续招收了近 10 名学生，对每一名学生，从题目选择、研究方案到野外工作、论文修改等，他都悉心指导，倾注了很多心血。他曾说，等我不能出野外了，就不再招收研究生了。所以对每名研究生的科研工作，他都至少有两次野外检查指导。

程裕淇非常重视研究生研究课题的选择。他认为让学生做的，自己首先要心中有数，也就是对题目难度、创新程度和研究价值等了如指掌。另外，他认为好的选题，能让研究生尽快站在本学科、本领域的科学前沿。所以在研究生选题上他主要有两个方面的考虑。一是他以前曾经工作的地区，但是感觉还有一些问题有待深入研究，需要安排研究生继续进行探讨。例如，程裕淇和他的同事在 20 世纪 60 年代曾对北京房山的接触变质带进行过调查，但是因为“文化大革命”这一研究未能深入下去，于是他安排自己在“文化大革命”后招收的第一位硕士研究生郭沪琪进一步研究房山岩体的接触变质带。再如让万渝生主要研究山东新泰雁翎关地区的雌山岩体成因，让贾跃明、朱振华重点探讨雁翎关的火山岩和地层组合，指导万渝生以辽宁弓长岭地区的铁矿成因为题进行博士学位论文研究。二是针对当时的一些前沿问题或有重要科学意义的地质问题也指导学生进行研究。20 世纪 80 年代，在山西五台山地区一些地质学家确定兰芝山岩体形成于 25.6 亿年，对于沉积不整合于兰芝山岩体之上的地层归属及其相互关系产生了争议。为此程裕淇建议研究生王平在兰芝山地区开展地质工作，完成硕士学位论文。为了了解基础地质背景，在王平的学位论文开题之前，程裕淇在伍家善陪同下提前对兰芝山岩体及其周围地质情况进行了考察，通过考察进一步明确了王平研究生的研究方向。20 世纪 80 年代后期，刘敦一等在冀东的曹庄一带发现了我国最老的碎屑锆石，江博明等在同一地区获得了 35 亿年的全岩 Sm-Nd 等时线年龄，因而该区是否存在中国最古老的岩石成了一个关键问题。程裕淇认为这在前寒武纪地质演化过程中是一个非常重要的科学问题，于是安排研究生陈涛在该区做硕士学位论文。为了进一步了解该地区的地质背景及其演化特征，在陈涛论文开题前程裕淇与同事亲赴冀东的曹庄一带进行了考察，发现该区岩石组成复杂，不同类型岩石的相互关系亟待厘清，于是确定陈涛的硕士学位论文需要在区域地质填图的基础上，以确定不同岩石类型的空间关系为重点。作为当时国际地质前沿问题，程裕淇晚年致力于变质岩的深熔作用研究，1997 年他招收了最后一名博士研究生张希平。为了他的选题，程裕淇专门在阜平地区考察了十多天，最后确定张希平重点做与深熔作用有关的平阳岩体的成因。由此可见，程裕淇在培养研究生的过程中，特别是在研究生的选题方面逐一论证，认真负责，在选题前都进行过事前考察，然后根据每个研究生的兴趣和特点，为其确定研究目标。

程裕淇不仅对研究生的选题非常重视，而且非常关注研究生的研究过程。他平时工作繁忙，但非常注重开组会，要求研究生每两三个月汇报一次工作。对研究生的文献阅读情况和阶段工作进展进行检查，并耐心解答学生提出的问题。根据研究计划，学生在野外工作期间，他还及时到野外进行指导，同时对学生的野外地质记录进行检查，对关键的地质点一起观察讨论，让学生有所收获。学位论文初稿完成后，他都会仔细阅读和审校，有些在论文打印纸的边框写下很多批语。从文章结构到专业术语，从文字描述的准确程度到地质理论探讨的深度，从研究背景到英文摘要，程裕淇都给以具体的修改和批注。万渝生在写博士学位论文前，程裕淇多次找他交谈，悉心指导。待初稿完成之后，程裕淇又反复为他修改，尤其是英文摘要，改得密密麻麻，几乎等于重写。同时，他把为什么这样改的道理讲得很明白，这让万渝生受益匪浅。后来论文通过了博士学位答辩，并以专著形式出版，程裕淇还为其题写了书名，又让沈其韩为全书写了序言。虽然程裕淇为此书付出了很多劳动，但也没有在书上署名。

程裕淇不仅在业务上对研究生悉心指导，对他们遇到的困难也给以充分理解和帮助。以上提到的张希平博士学位论文选题一事，其实科研工作也并非一帆风顺。1997 年 5 月，在中国铜业有限公司工作的张希平考上了程裕淇的博士生，紧接着就在 6 月获得了到芬兰做访问学者的机会。张希平怀着忐忑的心情，告知程裕淇此事并咨询意见。哪知程裕淇略作考虑后告诉张希平，同意保留他一年的学籍，让他去芬兰做访问学者。出乎意料的事却又接踵而来。张希平到芬兰后，把在中国已经考上博士研究生一事告诉了当时芬兰奥卢（Oulu）大学地质系系主任阿里欧（Risto Aario）教授，对方不假思索地向张希平提议："你就在奥卢大学做博士论文吧！"1998 年，张希平回国后向程裕淇进行了仔细汇报，等待他的指示。程裕淇稍稍停顿一下，就十分肯定地说："那你就读个双料博士吧！"张希平非常感动，暗下决心要加倍努力，以优异成绩报答老师的厚爱和期望。经过四年多的努力，张希平先后于 2000 年 12 月与 2001 年 11 月在芬兰奥卢大学和中国地质科学院顺利通过了两个博士学位论文的答辩，拿到了地质学双博士学位。

程裕淇在研究生培养过程中始终坚持"授之以鱼不如授之以渔"的理念，所以除了传授给学生知识外，重点是教授学生各种研究技能，从野外地质填图到岩石学的研究方法，从显微镜的使用到各种测试方法的应用，程裕淇都让每个学生经历多种技术方法的锻炼。他一直认为，只有掌握了多种技能，才能独立开展研究工作。

在指导研究生的过程中，程裕淇在思想上严格要求，以身作则。他当过副部长、部总工程师，他要求学生在野外工作时不要打着自己的旗号麻烦基层地质队。他经常去现场检查工作，也不让学生告知当地的地质队。他对学生说："基层工作很忙，你们需要踏踏实实做好自己的工作。我来检查你们的工作，如果告知基层地质队，他们势必来人看望，为地质队增加负担。”由此可见，在去野外检查学生工作时，程裕淇从不惊动基层地质队。有一次，他的一个学生为能方便获取有关资料，告知地质队自己是程裕淇的学生，程裕淇知道后严肃批评了他，并致信当地地质队表示歉意。他这样要求学生，自己也一直这样做。山西兰芝山岩体位于山西省五台县耿镇，这里距离县城几十千米。当时研究生就在农村大队的办公室里临时居住，并在他们单位食堂吃饭。程裕淇在检查研究生野外工作时，中午就和研究生一起在大队的食堂简单就餐。在了解情况后，几次陪同的同事催促他回县城吃饭，在那里中午还可以休息一会儿，可他认为这样往返太耽误时间，因此三天的野外地质检查都是在大队食堂里简单就餐。

程裕淇对学生高度负责，言传身教，使他的每位研究生都有所成就，终身受益。有的学生毕业后成为专业的管理者，如毕孔彰后来成为中国地质大学（北京）的主要领导，贾跃明成为中国地质博物馆馆长；有的成为学业有成的学者，如万渝生在前寒武纪地质和变质岩石学领域取得了突出的科研成果，并获得国家自然科学奖二等奖；有的则到海外留学发展。

从以上实例可以看出，程裕淇不仅潜心于我国的地质事业，在地质科技发展上做出了重要贡献，而且倾注满腔热血，为国家培养出高质量的接班人。回眸中华人民共和国成立70多年的光辉历程，这两大方面正是我国“科技兴国”与“人才强国”战略之所需。社会主义现代化事业的不断发展和创新，归根到底有赖于各方面创新型人才的创造性思维和创造性活动。谁能够源源不断地培养、吸引、凝聚创新型人才，谁就能够掌握实现发展目标的核心资源。程裕淇一生为地质学与地质科技管理发展呕心沥血，在地质人才凝聚和培养方面也竭尽全力。他从帮助研究生精心选题，到野外指导，到实验计划，再到为他们细心修改学位论文，总是反复推敲、精益求精。在他们的成长过程中，程裕淇依然是谆谆教诲，鼓励他们取得更优异的成绩。由此可见，程裕淇一生中都奉行为别人着想，成人之美，而他自己则淡泊名利，不图任何个人的好处和回报。

如果说程裕淇对待学生是诲人不倦，那么在家庭教育中则以身示范，寓教于行。程裕淇在家从不体罚孩子，也没有语言上的严厉指责，都是用自己的实际行动告诉孩子应该怎样做。不论是儿子还是孙女为他办点事，哪怕是拿个水杯这样的小事，程裕淇都会说一声“谢谢”，在这种耳濡目染中，孩子们懂得礼貌、知道感恩。20世纪80年代末到90年代初，程裕淇的老伴身体不太好，他尽管工作繁忙，但只要准时下班都会先去买菜，休息日就带着孙女去买菜购物，以实际行动教育孩子要懂得责任、知道担当。据程裕淇孙女程立雪回忆，程裕淇和老伴有时也拌嘴，但都是程裕淇以无奈而又包容的微笑收尾。程裕淇经常这样，在家庭和谐的氛围中，以行动让孩子体会包容的力量，用自己的行动影响、改变孩子的人格和品性。程裕淇的二儿子程学林在回忆父亲时曾说："'不言之教'是一种精神层面上默默地感染，一点一点渗入我的心目中。"

综观 20 世纪，作为一代地质大师，程裕淇的基本治学思想以调查为基础，坚持调查与研究相结合。从早年开展相关矿产调查到后期在辽宁鞍山、本溪地区与山东雁翎关等地的研究都是从地质填图开始，逐步深入，由表及里，从感性认识到理性认识，最终达到解决找矿和地质问题的目的。他对待科研始终追求精雕细磨、精益求精，两个 1.8 米的短剖面的精细研究充分展现了他这种严谨的学风，通过详细工作打造精品。更重要的是，作为一代地质大师，他始终认为未来是年轻人的世界，把提携后人作为自己的重要职责，在人才培养方面更侧重授人以渔，把自己掌握的知识和技能毫无保留地传授给年轻学者和学生，帮助他们培养独立创新的能力。

第八章　壮心不已，鞠躬尽瘁
（1996—2002 年）

一、编纂文献，留存历史

1913 年成立的农商部地质调查所（1916 年正式开始工作，后改为经济部地质调查所）是中国近现代史上最早、最著名的地质调查和地质研究机构。从 1916 年运行到 1950 年被撤销或解散，虽然只有 35 年的历史，但是从这里走出了 47 位中国科学院院士和 1 位中国工程院院士。在地质调查所工作过的老一辈地质工作者艰苦创业，为发展中国的地质事业做出了卓越贡献，也为新中国的地质科技发展奠定了良好的基础。到 1996 年时，一些在地质调查所工作的老一辈地质学家都已进入耄耋之年，不少老一辈地质学家已经离世。现在回顾地质调查所的历程、贡献和精神，把过去的有益经验和地质文化作为历史财富传承下去十分必要，也已刻不容缓。在这种历史背景下，程裕淇和陈梦熊于 1996 年在地质调查所成立 80 周年之际筹备组织出版一部名为“前地质调查所（1916～1950）的历史回顾——历史评述与主要贡献”的纪念文集。这的确是曾在地质调查所工作的老一辈地质学家的希冀，也是传承老一辈地质学家科学精神和丰富我国地质科学研究史的迫切需要。

1996 年 3 月，程裕淇和陈梦熊等经过多方联系，向曾在地质调查所工作的老一辈地质学家发出了约稿函。很快就得到在地质调查所工作过的老地质学家的积极响应，不到半年时间就收到60余篇稿件。此时一些已年近九旬且德高望重的老地质学家，如徐克勤、贾兰坡等，也在百忙之中或抱病为纪念文集撰稿。

收到这些稿件后，程裕淇和陈梦熊认真阅读，并考虑分类和整理。之后他们把全部稿件分成四大部分：第一部分是“创业与奉献”，主要反映中央地质调查所35年的历史及地质工作的发展历程和主要成就；第二部分是“开拓与创新”，重点反映地球物理、土壤科学和新生代地质等新学科的开拓与发展；第三部分是“回忆与怀念”，主要回忆当年的工作经历、学术风气和优良传统；第四部分是“追念与激励”，收集整理了一百多位曾在地质调查所工作的已故地质学家和部分其他科技人员的传记。在文集编辑期间，陈梦熊和程裕淇联名编写了4万余字的第一部分“创业与奉献”，这部分充分论述了地质调查所的创立与发展历程，详细论述了地质基础理论的研究与贡献，矿产资源与矿床地质的调查研究，地震、地球物理、制图、土壤以及燃料等新学科的开拓与发展，地质调查所的两大宝库（地质图书馆和地质矿产陈列馆）与出版事业等内容，全面介绍了地质调查所35年历史发展过程中各学科所取得的成就，以及对我国地质事业的推动和促进作用。之后，论述了地质调查所的主要特色与优良传统。在这部分，陈梦熊和程裕淇写道：“地质调查所在建所35年时间内，为当时中国的地质事业做出了重要贡献，是与它严格的管理制度、严谨的学术风气，以及自力更生、艰苦奋斗的精神分不开的。”他们把地质调查所的主要特色和优良传统概括为：①精兵简政、精益求精；②刻苦钻研、治学严谨；③人才辈出、重在培养；④学习外国经验、注重国际合作；⑤自力更生、艰苦奋斗。这些长期形成的优良传统和作风造就了一大批为国分忧的地质大师和杰出人才。同样，这些优良传统和作风对于今天建设新时代的地质科研机构也具有重要的启示作用。

该书从组稿到编辑出版仅用了8个月的时间。在这期间，程裕淇和陈梦熊做了大量的组织协调工作，付出了大量的心血。除了与陈梦熊联合撰写第一部分“创业与奉献”之外，程裕淇还撰写了回忆文章——《参加地质调查所30年代北京和附近地区大比例尺地质填图的回顾》。该书的出版，为我们及后人了解我国最早的地质调查所的历史、所做出的贡献及地质调查所的优良传统提供了一部历史教材，为我国地质发展史提供了翔实、宝贵的史料，也为记录和充实我国地质学科发展史做出了重要的贡献。

程裕淇在编写《前地质调查所（1916～1950）的历史回顾——历史述评与主要贡献》一书时，还独自或与潘江一起为章鸿钊、丁文江、翁文灏、李时俊、韩文蔚、金耀华、杨杰、朱熙人、李悦言、曾繁礽、朱福湘、陈恺、周德忠、侯光炯等曾在中央地质调查所工作的已逝同仁撰写小传。这些人中有著名的地质学家，有当时较年轻的地质人员，还有从事英文打字或磨片的普通工作人员。无论职位高低，他们都曾为地质调查所的发展做出过不同的贡献，应该被后人所铭记。此外，程裕淇晚年还参加过各种活动宣传地质调查所的功绩，以纪念缅怀老一辈地质学家。1987年12月2日，程裕淇在北京科学会堂主持由中国地质学会、中国气象学会、中国地球物理学会、中国考古学会和中国科学技术史学会联合举办的西北科学考察团（袁复礼为其骨干）成立60周年纪念会，并致开幕词。1996年12月10日，他参加了中国地质博物馆成立80周年纪念会，并参观展览。12月20日，他主持在中国地质博物馆举行的“前地质调查所（1916～1950）的历史回顾——历史述评与主要贡献”学术讨论会，并首先发言，宋瑞祥、贾兰坡、王鸿祯、叶连俊、秦馨菱、陈毓川、涂光炽、何立贤、程伯容、何金海、潘云唐等亦发言。1998年，《黄汲清纪念文集》出版，程裕淇为此书写了“序言”，并撰写了一篇纪念黄汲清的文章。他还先后撰写过回

1996年，程裕淇（左一）在中央地质调查所历史回顾研讨会上发言

忆李四光的文章，与张立生一起为谢家荣先生撰写了回忆录，为孙越崎、张炳熹先生等撰写了回忆文章。以上这些发言或文章反映了程裕淇对师长、同事的深厚情谊，也表达了程裕淇对老一辈地质学家的尊重。总而言之，这些发言或文章可以使后人了解到一些地质大师的风范和贡献，并激励现今年轻的地质工作者的斗志。一些老地质学家去世，他都赴八宝山革命公墓为曾为我国地质事业做出贡献的先贤送行，这充分体现出程裕淇对老一辈地质人的敬仰与怀念，也体现了他的高尚品德与人文情怀。

二、老骥伏枥，再结硕果

1996 年程裕淇已经 84 岁高龄，从那以后他的社会职务明显减少了，但是他孜孜以求探索未知的兴趣并没有减少。1996 年后，他在业务上主要关注苏鲁超高压变质带和变质岩的深熔过程与机理。

大别—苏鲁造山带位于我国东部华北克拉通和扬子克拉通两大克拉通之间，以广泛出露超高压（含柯石英与金刚石）榴辉岩为特征，是世界上发育规模最大的超高压变质带。20 世纪 80 年代我国学者在大别山地区先后发现了超高压变质矿物柯石英和金刚石，从而掀起了苏鲁超高压变质带研究的热潮。我国多家地质机构在这一带从事超高压变质作用的研究工作，也吸引了一批外国学者前来开展研究。20 世纪 90 年代末在这个带的江苏省东海县毛北村计划布置的第一口大陆科学钻探井（实施后为亚洲第一深井），使得苏鲁超高压带成为世界地学界的研究热点地区。

在这样的背景下，程裕淇也对超高压变质带的研究给予了高度关注，一方面，以大别山的碧溪岭地区作为重点点进行解剖性研究；另一方面，组织 1∶50 万大别苏鲁高压—超高压变质带地质图的编制，总结整个苏鲁高压—超高压带的演化规律。这样从点到面，体现了他一贯的点面结合的研究思想。同时，程裕淇积极推进我国第一口大陆科学钻探井在苏鲁高压—超高压带的实施。

1997—2000 年，程裕淇与庄育勋、杨建军、高天山等 3 次（1997 年 6 月、1998 年 4 月和 2000 年 4 月）到大别山的碧溪岭等地进行超高压变质岩考察，先后调查了马石沟中的大理岩和斜长片麻岩中的榴辉岩、梅岭地区的层状榴辉岩、韩长冲大理岩中的榴辉岩、燕窝附近的硬玉岩、碧溪岭浅色榴辉岩与深色榴辉岩的接触关系、榴辉岩中石榴子石的变形特征，等等。在此阶段，他们也对榴辉岩的围岩组成和变形特征进行了地质调查。考察时，程裕淇已超过 85 岁，但是每到一个点，他都进行详细观察，对各种现象做了详细描述，并系统采集了相关样品。考察结束后，他要求庄育勋等继续在碧溪岭地区进行大比例尺的填图，进一步了解榴辉岩的空间分布以及与其他岩石之间的接触关系。由于超高压带地质情况复杂，往往同一个露头上的一个侧面展示了一种地质关系，而在另一个侧面上完全可能给出完全不同的看法，使得有些同志感到沮丧。但程裕淇坚定地认为这是一个天然实验室，这些看来相互矛盾的现象都是大自然留给人类的珍贵遗迹，也是进一步认识自然界难得的切入点甚至是突破口。正是持有这种观点，程裕淇晚年多次出野外对超高压变质带开展深入研究，不断深化自己的认识。回到室内，程裕淇对采集回来的样品进行了详细的岩相学观测，并进行了相关分析。在此基础上，先后发表了《大别山碧溪岭深色榴辉岩和片麻状花岗质岩石 SHRIMP 分析——晋宁期高压—超高压变质作用的同位素年代学依据》（《地质学报》，2000 年，第 74 卷第 3 期）和《大别山菖蒲—碧溪岭地区高压—超高压榴辉岩相变质岩和有关岩石的岩石类型及其原岩性质》（《地质学报》，2002 年，第 76 卷第 1 期）等文章。

除了在大别山的碧溪岭地区进行点上解剖之外，程裕淇还十分重视高压—超高压带的区域分布。1997 年到 2000 年又先后 3 次（1997 年 6 月、1998 年 6 月和 2000 年 10 月）考察了苏北—胶东地区出露的高压—超高压变质带。值得一提的是，2000 年 10 月他与徐惠芬、吴春明、宋明春等一起到胶东和苏北进行野外工作，此时他已 88 岁高龄，此次地质调查也是他一生中最后一次野外考察。这次野外调查只有 5 天时间，但需要从山东诸城出发，经五莲、日照、莒南，最后到达江苏省赣榆。由于年事已高，程裕淇感到乘坐越野车一路颠簸，并且由于身体已有异常，极不舒服，但他还和年轻人一样，下车就坚持认真考察，上车与大家一起讨论所观察的地质现象。这几天，他们重点考察了与超高压变质岩有关的内容，同时考察了霓石花岗质片麻岩、边缘混合岩、浅变质岩等。白天在野外考察，有两个晚上还与徐惠芬、宋明春一起讨论 1∶50 万大别—苏鲁造山带地质图编制过程中的有关问题。88 岁高龄还亲自长途跋涉，从事野外考察，这在中国地学史上也许是创纪录的，在世界上也是鲜见的。88 岁的一代地学巨匠为他钟爱的事业不断在奋斗，为中青年地质工作者树立了榜样。

2000 年 5 月，88 岁高龄的程裕淇（右）不顾年老体弱，
依然在太行山阜平地区指导野外研究工作

大别—苏鲁造山带的编图工作是程裕淇晚年最重要的科研活动之一。为了全面总结苏鲁造山带的特征，他从 1998 年就开始推动 1 : 50 万大别—苏鲁造山带地质图的编制工作，为此多次与安徽的常印佛、山东的艾宪森等电话协商沟通，与地质调查局主管区域地质调查工作的其和日格等就立项问题进行沟通。与中国地质科学院地质研究所的徐惠芬、李锦轶、杨天南等多次协商，确定参加项目人员和分工。1999 年 3 月，程裕淇参加了该项目的立项会议，之后又组织召开了项目工作会议，协调江苏、安徽、山东等省之间的认识统一和一致表达的问题。在工作会上，从编图单位的划分到花纹符号的确定，都进行了详细讨论和推敲。尽管这张图和说明书在 2004 年是以中国地质科学院地质研究所、安徽省地质调查院、山东省第四地质矿产调查院和湖北省区域地质矿产调查所的名义正式出版的，但是程裕淇为该图的编制从立项、人员组成、编图原则的确定、编图单元的划分到图面花纹代号的表达等方面都做了大量的工作，凝聚了程裕淇的大量心血，该图和说明书对大别—苏鲁造山带的后续研究起到了积极的推动作用。

我国第一口大陆科学钻探计划的论证和推进，程裕淇也为之做了不少努力。继苏联在科拉半岛、德国在两个构造带之间的波希米亚地块实施了大陆科学钻探（也称大陆科学深钻）以后，我国也准备进行大陆科学钻探（是当时我国提出的地学领域上天、入地、下海的战略部署之一），以便从三维角度更深入地了解大陆地壳的组成和形成演化过程。为此，中国地质调查局先期设立了中国大陆科学钻探预研和选址项目。程裕淇曾考察过德国的大陆科学钻探，深知大陆科学钻探对促进地质科学发展的重要作用，因此积极推进该项工作。1996 年 1 月，他主持了大陆科学钻探选址讨论会，在会上经过多方论证，初步确定在大别—苏鲁造山带选择合适部位实施大陆科学钻探计划。1996 年 5 月，他又主持了大陆科学钻探科学研究讨论会，就大陆科学钻探拟解决的重大科学问题进行了研讨。同年 9 月，参加了"大别—胶南科学钻探选址地质调查"项目论证会。1997 年 8 月，在山东青岛参加了有中外地质学家参加的中国大陆科学钻探研讨会。经过中外科学家反复论证，我国第一口大陆科学钻探井位初步定在江苏东海。同年 10 月，他参加了大陆科学钻探执行机构研讨会，确定了大陆科学钻探的组织领导机构，并据此成立了中国大陆科学钻探委员会和顾问委员会，程裕淇担任大陆科学钻探工程科学顾问委员会主任委员。1999 年 1 月，他主持中国大陆科学钻探工程科学顾问委员会全体会议，听取了江苏东海地区的具体选址工作和前期各项准备工作的汇报，并对下一步工作提出了具体意见和建议。同年 12 月 14 日，在江苏东海毛北村参加了中国大陆科学钻探启动会，并做了发言。遗憾的是，2001 年 8 月我国第一口大陆科学钻探井开钻之后，程裕淇再也无法看到科学钻探一系列成果了。之后经过 3 年多的时间，这口探井已于 2005 年 1 月 23 日终孔，钻探深度达到 5118.20 米。这次大陆科学钻探的实施是我国上天、入地、下海战略的重要一步，通过这次科学深钻，我国科学家获得了一系列创新成果，摸清了板块会聚边界深部连续的物质组成、超高压变质区的深部物质组成；证明了地质历史上曾发生的板块携带巨量物质俯冲到地幔深处的壮观地质事件，以及发生在 7 亿—8 亿年前的重大裂解事件；标定了结晶岩地区典型的地球物理场特征；提出了地壳分层拆离的多重性和穿时性"深俯冲-折返"新模式。程裕淇为我国第一口大陆科学钻探计划的推进和实施做了大量的工作，该项目的实施，使我国在钻探技术、高压变质带等研究领域走在了世界前列。

程裕淇晚年关注的另一个科学问题就是岩石的深熔作用机理。根据大量的区域地质考察，他选择太行山的平山地区作为深熔作用研究的基地。1996—2000年，程裕淇与高吉凤、万渝生、张寿广、杨崇辉、刘增效、张希平、贺义兴等人前后7次（1996年6月、1996年9月、1997年5月、1998年10月、1999年10月、2000年5—6月和2000年9月）到平山、阜平地区进行变质岩考察。他们先后到小觉、小回龙沟、宋家口、窑上、西柏坡、桃园坊、杨家岭等地，对不同岩石类型的深熔现象进行了详细调查，并在小回龙沟、小觉、窑上等地进行了详细的剖面测制。通过区域考察和详细的剖面测制，终于在小回龙沟发现了可以反映深熔作用详细过程的短剖面，并进行了详细的研究。为了研究变质岩的深熔作用，程裕淇等对这些岩石样品进行了详细的岩相学、矿物化学、岩石地球化学、同位素年代学等的研究，同时进行了岩石样品的高温高压实验研究。为此，他三次到长春科技大学高温高压岩石实验室，与马瑞、贺义兴等探讨岩石样品高温高压实验的条件、环境以及试验后样品的分析等，获得试验结果后又与他们讨论样品的进一步测试、高温高压条件下深熔作用的特征，等等。根据这些研究结果，程裕淇和他的团队先后撰写了《河北平山晚太古代阜平群一些主要变质岩类深熔作用的初步研究》（程裕淇、高吉凤、万渝生，1996年）、“Notes on the anatexis of some metamorphic rock types of the Late Archaean Fuping Group of northwestern Pingshan，Hebei Province，China”（Cheng Yuqi，Gao Jifeng and Wan Yusheng，1997年）、《论中国河北平山西北部新太古代阜平群一些变质岩类的深熔作用》（程裕淇、高吉凤、万渝生，1999年）、《河北平山阜平群两种岩石类型的初步熔融实验及其启示》（程裕淇、万渝生、高吉凤、马瑞，1999年）、《河北平山小觉地区阜平群变质作用和深熔作用同位素年代研究的初步报道》（程裕淇、万渝生、高吉凤，2000年）、《河北平山小觉地区阜平岩群中三种岩类深熔现象的岩相学特征》（程裕淇、万渝生、高吉凤、马瑞，2001年）、《河北小觉地区阜平岩群斜长角闪岩及深熔产物的稀土和Nd同位素地球化学研究》（程裕淇、高吉凤、杨崇辉，2002年）等一系列文章，确定了不同变质岩类深熔作用的岩相学标志，揭示了变质深熔作用过程，探讨了深熔作用在混合岩和花岗岩形成过程中的作用，使太行山区的河北平山小觉成为研究变质岩深熔作用的一个经典地区。

1996 年以后，程裕淇在科研上重点抓了高压—超高压变质带和变质岩深熔作用的研究，在其他方面也做了大量工作。

2000 年 5 月 26 日第三届全国地层会议在北京香山饭店开幕，在这次会议上，时任副总理温家宝同志发表了重要讲话，他在讲话中强调：中国的地质工作要更加对外开放，在加强国际交流与合作中加快发展。他同时指出，在社会主义市场经济条件下，基础性地质工作作为一种相对独立的公共事业，主要由国家建立专门队伍承担，其工作成果提供全行业、全社会使用。经营性地质工作，包括矿产资源勘查、水文地质勘查、工程地质勘查等，以市场为导向，以技术经济评价为基础，实行有偿服务和成果有偿转让。他还对地层学的重要性进行了阐述，指出：地层学是地质科学奠基性重要学科，地层工作对于区域地质调查、矿产资源勘查、地质环境评价以至国土灾害监测都是必不可少的基础工作。在新的世纪，地层工作和地层学应有新的发展，为服务经济建设和繁荣地球科学做出更大的贡献。温家宝副总理的讲话使参会人员备受鼓舞。为起草这篇讲话稿，寿嘉华副部长、程裕淇和方克定几次开会，商定讲话的基本内容、基本框架等，后由方克定起草了讲话初稿，程裕淇又对初稿进行了修改。经过程裕淇等多人的默默工作，才有了这篇重要的讲话。程裕淇作为第二届全国地层委员会常务副主任，在这次会议上做了第二届地层委员会总结报告，全面回顾了自 1979 年第二届地层会议以来我国地层工作者所取得的成就，对今后的工作提出了建议。为做好这次会议报告，程裕淇多次听取有关专家意见，修改报告初稿。会议期间，他参加了前寒武纪小组的讨论。5 月 30 日，程裕淇与寿嘉华共同主持第三届全国地层会议总结大会，会议选举寿嘉华为第三届全国地层委员会主任，程裕淇当选为第三届全国地层委员会名誉主任。

程裕淇作为《地质学报》中文版、英文版和《中国地质》杂志的主编，晚年花了很多时间审稿和修改稿件。打开程裕淇日记，便可以看到他整个晚上大都在审稿，作为主编，尽管他是终审，但对每篇文章都认真阅读和修改。从内容到文字、从插图到附表，都进行认真细致的校对修改，特别是《地质学报》的英文版和中文论文的英文摘要，他都进行了认真的审阅。有时为一个术语的英文用词，他还与有关专家通电话商榷，非常认真。在审稿过程中，他经常与当时负责《地质学报》英文版的费振壁讨论如何提高期刊论文的质量和水平。程裕淇大多是利用晚上时间审阅几个杂志的论文，即使是出差期间，也是利用晚上时间进行稿件校改，写评审意见。他就是这样，抓紧每分每秒的时间工作。

2000 年，程裕淇与参加第三届全国地层会议的部分人员合影
（前排左三：寿嘉华，右三：程裕淇，右二：王泽九）

三、生命不息，奋斗不止

2000 年 9 月体检时，程裕淇发现身体异常，化验结果出来后，得知前列腺特异性抗原（PSA）高，体检医生建议他去医院做进一步检查。当时程裕淇手上还有一些工作，并已安排 10 月到山东进行考察，所以没有及时进一步检查。直到 10 月下旬，他结束平生最后一次野外考察——山东半岛高压—超高压变质带和前寒武纪地质考察回到北京后，月底才与中国科学院的房桂明医生商议，于 11 月 22 日去安贞医院检查，后又在 12 月 1 日去北京大学附属第一医院抽血化验 PSA，结果指标均高。当月 16 日，在九三学社六届全会期间，他就以上病情征询好友吴阶平（九三学社第九届和第十届中央委员会主席、第八届和第九届全国人民代表大会常务委员会副委员长、中国科学院和中国工程院两院院士、泌尿外科专家）的意见，吴阶平建议他对腹部进行全面检查。之后，程裕淇按照吴阶平的建议，一边到医院做进一步检查，一边按计划开展各项地质工作。其间，他还参加了天津前寒武纪研究中心成立大会（2000 年 11 月 26—28 日）、大

陆科学深钻科研设计讨论会（2000 年 12 月 7—8 日）、中国地质科学院“九五”项目成果汇报会（2000 年 12 月 14—15 日）、李四光地质科学奖第四届第一次会议（2001 年 1 月 12 日）等重要会议。在此期间，他同时在撰写、修改太行山平山地区深熔作用和大别山碧溪岭超高压变质作用的论文。尽管身体已有异常，但还是一边检查身体一边忘我地工作，常常是晚间也在工作。2000 年 12 月 13 日，程裕淇在日记中写道：“上午房桂明大夫来。与徐（注：指徐惠芬）及简平继续核对汇报资料，研究补充‘碧溪岭’原岩材料。下午继续，马瑞来谈平山实验岩石学工作。晚上部分时间校对‘碧溪岭’原岩汇报资料。”尽管此时他已身患重病，但仍把时间排得满满的，不遗余力地为地质事业不断奋斗。

2001 年 2 月 2 日，程裕淇在医生的劝说下第一次在北京大学附属第一医院住院，就在住院的前一天，即 2 月 1 日他还一直在忙于工作。住院后，他日记中写道：“上午在院（注：指中国地质科学院）。与简平选碧溪岭显微相片。李光岑来谈地质词典条目（已交王泽九转）。与李锦轶通电话交谈大别项目工作。与耿元生通电话，委托转告徐惠芬。下午去北大医院普通外科就诊于范大夫，至检查同意开住院单，即去住院部登记。”程裕淇就是这样，始终把地质工作放在第一位。

2001 年 2 月 2 日，程裕淇住进北京大学附属第一医院第二住院部，并接受了各种检查。他住院后，国土资源部领导非常关心，2 月 6 日寿嘉华副部长、叶冬松司长代表部领导、部人事司前去探望。没过几天，医院根据化验结果与各项测试资料，经各科医生会诊，院方认为他的病情较为严重，建议尽快手术治疗。鉴于他年事已高，手术风险较大，家属和寿嘉华副部长也认真听取了介绍，最后定于 2 月 12 日进行手术。手术前，程裕淇还分别给耿元生、吴春明、杨崇辉、简平、徐惠芬、庄育勋等打电话，安排布置有关工作。2 月 9 日寿嘉华副部长再次到医院看望程裕淇，并与医院就手术方案等交换意见。12 日手术后，程裕淇的病情平稳，并转入高干病房。20 日杨遵仪、王鸿桢、杨起等老友到医院看望程裕淇。在这种状况下，他一直没忘记工作，21 日拆线后，他与耿元生、郝梓国、杨崇辉通电话，就阜平群的深熔作用研究和《地质学报》编辑等提出意见和建议。2 月 26 日，吴春明、王泽九、陈毓川、朱沐、《中国地质》的许林根等到医院看望他，他也与他们谈到有关工作。到 4 月 3 日出院前，他的病情基本平稳，在此期间，沈其韩、李廷栋、肖序常、赵逊、董树文等先后到医院看望程裕淇，他们都希望他能安心静养，尽快恢复健康。程裕淇拖着虚弱的病体，见到他们仍不忘谈论工作。大家为了他的身体着想，只能简单说几句，就匆匆离去。在程裕淇术后休养中，他还给常印佛、许志琴、宋明春、周春亭、徐惠芬等打电话，讨论1∶50万大别—苏鲁造山带地质图的编图工作进展，还在看《地球科学大辞典》修改情况。程裕淇就是一位永远放不下工作的学者。

返家休养后，程裕淇又根据北京大学附属第一医院放射科申主任的建议，于4月5日开始用白介素、胸腺素两种生物制剂治疗，每种药隔日注射一次，5月30日才能结束治疗。用药期间，医院还邀请了医学科学院储大同教授会诊，由他制订治疗方案。与此同时，从4月12日开始，程裕淇的家属约请中医大夫一直配合治疗。出院后，一般状况尚可，饮食正常，体重变化不大，大便次数略多，但也正常，尿较频。5月初，程裕淇的第一位研究生毕孔彰去家中看望自己的导师，程裕淇对他说：我的状态不好，每天餐前餐后的药不少，吃药快像吃饭了。他又嘱咐说："你回去一定告诉老师们，培养学生一定要多跑野外，多填图，多实践。现在分来的学生野外工作的基本功需要提高。"7月15日，温家宝副总理及部领导到程裕淇家中亲切探望。8月初，部里又安排程裕淇去泰陵疗养。

他的博士研究生张希平2000年12月在芬兰奥卢大学通过了博士论文答辩，回国后就听说程老生病住院了。张希平紧接着又要在中国地质科学院进行第二篇博士学位论文答辩，程裕淇就委托沈其韩对张希平的博士论文研究作进一步的指导。当张希平的论文基本定形之后，他到导师家做了全面汇报。程裕淇听后很高兴，鼓励他继续努力，争取做得更好。

9月12日，程裕淇因小腿浮肿入住北京医院。9月13日又做了血常规、B超、心电图、胸透等一系列检查，当天下午内科周主任来做检查。9月14日中医科一同会诊，程裕淇已服中药，这时他的双腿浮肿有所减轻。等双腿治疗告一段落后，9月29日程裕淇出院，出院后他们立即将上述情况报告给了部办公厅。

11月28日，程裕淇再次住进了北京医院。尽管身体健康每况愈下，但他心中总是装着工作。他的研究生张希平在他和沈其韩院士的关怀与指导下，于当年11月底顺利通过了中国地质科学院的博士学位论文答辩，实现了程裕淇让张希平"读个双料博士"的目标。此时张希平听说程裕淇病重住院后，就赶紧去北京医院陪伴了他一阵，并告知他自己获得了“双料博士”的消息，已差不多进入弥留状态的程裕淇送给了张希平最后一句话：“今后就靠你自己了！”

程裕淇住院期间，不少领导和亲人、朋友都去探望，12月20日，国务院副秘书长徐绍史代表温家宝副总理前去问候。先后去的还有地质矿产部、国土资源部新老领导朱训、陈洲其、孙文盛、寿嘉华、中国科学院院士常印佛等。2002年1月2日上午，程裕淇的清华同班好友杨遵仪（古生物地层学大师）、程裕淇在变质岩领域的同行好友董申保这两位中国科学院院士相约到北京医院住院部，对值班医生说明了他们的身份，以及与程裕淇的亲密关系，试探性地询问是否可简单给程裕淇拜个年、问个好。医生和护士考虑到程裕淇这几天病情稍稳定一些，就同意他们进去一会儿，但要尽快出来。杨遵仪和董申保轻声走到病床前，把鲜花放到桌上，向老朋友打声招呼，道一句“新年好！早日康复！”又在程裕淇病床边拍了几张弥足珍贵的合影照片，几分钟工夫，就匆匆告辞出来。

可是，谁都没有想到的是，程裕淇的病情当天中午就迅速恶化，医院方面立刻动用了一切抢救措施，尽管尽了最大努力，但最终抢救无效，2002年1月2日16:00，一颗伟大的心脏永远停止了跳动，这位国宝级大科学家以九十高龄与世长辞。

从程裕淇生命中最后一年多时间健康状况逐渐恶化过程中，可以看出各级党政领导，包括温家宝副总理、国土资源部相关部门负责人以及亲朋好友，对这位优秀的中国共产党党员、受人尊敬的科学家是竭尽全力地爱护和无微不至地关怀。各相关医务部门的医护人员也是尽职尽责，发扬救死扶伤的革命人道主义精神。程裕淇和他的家人也衷心感激各级领导的关怀、爱护，积极地配合医护人员的工作，尽可能维护身体健康，赢得更多的时间。程裕淇本人始终心怀自己的科学事业、革命事业。董申保回忆说，他与程裕淇相知相识50多年，都是在跟变质岩打交道，就是在程裕淇临终前三周给他通电话讲的都是变质岩问题，真是“三句话不离本行”。

程裕淇的一生，是艰苦奋斗、勤奋学习和研究地质科学的一生，是为祖国四个现代化和共产主义宏伟事业顽强拼搏、无私奉献的一生，为后来者树立了光辉的榜样。

程裕淇逝世后，根据程裕淇的愿望，家属将其获得的何梁何利基金科学与技术奖的奖金及部分积蓄捐献出来，在中国地质科学院研究生院设立了“程裕淇优秀研究生奖励基金”，奖励历届获得优秀学位论文的研究生和优秀研究生。可见程裕淇为提携后人真是尽了毕生精力！

四、大师远去，风范永存

20世纪末，国土资源部考虑到程裕淇为我国地质工作和地质科学事业发展所做出的卓越贡献，于1999年决定在他从事地质工作70周年暨九十诞辰时出版他的论文选集，借以表彰他的伟业丰功。2000年，在程裕淇的亲自指导下，他的秘书朱沐等开始从事收集、整理和编辑工作，原计划于2002年程裕淇九十诞辰时出版，但不幸的是，他2000年底生病住院，后于2002年1月2日病逝。此后，国土资源部党组为加强《程裕淇文选》的编辑出版工作，成立了文选编辑委员会，寿嘉华为主任，叶冬松、沈其韩为副主任。程裕淇逝世后，编委会由于领导关怀、专款支持，多次开会研讨出版具体事宜和有关问题，编委之一的王泽九自始至终主持编辑事务具体运作，编委会副主任沈其韩给予了很多实际指导。经过全体有关同志的辛苦努力，《程裕淇文选》（上、中、下卷）终于在2005年12月由地质出版社出版发行。全书370多万字，分科学论著篇和科技管理篇两大部分，分别占101篇（2065页）和74篇（365页），另有72张珍贵的照片，其中彩色照片51张、黑白照片21张。

2006年6月9日，在北京西黄城根北街全国人大会议中心举行庆祝程裕淇院士从事地质工作70年暨九十五华诞并《程裕淇文选》首发式大会，国土资源部时任部长孙文盛主持大会，并致了热情洋溢的开幕词。《程裕淇文选》编委会主任寿嘉华副部长在会上系统全面地介绍了该书的编撰过程和主要内容。编委会副主任沈其韩和编委之一的王泽九联合发言谈了学习《程裕淇文选》的深切体会。董申保院士、王鸿祯院士和刘东生院士先后发言，回顾了程裕淇对我国地质事业发展做出的贡献。程裕淇晚年的合作者杨崇辉研究员在大会上做了《缅怀程老，学习程老》的发言。

2011年，以沈其韩院士为首的程裕淇的生前好友和同事向中国地质科学院递交了“程裕淇院士诞辰100周年纪念活动的请示报告”，报告提出纪念活动包括召开程裕淇学术思想座谈会、编纂《程裕淇年谱》《程裕淇纪念文集》，等等。该报告得到国土资源部、中国地质调查局、中国地质科学院的高度重视，分别成立了部、局、院有关领导负责的各专门筹备组，以保证各项工作顺利进行。

2012 年 10 月 7 日，即程裕淇院士 100 周年诞辰纪念日，在国土资源部会议大厅举行了纪念程裕淇院士 100 周年诞辰暨程裕淇院士学术思想研讨会。国土资源部时任部长、国家土地总督察徐绍史主持大会并慷慨激昂地致辞。中国工程院院士、中国地质科学院原院长陈毓川在发言中说："今天是程老诞辰 100 周年，作为后辈，我非常怀念他。程老是我们学习的榜样，我体会到纪念程老、学习程老首先要学习他热爱我们的祖国、热爱我们的地质事业的高尚情怀。"中国科学院院士、中国科学院地质与地球物理研究所所长朱日祥在发言中说："程裕淇先生不仅是享誉全球的地质专家，而且是著名的科技管理专家，是中国现代地质科学的开拓者。程先生热爱科学，更热爱自己的祖国。"地质矿产部原部长宋瑞祥在发言中说："希望各界学子认真研究程老的文章，以程老为榜样，探索地球的奥秘，勇攀地球高峰，在中华民族复兴之路的征途中取得新的成就！"程裕淇院士生前经常指导和合作的单位代表——山东省地质矿产勘查开发局高级工程师宋明春、中国地质调查局国家地质实验测试中心主任庄育勋研究员也在会上发言。在纪念大会举行的同时，《程裕淇年谱》和《程裕淇纪念文集》也于 2012 年 10 月正式出版。

程裕淇的一生，是勤奋学习、不断拼搏的一生，是为我国地质学发展鞠躬尽瘁、死而后已的一生，是为我国四个现代化和共产主义宏伟事业顽强拼搏、无私奉献的一生。程裕淇在 70 年的地质岁月中为我国地质事业的发展做出了重要贡献，从昆阳磷矿的发现到矿床成矿系列概念的提出，从奠基我国变质岩石学的研究到发展我国前寒武纪地质学的研究，从创建最早的同位素年代实验室到推动超高压变质作用的研究，从推动促进《中华人民共和国矿产资源法》的立法到公益性地质队伍的建设，从改革开放初期推进地质科研的对外合作交流到促进海洋地质调查，从地质科研到行政管理，这些都体现了程裕淇对我国地质事业发展做出的贡献。

2002 年，温家宝副总理为纪念程裕淇从事地质工作七十年暨九十华诞题词："淇奥栽德立业，裕如强国富民，七秩地质生涯，科技管理兼盈。"这是对程裕淇一生最好的概括总结。

主要参考文献

艾宪森，张成基，张天祯，等. 2013. 程裕淇院士与山东地质工作（1962—1998）//中国地质科学院. 程裕淇纪念文集. 北京：地质出版社，66-79.

毕孔彰. 2013. 深切怀念和感谢恩师程裕淇的教育和指导——纪念程老诞辰100周年//中国地质科学院. 程裕淇纪念文集. 北京：地质出版社，59-65.

常印佛. 2013. 回忆程老二三事//中国地质科学院. 程裕淇纪念文集. 北京：地质出版社，41-44.

陈克强，魏书章. 1982. 程裕淇副部长谈地质填图的体会. 中国区域地质，(1)：8-10.

陈克强. 1993. 程裕淇教授关于区调工作的意见. 中国区域地质，(1)：3-6.

陈克强. 2013. 纪念程裕淇先生诞辰100周年//中国地质科学院. 程裕淇纪念文集. 北京：地质出版社，92-105.

陈毓川. 2013. 把成矿系列概念发扬光大——纪念程老诞辰100周年//中国地质科学院. 程裕淇纪念文集. 北京：地质出版社，36-40.

陈毓川. 2013. 在“纪念程裕淇院士诞辰100周年暨程裕淇院士学术思想研讨会”上的发言//中国地质科学院. 程裕淇纪念文集. 北京：地质出版社，9-11.

程学林. 2013. 父亲生前的那些事//中国地质科学院. 程裕淇纪念文集. 北京：地质出版社，161-163.

程裕淇. 1996. 程裕淇（篇目）//中国科学院学部联合办公室. 中国科学院院士自述. 上海：上海教育出版社，710-711.

程裕淇. 2005. 程裕淇文选（上卷、中卷、下卷）. 北京：地质出版社.

程裕淇，陈梦熊. 1996. 前地质调查所（1916～1950）的历史回顾——历史评述与主要贡献. 北京：地质出版社，1-331.

董申保. 2013. 程裕淇先生是中国变质作用和变质岩研究的创始人//中国地质科学院. 程裕淇纪念文集. 北京：地质出版社，186-187.

段晓薇. 2010. 他们也是战士——从《地质论评》看抗战烽火中我国地质学科的发展及对抗战的贡献. 地质论评，56（4）：604-608.
侯江. 2008. 抗战内迁北碚的中央地质调查所与中国西部科学院. 地质学刊，32（4）：317-323.
李廷栋. 1987. 热烈庆祝程裕淇教授从事地质工作58周年. 中国地质科学院院报，（16）：1-4.
李廷栋. 2013. 纪念程裕淇院士百年华诞//中国地质科学院. 程裕淇纪念文集. 北京：地质出版社，2013：31-35.
刘东生. 2013. 程裕淇先生和《程裕淇文选》——祝贺《程裕淇文选》的出版//中国地质科学院. 程裕淇纪念文集. 北京：地质出版社，181-185.
陆春榕. 2013. 平易近人 可歌可敬的长辈——纪念程裕淇先生诞辰100周年//中国地质科学院. 程裕淇纪念文集. 北京：地质出版社，127-130.
潘云唐. 1984. 程裕淇在四川. 四川地质学报，（5）：105-109.
潘云唐. 1986. 地质科学家程裕淇. 中国科技史料，7（4）：40-46.
潘云唐. 1987. 变质地质学及前寒武纪地质学权威——程裕淇. 宁夏地质报，1987-12-15：4.
潘云唐. 1987. 地质学家程裕淇//叶永烈. 浙江科学精英. 杭州：浙江科学技术出版社，145-149.
潘云唐. 1990. 变质地质学家、矿床学家程裕淇//黄汲清，何绍勋. 中国现代地质学家传. 长沙：湖南科学技术出版社.
潘云唐. 1991. 老当益壮的程裕淇. 科技日报，1991-04-28：2.
潘云唐. 2000. 勇于探险，勤于思索——程裕淇院士访谈录. 少年科普报，2000-04-10：1.
潘云唐. 2002. 在野外用两条腿走出来的地质学家//浙江嘉兴市政协学习和文史资料委员会. 嘉兴骄子·下册. 北京：当代出版社，46-50.
潘云唐. 2006. 程裕淇年谱. 院史资料与研究，（1）：448-460.
潘云唐. 2013. 永远缅怀敬爱的程裕淇伯伯——纪念程裕淇院士诞辰100周年//中国地质科学院. 程裕淇纪念文集. 北京：地质出版社，117-122.
潘云唐. 2018. 我国变质岩石学、前寒武纪地质学和矿床学的一代宗师——程裕淇. 矿物岩石地球化学通报，37（1）：149-151；37（2）：355-357；37（3）：555-558；37（4）：787-790.
裴荣富. 2013. 回忆程老对我国铁矿研究的重大贡献//中国地质科学院. 程裕淇纪念文集. 北京：地质出版社，45-46.
任富根. 难以忘怀的实践—创新—审慎启蒙教育——纪念程裕淇先生诞辰100周年//中国地质科学院. 程裕淇纪念文集. 北京：地质出版社，131-142.
沈其韩. 2012.《程裕淇年谱》前言//中国地质科学院. 程裕淇年谱. 北京：地质出版社，XI-XIII.
沈其韩. 2013.《程裕淇纪念文集》序//中国地质科学院. 程裕淇纪念文集. 北京：地质出版社，I-VI.
沈其韩. 2013. 程老在科学研究中贯彻的正确指导方针和优良的研究方法//中国地质科学院. 程裕淇纪念文集. 北京：地质出版社，21-24.

沈其韩，王泽九. 2013. 程裕淇（1912－2002）//孙鸿烈. 20世纪中国知名科学家学术成就概览·地学卷·地质学分册（一）. 北京：科学出版社，616-627.
沈其韩，王泽九. 2013. 读《程裕淇文选》的几点体会//中国地质科学院. 程裕淇纪念文集. 北京：地质出版社，188-199.
沈其韩，王泽九. 2013. 深切怀念和感谢恩师程裕淇的教育和指导——纪念程老诞辰100周年//中国地质科学院. 程裕淇纪念文集. 北京：地质出版社，47-58.
寿嘉华. 2005.《程裕淇文选》前言//程裕淇. 程裕淇文选·上卷. 北京：地质出版社.
寿嘉华. 2013.《程裕淇文选》全面反映了程裕淇先生在矿产勘查、变质地质、前寒武纪地质和地质科技管理等方面的成就//中国地质科学院. 程裕淇纪念文集. 北京：地质出版社，174-179.
宋明春. 2013. 代表程裕淇院士经常指导和合作的单位在“纪念程裕淇院士诞辰100周年暨程裕淇院士学术思想研讨会”上的发言//中国地质科学院. 程裕淇纪念文集. 北京：地质出版社，17-18.
宋瑞祥. 2013. 在“纪念程裕淇院士诞辰100周年暨程裕淇院士学术思想研讨会”上的发言//中国地质科学院. 程裕淇纪念文集. 北京：地质出版社，7-8.
孙枢. 2013. 怀念前辈程裕淇先生//中国地质科学院. 程裕淇纪念文集. 北京：地质出版社，25-30.
孙文盛. 2013. 程裕淇院士为中国地质工作和地质科学事业的发展作出了卓越的贡献（在“庆祝程裕淇院士从事地质工作70年暨95华诞并《程裕淇文选》首发式”上的发言）//中国地质科学院. 程裕淇纪念文集. 北京：地质出版社，169-173.
万渝生. 2013. 忆我的老师程裕淇先生//中国地质科学院. 程裕淇纪念文集. 北京：地质出版社，148-153.
王恒礼，王子贤，李仲均. 1989. 程裕淇（条目）//王恒礼，王子贤，李仲均. 中国地质人名录. 武汉：中国地质大学出版社，227-228.
王鸿祯. 2013.《程裕淇文选》首发式纪念（在“庆祝程裕淇院士从事地质工作70年暨95华诞并《程裕淇文选》首发式”上的发言）//中国地质科学院. 程裕淇纪念文集. 北京：地质出版社，180.
汪民. 2012.《程裕淇年谱》序//中国地质科学院. 程裕淇年谱. 北京：地质出版社，I-IX.
王泽九. 1999. 特别奖获得者程裕淇//李四光地质科学奖委员会. 1995李四光地质科学奖获得者主要科学成就与贡献. 北京：地质出版社，2-25.
王泽九，沈其韩. 1991. 程裕淇//《科学家传记大辞典》编辑组. 中国现代科学家传记·第二集. 北京：科学出版社，347-356.
王泽九，潘云唐. 2001. 程裕淇（1912— ）//中国科学技术协会. 中国科学技术专家传略·理学编·地学卷2. 北京：中国科学技术出版社，259-277.
徐绍史. 2013. 在“纪念程裕淇院士诞辰100周年暨程裕淇院士学术思想研讨会”上的发言//中国地质科学院. 程裕淇纪念文集. 北京：地质出版社，3-6.
杨崇辉. 2013. 缅怀程老，学习程老（在“庆祝程裕淇院士从事地质工作70年暨95华诞并《程裕淇文选》首发式”上的发言）//中国地质科学院. 程裕淇纪念文集. 北京：地质出版社，200-203.
杨振升. 2013. 忆程老——记在高级变质区开展1∶5万地质填图方法研究期内的一些

难忘的事//中国地质科学院. 程裕淇纪念文集. 北京：地质出版社，83-91.
于志鸿. 2013. 回忆与程裕淇先生在川西的日子//中国地质科学院. 程裕淇纪念文集. 北京：地质出版社，114-116.
张成基. 2013. 科技工作者的楷模——记与程裕淇先生交往的几件事//中国地质科学院. 程裕淇纪念文集. 北京：地质出版社，106-113.
张寿广. 2013. 怀念程老——回顾与程老接触中的二三事//中国地质科学院. 程裕淇纪念文集. 北京：地质出版社，143-147.
张希平. 2013. 生命不息，科学研究不止——怀念恩师程裕淇教授//中国地质科学院. 程裕淇纪念文集. 北京：地质出版社，154-160.
张以诚. 1984. 程裕淇小传. 地球，（3）：30.
张振寰. 2013. 程裕淇先生对地层工作的卓越贡献——程裕淇院士诞辰100周年//中国地质科学院. 程裕淇纪念文集. 北京：地质出版社，123-126.
赵一鸣. 2013. 与程裕淇老师接触中的某些印象//中国地质科学院. 程裕淇纪念文集. 北京：地质出版社，80-82.
《中国科技史料》编辑部. 1986. 程裕淇. 科苑英华录，7（4）：6.
《中国科学家辞典》编委会. 1983. 程裕淇（条目）//徐志春. 中国科学家辞典·现代第二分册. 济南：山东科学技术出版社，350-355.
周维屏. 1987. 程裕淇对中国铁矿地质的调查研究. 中国地质科学院院报，（16）：21-26.
周维屏. 1987. 程裕淇教授著作目录. 中国地质科学院院报，（16）：253-262.
朱日祥. 2013. 在"纪念程裕淇院士诞辰100周年暨程裕淇院士学术思想研讨会"上的发言//中国地质科学院. 程裕淇纪念文集. 北京：地质出版社，12-13.
朱训，陈洲其. 2003. 中华人民共和国地质矿产史（1949～2000）. 北京：地质出版社，1-368.
庄育勋. 2013. 在"纪念程裕淇院士诞辰100周年暨程裕淇院士学术思想研讨会"上的发言//中国地质科学院. 程裕淇纪念文集. 北京：地质出版社，14-16.
Berger R. 1988. Cheng Yuqi，President of Geological Society of China. Episode，11(3)：233.

附录一　程裕淇年谱

1912 年

10 月 7 日出生于浙江省嘉善县一个塾师家庭。

1927—1929 年

在浙江省立第一中学读高中，并于毕业前四个月以通信报名方式考取清华大学。

1929—1933 年

在清华大学地理系学习，1933 年毕业时该系已更名为地学系，获得地学系地质组理学学士学位。

1933—1935 年

任实业部地质调查所调查员，在皖、赣、苏、湘、闽等省调查地质、矿产。

1935 年

通过中英“庚子赔款”公费考试到英国留学，接受李四光建议入利物浦大学，在里德教授指导下主攻变质岩石学。1938 年获哲学博士学位。留英期间除在苏格兰进行野外地质工作外，还曾到北欧考察变质地质和变质矿床，拜会了芬兰的变质岩石学权威爱斯柯拉和挪威的地球化学权威戈尔德施密特。回国前考察了瑞士境内阿尔卑斯山区的变质岩，并于 1938

年经中国香港转越南回到抗战后方中国云南昆明。

1938—1949 年

历任经济部中央地质调查所技士、技正、简任技正，兼矿物岩石、经济地质两个研究室主任，并兼经济部资源委员会专门委员、中央研究院地质研究所兼任研究员。

1939 年

1 月，同王学海、黄汉秋在云南发现了昆阳磷矿。

3 月，与崔克信、周德忠去西康调查砂金、铁、煤等矿产，历时一年。发现道孚变质古生代海相火山岩。

1940 年冬—1941 年春

同李树勋去湖南沅陵和桃源调查金矿，研究晚前寒武纪浅变质岩。

1941 年秋冬

同彭琪瑞、朱夏、任泽雨（赵心斋）等去西康进行路线地质调查，发现了志留纪、泥盆纪化石和中国第一个（丹巴）渐进变质带。

1942 年 10 月—1943 年 5 月

参加了以黄汲清为首的新疆石油地质调查队，后与黄汲清、杨钟健、周宗浚、卞美年、翁文波联名发表了《新疆油田地质调查报告》，其中提出“陆相生油论”“多期多层含油论”，还与黄汲清等联名发表了《新疆侏罗纪煤层自燃》《新疆阿克苏塔克拉克地区之第四纪冰碛与非冰碛沉积》等文章。

1944—1946 年

到美国、加拿大、墨西哥考察了金、银、铜、铁、钒、铬等三十几个矿区和墨西哥帕里库廷活火山，等等。其间随著名实验岩石家鲍温进行了短期学习，还参观了二十几个地质教育和地质调查机构。

1946 年

获中国地质学会纪念赵亚曾先生研究补助金。

1946—1948 年

领导并参加南京附近中新生代火山岩区 1∶50 000 地质填图。

1947 年

去台湾参加中国地质学会第 23 届年会，考察了台湾金瓜石金矿等。

1948 年

与沈永和联名发表了《江苏江宁方山第三纪火山岩》。

1948—1950 年

任《中国地质学会志》主编。

1950 年初

在辽宁省鞍山、本溪铁矿区从事铁矿地质研究，重点勘查了鞍山市弓长岭铁矿，领导编写了《鞍山市弓长岭铁矿地质》报告。11 月 1—7 日，出席在北京召开的中国地质工作计划指导委员会扩大会议，被任命为该委员会矿产地质勘探局经济地质处副处长。同年，被任命为中国科学院地质研究所副所长（至 1953 年）。

1951 年

兼任东北南部地质矿产调查队队长，领导并参加了辽东鞍山、本溪、辽阳等地鞍山式铁矿和通远堡硼镁铁矿的地质调查与太子河参窝水库坝址地质工作。

1952 年

任湖北大冶 429 铁矿地质勘探队队长，组织并指导铁山地区的铁矿详勘和外围的铁矿普查工作。

1952 年底—1956 年

任地质部地质矿产司副司长。

1953 年

1 月，出席全国地质工作人员会议，做了题为“对于勘探中国铁矿问题的初步意见”的报告，提出中国铁矿类型的划分和对白云鄂博铁矿进行综合利用矿物岩石研究的规划性意见。

2 月底，偕子迁至北京，秋夫人到京。加入九三学社。

1955 年

当选为中国科学院学部委员（院士）。

1956 年

任地质部技术司总工程师（至 1960 年）；参加《1956—1967 科学技术发展远景规划》制定工作。

1957 年

任地质部地质矿产研究所前寒武纪地质及变质岩和有关矿产研究室主任。

4—7 月，在鞍山、辽阳、本溪等地区从事前寒武纪地质及鞍山式铁矿研究。

10—12 月，参加访苏科技代表团，任地质矿产组顾问。

1959 年

任地质部地质科学研究院副院长，并与王曰伦一起组织领导 1∶300 万全国前寒武系地质图和矿产图的编制及全国前寒武系总结，并在第一届全国地层会议上做全国前寒武系研究的总结报告；出席全国群英会。

1962—1963 年

率沈其韩、王泽九等去山东新泰地区从事前寒武纪地质研究，后发表了《山东新泰雁翎关一带泰山群变质岩系的初步研究》《山东太古代雁翎关变质火山-沉积岩》等。

1962 年

参加在广州召开的全国科学工作会议，任第八组副组长，后参加国家十年（1963—1972）科技发展规划制定工作。主编的《中国的前寒武系》和《1∶300 万前寒武系地质图》出版。任《地质论评》主编（至 1966 年）。

1963 年

与沈其韩、刘国惠、王泽九合著的《变质岩的一些基本问题和工作方法》出版（获 1978 年全国科学大会奖励）。

1964 年

兼任地质部地质研究所所长；当选为中国人民政治协商会议第四届全国委员会委员；去辽宁后仙峪矿区从事硼镁铁矿研究。

1965 年

两次去西昌地区泸沽矿山梁子、会理等铁矿指导勘查和研究工作，并去川西宝兴和丹巴地区指导区域地质研究工作。

1971 年

5—9 月，去陕西潼关太要进行变质铁矿研究。

1973 年

9 月，赴罗马尼亚考察火山岩地质矿产，任副团长。

1974 年

9 月，赴瑞典考察地质矿产，任团长。

1976—1978 年

《中国几组主要铁矿类型》在三家刊物上先后发表，英文译本自 1976 年起进行国际交流，提出铁矿“成矿系列”的概念。

1977 年

任中国地质科学院副院长（至 1980 年）。

1978 年

当选为中国人民政治协商会议第五届全国委员会委员及中国矿物岩石地球化学学会副理事长（至 1993 年）；出席全国科学大会；参加赴联邦德国及法国参观访问的地质代表团。

1979 年

任地质部副部长（至 1982 年）；在第二届全国地层会议上被选为全国地层委员会副主任；当选为中国地质学会第 32 届理事会副理事长；任国家第一届发明奖励评审委员会委员，后兼地质、采矿组组长（至 1993 年）；任《中国地质科学院院报》主编（至 1992 年）；《初论矿床的成矿系列》一文刊出；7 月 27 日在中国地质科学院科技处党支部由陆春榕、苗培实介绍加入中国共产党，成为预备党员。

1980 年

参加在法国巴黎召开的第 26 届国际地质大会，任中国代表团副团长并出席国际地球科学联合会理事会，任中国首席代表；任《地质学报》主编（至 2001 年）；任国家第一届自然科学奖励评审委员会委员（至 1994 年）、任《中国大百科全书》编委会委员兼地质卷编委会主任（至 1993 年）、任中国 IGCP 全国委员会主任（至 1999 年）、地质部（后为地质矿产部）科学技术委员会副主任；出席中国科协第二次全国代表大会，并当选为中国科协第二届全国委员会委员；8 月 20 日，预备党员转正，成为中国共产党正式党员。

1981 年

当选为中国科学院地学部常务委员兼地学部副主任（至 1993 年），任地质部（后地质矿产部）学位委员会主任（至 1989 年），国务院学位委员会地质学科评议员兼评议小组副组长、组长（至 1985 年）；主持在江西南昌和大庾举行的国际钨矿讨论会；任《中国地质》主编（至 2001 年）；与沈其韩、王泽九会同曹国权去山东新泰石河庄实地观察，初步肯定新太古代雁翎关组中的科马提质熔岩。

1982 年

任地质矿产部总工程师（至 1984 年）兼科学技术顾问委员会主任（至 1986 年）；获英国伦敦地质学会（终身）荣誉会员称号；主持在云南昆明召开的国际磷矿讨论会（IGCP 156 项目）。

1983 年

当选为中国人民政治协商会议第六届全国委员会常务委员；任国际科学联合会岩石圈委员会中国国家委员会执行主席（至 2000 年）；代表中国出席泰国曼谷 IGCP 南亚区工作会议及学术会议和 IUGS 执行局扩大会议。

1984 年

参加在莫斯科举行的第 27 届国际地质大会，任中国代表团副团长并出席国际地质科学联合会理事会，任中国首席代表；会上正式代表中国申请在中国召开第 29 届国际地质大会（后该届定在日本召开，第 30 届在中国召开）；主持广西锡矿讨论会，考察广西云开大山加里东期变质带、福建东山岛一带燕山期变质岩带。

1985 年

任全国自然科学名词审定委员会（后改称全国科学技术名词审定委员会）委员兼地质学名词审定委员会主任委员（任至 2001 年）；考察冀东前寒武纪地质。

1986 年

任《地质学报》英文版主编（至 2001 年）；当选为中国科协第三届全国委员会委员并做《最大限度地合理开发利用矿产资源》大会发言；赴瑞典参加国际矿床成因协会（IAGOD）第七届大会，会后参加芬兰地质旅行并去联邦德国海德堡大学岩石矿物系做学术讲学；与杨遵仪、王鸿祯共

同编著的 *The Geology of China* 一书在英国克拉伦登出版社出版。

1987 年

任国际石炭纪地层和地质大会常设委员会委员（至 1991 年），参加主持第 11 届国际石炭纪地层和地质大会，任学术委员会主任；参加主持宜昌国际末前寒武纪—寒武纪学术讨论会；《有关混合岩岩化作用的一些问题——对半个世纪以来某些认识的回顾》一文发表。

1988 年

当选为中国人民政治协商会议第七届全国委员会常务委员并任科学技术委员会委员；赴英接受利物浦大学名誉科学博士学位，并进行考察访问；在天津主持 IGCP 东北亚地区工作会议；参加主持天津 IGCP 元古宙活动带地球化学及成矿作用学术讨论会；参加广州 IUGS 执委会扩大会议及沉积学学术讨论会；参加长春国际变质作用与地壳演化学术讨论会；赴山东胶东及鲁西进行早前寒武纪变质地质调查研究；与徐惠芬等发现山东新泰石河庄雁翎关组中科马提质熔岩的鬣刺结构。

1989 年

参加在美国华盛顿召开的第 28 届国际地质大会，任中国代表团团长，并出席国际地质科学联合会理事会，任中国首席代表；任地质矿产部科学技术高级咨询中心顾问；任李四光地质科学奖委员会副主任（至 2002 年）；任陈嘉庚科学奖基金会理事（至 1997 年）；任《1∶500 万中国地质图》（中、英文版）及《中国区域地质概论》主编；赴河北遵化、阜平，山东新泰，辽宁鞍山弓长岭进行太古宙变质地质调查研究。

1990 年

在北京召开的第 15 届国际矿物学大会上做题为“华北地台早前寒武纪变质矿物某些研究新进展”的学术报告（英文，未刊）；去河北遵化、山东新泰进行太古宙变质地质调查研究。

1991 年

任《中国地层典》主编；当选为中国科协第四次全国代表大会代表，出席大会；出席在奥地利维也纳举行的国际岩石圈计划国家代表会议并参加国际大地测量学与地球物理学联合会（IUGG）系统学术讨论会；代表中国出席马尼拉 IGCP 东南亚地区工作会议并参加学术讨论会；赴辽宁鞍山地区进行太古宙变质地质调查研究；9月对兰州以北的皋兰群进行调查研究。

1992年

参加在日本京都召开的第29届国际地质大会，任中国代表团副团长，并出席国际地质科学联合会理事会，任中国首席代表，宣读论文两篇；赴山东新泰进行太古宙变质地质调查研究。

1993年

参加在德国波茨坦召开的大陆科学钻探国际大会；出席北京IGCP 280项世界最古老岩石的国际学术讨论会；与伍家善、宋彪共同宣读《华北地台太古宙岩石——华北太古宙演化史四分的建议》论文；赴山西中条山进行早前寒武纪地质调查研究。

1994年

任何梁何利基金科学与技术奖评选委员会委员兼学科评审组组长（至1997年）；任ILP第III-6项目“碰撞造山带的超高压变质作用及地球动力学”主席（至1999年）；参加国际矿床成因协会大会，做题为“关于矿床成矿系列”的大会报告；出席在美国斯坦福大学召开的ILP III-6项目第一次学术研讨会（超高压变质作用与构造活动），做题为“华中东部榴辉岩研究的一些新进展”的发言；赴河北平山进行太古宙阜平岩群岩石的深熔作用研究；赴安徽大别山对榴辉岩地质特征进行野外考察；任中国地质科学院地质科学高级咨询中心名誉主任。

1995年

任地质矿产部地质调查局总顾问、《中国区域地质概论》英文版主编；继续赴河北平山研究阜平岩群变质岩石的深熔作用；赴山东新泰雁翎关地区研究新太古代雁翎关组；荣获李四光地质科学奖荣誉奖。

1996年

任地质矿产部科学技术高级顾问、科技领导小组顾问；第30届国际地质大会荣誉委员会委员、顾问委员会副主任；当选为中国科协第五次全国代表大会代表；出席在北京召开的第30届国际地质大会，任K-1组“了解大陆岩石圈”论文组执行组长，大会期间还主持ILP III-6项目任务工作会议，并参加ILP执委会和国家代表会联席会议；继续赴河北平山研究阜平岩群岩石的深熔作用。

1997 年

参加在山东青岛召开的大陆科学钻探选址国际科学讨论会；继续去河北平山研究阜平岩群岩石的深熔作用；去江苏东海地区和安徽大别山超高压变质带进行调查研究；去五台山、恒山考察早前寒武纪地质。

1998 年

任中国地质科学院名誉院长；继续赴河北平山研究阜平岩群深熔作用，并赴长春科技大学参加有关的高温高压实验工作；在安徽岳西碧溪岭及附近地区对超高压变质岩进行剖面和室内研究；在山东东部从北到南进行超高压变质岩地区的区域调查；荣获何梁何利地球科学奖。

1999 年

继续赴河北和长春进行变质岩深熔作用的野外与室内研究，并在河北平山及阜平指导一名博士生的野外工作；去河南及湖北境内大别山超高压变质地区进行调查，并在安徽岳西碧溪岭超高压变质区进行剖面和室内研究；参与编写《中国地质学（扩编版）》，由地质出版社正式出版。

2000 年

继续赴河北和长春对变质岩深熔作用进行研究；参加河北太行山北段平山、阜平间的早前寒武纪区域地质编图工作；继续在野外指导博士生工作；继续开展安徽岳西碧溪岭地区超高压变质岩研究工作；赴山东胶南地区进行几个重点超高压变质岩产地的野外调查工作；任我国东海大陆科学钻井（中国科钻一井）科技指导委员会主任；主编的《中国区域地质概论》英文版（*Concise Regional Geology of China*）正式出版；当选为第三届全国地层委员会名誉主任。

2001 年

2—4 月、9 月、11 月至年底三次因病住院治疗，其余时间在家治疗和休养；对大别—苏鲁造山带 1∶50 万地质图和太行山北段早前寒武纪区域地质编图工作进行原则性及具体指导，撰写、修改有关论文。

2002 年

1 月 2 日因病在北京逝世，享年 90 岁。

附录二　程裕淇主要论著

程裕淇. 房山万寿山幅地质简报手写稿（未刊）. 存全国地质资料馆，1932：1-18.

程裕淇，祁延霈. 北京长辛店、大灰厂、坨里间基本地质特征（未刊）. 毕业论文. 原存清华大学（因战乱已遗失，篇目由程裕淇回忆），1933.

程裕淇. 山西省之煤田. 自然周刊，1934，2（86）.

程裕淇. 湖南茶陵县三路水镇毛丫岭人形山及何家等处地质报告（未刊）. 存全国地质资料馆，1934：1-32.

程裕淇. 湖南益阳板溪锑矿（未刊）. 存全国地质资料馆，1934：1-119.

程裕淇，陈恺. 安徽庐江矾石矿地质研究. 地质汇报，1935，（26）：1-32.

谢家荣，程裕淇. 福建安溪永春永泰等县矿产报告. 矿冶，1935，（8）：1-12.

谢家荣，孙健初，陈恺，等. 扬子江下游铁矿地质志（中、英文）. 地质专报，甲种第 13 号. 1935，4：1-78.

程裕淇，陈恺. 江苏南京附近铁矿地质. 地质专报·甲种第 13 号（英文附录），1935，4：124-153.

程裕淇，谢家荣. 福建安溪永春永泰地质矿产. 地质汇报，1936，（27）：1-24.

程裕淇，熊永先. 湖南沅陵县柳林汊金矿地质（附英文摘要）. 地质汇报，

1936，（27）：48-72.
程裕淇. 水成岩的接触变质. 地质论评，1936，1（5）：545-588.
谢家荣，程裕淇. 湖南中部铅锌矿地质（The lead-zinc deposits of central Hunan）. 地质汇报，1937，1-20，1-72.
程裕淇. 介绍一种岩石新分类方法. 地质论评，1937，2（3）：273-284.
Cheng Y C. Orogenesis in China. Proc. Liverpool Geol. Soc.，1937，17：231-242.
王曰伦，刘祖彝，程裕淇. 湖南宁乡铁矿地质（附英文摘要）. 地质汇报，1938，（32）：1-32.
Cheng Y C. Geology and geomorphology of North Sutherland. Thesis Submitted for the Ph. D. in the Departments of Geography and Geology，in the University of Liverpool. 1938：1-428.
王曰伦，刘祖彝，程裕淇. 湖南宁乡铁矿地质. 经济部地质调查所简报第6号，1938：1-36.
程裕淇. 云南昆阳中邑村歪头山间磷灰岩矿地质简报. 地质论评，1939，4（3-4）：185-193.
程裕淇. 云南昆阳中邑村歪头山间磷灰岩矿地质简报.经济部地质调查所简报第36号，1939：1-6.
程裕淇. 云南磷矿发现经过与概况（手写稿未刊）. 存全国地质资料馆，1939：1-10.
程裕淇. 西康泰宁砂金矿（手写稿未刊）. 存全国地质资料馆，1939：1-38.
程裕淇. 西康省东部砂金矿简报. 手写稿未刊. 存全国地质资料馆，1939：1-119.
Cheng Y C. "Reaction Principle" as applied to certain mineral transformations in migmatitic rocks. Bulletin of Geological Society of China，1940，20（2）：113-119.
程裕淇，崔克信，周德忠. 西康省冕宁县泸沽铁矿山磁铁矿简报.经济部地质调查所简报第47号，1940：1-13.
程裕淇，李树勋. 湖南沅陵柳林汊附近之脉金矿. 地质论评，1941，6（3-4）：310-313.
Cheng Y C. On the occurrence and metamorphism of late Palaeozoic extrusive

rocks of Taofu，Sikang. Bulletin of Geological Society of China，1941，21（1）：25-52.

程裕淇，李树勋. 湖南沅陵桃源边区金矿地质——区域构造和变质作用的研究.中央地质调查所简报第 70 号，1941.

程裕淇，李树勋. 湖南沅桃边区脉金矿地质概要（手写稿未刊）. 存全国地质资料馆，1941：1-52.

程裕淇，李树勋. 湖南桃源冷家溪黄山溪梅子溪一带金矿业概括（手写稿未刊）. 存全国地质资料馆，1941：1-6.

程裕淇，崔克信，周德忠，等. 西康冕宁县泸沽铁矿山磁铁矿（附英文摘要）. 地质汇报，1942，（35）：1-14，1-6.

程裕淇，阮维周，周德忠，等. 西康会理县毛姑坝小黑箐铁矿（附英文摘要）. 地质汇报，1942，（35）：15-24，7-10.

程裕淇. 西康会理县白花树尖山附近铁矿（附英文摘要）. 地质汇报，1942，（35）：25-28，11-12.

程裕淇，崔克信，周德忠. 西康道孚县菜子沟铁矿山铁矿（附英文摘要）. 地质汇报，1942，（35）：29-44，13-28.

Cheng Y C，Jen C Y. On the discovery of pre-middle Devonian volcanic series in Eastern Sikang. Bulletin of Geological Society of China，1942，22（3-4）：253-262.

Cheng Y C. A homblendic complex，including appinitic types，in the migmatite area of North Sutherland，Scotland. Proceedings of Geologist' Association，1942，53（2）：67-85.

程裕淇. 西康零星矿产（手写稿未刊）. 存全国地质资料馆，1943：1-6.

黄汲清，杨钟健，程裕淇，等. 新疆石油以外矿产调查报告（手写稿未刊）. 存全国地质资料馆，1943：1-32.

Cheng Y C. The migmatite area around Bettyhill，Sutherland. Quart. Jour. Geol. Soc，1944，99（3-4）：107-154.

Huang T K，Cheng Y C. On the occurrence of Pleistocene glaciation along the northern margin of the Tarim basin. Science Record Academia Sinica，1945，1（3-4）：492-499.

Huang T K，Cheng Y C. Spontaneous combustion of Jurassic coal seams in

SinKiang. Science Record Academia Sinica，1945，1（3-4）：500-506.
Cheng Y C. On successive zones of regional metamorphism in the vicinity of Tanpa，Sikang. Science Record Academia Sinica，1945，1（3-4）：519-526.
程裕淇. 西康剪影. 重庆：独立出版社. 1945：1-86.
Cheng Y C. The source of vanadium in the United States: A report on the vanadium deposits in U. S. A.（未刊）. 1945：1-17.
程裕淇. 探矿地质述略. 地质论评，1946，11（5-6）：389-390.
程裕淇. 墨西哥巴利古丁（Paricutin）附近之活火山. 地质论评，1947，12（5）：349-358.
黄汲清，杨钟健，程裕淇，等. 新疆油田地质调查报告. 地质专报•甲种第21号，1947：1-118.
程裕淇. 德喀式角闪质岩石在中、美两国之发现. 地质论评，1948，13（1-2）：129-130.
程裕淇. 西康康定之阿许式混合岩. 地质论评，1948，13（1-2）：130-131.
Cheng Y C，Shen Y H. The Tertiary volcanic rocks of Fangshan，Chiangning，Kiangsu. Bulletin of Geological Society of China，1948，28（3-4）：107-154.（中文由黄懿先生译出，由著者审阅后，在《程裕淇文选》中刊出）
程裕淇. 江苏江宁县方山地质旅行指南（未刊）. 中国地质学会，1948：1-12.
程裕淇. 野外调查关于岩石方面的几个问题. 矿测近讯，1950，（110）：2930.
程裕淇，赵贵三，王运昌，等. 鞍山市弓长岭铁矿地质（未刊）. 政务院财经委员会1950年地质矿产调查报告之六，1950：1-90.
程裕淇，沈永和，沈其韩. 辽东凤城通远堡铁矿地质报告（未刊，手写稿）. 存全国地质资料馆，1950：1-61.
程裕淇，赵贵三，王运昌，等. 辽东省弓长岭第一、二矿区铁矿简报（未刊，手写稿）. 存全国地质资料馆，1950：1-42.
程裕淇，沈其韩，沈永和. 太子河参窝本溪间蓄水库及参窝北坝工程计划地质调查初步报告（未刊，打印稿）. 存全国地质资料馆，1951：1-36.
程裕淇. 对于勘探中国铁矿问题的初步意见. 地质学报，1953，33（2）：120-133.

程裕淇. 对于勘探中国铁矿问题的初步意见. 科学通报，1953，(5)：15-25.
程裕淇，朱夏. 地质勘探工作纲要（草案）（未刊）. 中华人民共和国地质部打印分发，1953：1-27.
程裕淇. 关于编写地质报告的一些意见. 地质知识，1955，（1）：14-16.
程裕淇. 中国已知铁矿的成因与工业类型及今后的普查方向（未刊）.地质会议文献汇编第一部分，1955：42-58.
程裕淇. 两年来地质勘探工作原始记录和室内综合整理方面存在的问题及其改进意见（未刊）. 地质会议文件汇编第三部分，1955：503-511.
程裕淇. 野外地质工作中关于侵入岩和变质岩方面的几个问题. 地质知识，1956，（1）：12-13.
程裕淇. 野外地质工作中关于侵入岩和变质岩方面的几个问题(续完). 地质知识，1956，（3）：14-15.
程裕淇. 第一个五年计划中的地质工作（未刊）. 中华人民共和国科学技术普及协会，1956：16.
程裕淇，沈其韩. 对于戚铮同志所著《鞍山附近前震旦纪地层划分和侵入体时代问题》一文的意见和补充. 地质论评，1957，17（1）：114-116.
程裕淇. 中国东北部辽宁、山东等省前震旦纪鞍山式条带状铁矿中富矿的成因问题. 地质学报，1957，37（2）：153-180.
程裕淇. 关于研究变质岩和变质地层的一些基本知识（节要）//中华人民共和国地质部. 第一次区域地质测量会议文献汇编. 北京：地质出版社，1957：196-205.
程裕淇. 关于四川省西部（前西康省东部）新构造运动的一些地质资料//中国科学院地学部. 中国科学院第一次新构造运动座谈会发言记录. 北京：科学出版社，1957：130-133.
中华人民共和国地质部. 地质勘探工作原始地质记录暂行规范. 北京：地质版社，1957：1-35.
Cheng Y C. La Prospection geologique au cours Du premier Plan quinquennal. Syntheses. Numero Special Consacre a la Chine，1958，134：55-59.
程裕淇. 中国已知铁矿类型的特征、分布与生成的地质条件及今后的普查方向（未刊）. 全国第一次矿产会议，1958，9：1-27.
程裕淇. 华北部分地区 1 : 50 万前寒武纪地质草图简要说明 （未刊，打印稿）. 存全国地质资料馆，1958：1-15.

程裕淇. 华北部分地区 1∶50 万前寒武纪地层分布地区内矿点分布草图简要说明（未刊，打印稿）. 存全国地质资料馆，1958：1-5.

程裕淇. 我国已知的重要铁矿类型简介. 地质论评，1959，19（5）：236-238.

程裕淇. 解放十年来中国地质科学的成就. 地质论评，1959，19（9）：387-391.

程裕淇，沈其韩，陆宗斌，等. 关于辽宁鞍山附近鞍山系地质年代新资料. 地质论评，1959，19（4）：186.

程裕淇. 十年来中国铁矿地质工作的成就. 地质月刊，1959，（9）：10-13.

朱效成，程裕淇. 十年来中国地质科学研究工作的辉煌成就. 地质月刊，1959，（10）：61-63.

程裕淇，裴荣富，陶惠亮. 铁矿地质学//中国科学院编译出版委员会. 十年来的中国科学•地质学（1949—1959）. 北京：科学出版社，1959：75-99.

程裕淇. 变质岩的鉴定和研究方面的一些基本问题. 矿物原料，1959，（3）：48-61.

程裕淇. 十年来我国地质科学的成就. 光明日报，1959-09-10：4.

程裕淇. 在嵩山前寒武纪地层筹备会议上的讲话（未刊，打印稿）. 存中国地质科学院地质研究所，1959：1-9.

程裕淇，裴荣富，陶惠亮. 中国主要外生变质铁矿与内生铁矿预测图（1∶300 万）（未刊，打印稿）. 存中国地质科学院地质研究所，1959：1-14.

程裕淇，裴荣富，陶惠亮. 对各省编制 1∶50—1∶100 万铁矿分布图、预测图，计算铁矿地质远景储量及编写说明书初步意见（未刊，打印稿）. 存中国地质科学院地质研究所，1959：1-6.

屠格林诺夫 А И，司徒普尼可娃 Н И，克诺列 К Г，等. 关于中国岩石绝对年龄的讨论. 地质科学，1960，（3）：111-121.

Чен Юйчи. Стратиграфия Докембрия Китая. Science Record New Series，1960，4（4）：183-198.

Ли Пу，Чен. Юйчи，Ту гонжн. А. И. Тугаринов ，С. И. Зыков，И. Ступникова，К. Г. Кнорре，Н. И. Полевая，С. В. Врандт. Об Абсолютном Возрасте Горных Пород Китайской Народной

Республики. Геохимия. Ио. 7. 1960：570-585.
程裕淇. 中国前寒武系. 科学记录（新辑），1960，4（4）：143-153.
程裕淇，王曰伦. 1 : 300 万中国前寒武纪地质图. 北京：地质出版社，1961.
程裕淇. 1 : 300 万中国前寒武系地区矿产分布图（未公开出版）. 1961.
程裕淇. 自觉地运用辩证唯物主义发展地质科学. 光明日报，1961-05-11：2.
程裕淇. 变质岩系分布地区的成矿作用和找矿问题. 中国地质，1962，（1）：12-19.
程裕淇，沈其韩. 变质岩系分布地区进行区测和普查的一些工作方法. 中国地质，1962，（4-5）：5-17.
程裕淇，王曰伦. 中国的前寒武系（全国地层会议学术报告汇编）. 北京：科学出版社，1962：1-80.
地质部地质研究所前寒武纪地质及变质岩研究室编，程裕淇主编. 中国的前寒武系（全国地层会议学术报告汇编），北京：科学出版社，1962：103-117.
程裕淇. 对于地质科学工作的一些体会和意见（未刊）. 广州科技会议文件（铅印），1962：1-6.
程裕淇，沈其韩，陆宗斌，等. 鞍山附近鞍山群的层序和时代//中华人民共和国地质部地质科学研究院. 地质丛刊甲种·前寒武纪地质专号（1）. 北京：中国工业出版社，1963：217-247.
程裕淇. 正确认识岩矿工作，切实做好岩矿工作（以《中国地质》评论员名义）. 中国地质，1963，（9）：1-7.
程裕淇，沈其韩，刘国惠，等. 变质岩的一些基本问题和工作方法. 北京：中国工业出版社，1963：1-199.
程裕淇. 对于岩石学发展近况的估计和我国今后开展有关工作的一些参考意见（初稿）. 中国地质学会会刊，1963（1-3）：14-26.
程裕淇. 第一届矿物、岩石、地球化学学术年会的闭幕词（未刊）.中国地质学会会刊，1963：59-62.
程裕淇. 关于地质科学技术研究工作的几个问题（未刊）. 地质部地质科学研究院铅印，1963：1-20.
程裕淇，沈其韩，王泽九. 山东新泰一带泰山群变质岩类和岩浆岩类岩石的地质年代学研究. 地质论评，1964，22（3）：198-209.
程裕淇，李璞. 关于我国地质年代学研究一些成果的讨论. 科学通报，1964，8（8）：659-666.
程裕淇，沈其韩，于荣炳，等. 我国北方某些地区岩浆岩类和变质岩类绝对年龄数据的讨论//地质部地质书刊编辑部. 中华人民共和国地质部地质科学研究院论文集（甲种第 1 号）. 北京：中国工业出版社，1965：173-188.
程裕淇. 关于混合岩、混合岩化作用和花岗岩化作用. 西南地质科技情报，1965，（3）：1-7.
程裕淇. 谈地质工作中的一些方法问题. 西南地质科技情报，1965，（3）：8-14.
程裕淇，王泽九，高吉凤，等. 614 矿后仙峪区科研工作组岩石小组 1964 年度小结报告（未刊，铅印稿）. 存全国地质资料馆，1965：1-21.
Cheng Y Q，Zhong F D，Su Y J. Pre-sinian of Northern and Northeastern China（未刊）. 1972：1-14.
程裕淇，伍家善. 对于陕西潼关太要铁矿矿床特征的一些初步看法（未刊，打印稿）. 存地质科学院地质研究所，1972：1-20.
程裕淇. "中国华北和东北地区前震旦系" 一文的背景资料和有关情况与问题的说明（未刊，打印稿）. 存地质科学院地质研究所，1972：1-30.
程裕淇，钟富道，苏咏军. 中国华北和东北地区的前震旦系. 地质学报，1973，47（1）：72-81.
程裕淇. 关于混合岩、混合岩化作用、花岗岩化作用和混合岩地区的工作方法及对宁夏地区几个问题的看法. 宁夏地质，1973，（3）：1-12.
程裕淇. 略谈混合岩的几个问题及对庆格勒图幅若干地质体的看法. 宁夏地质，1973，（3）：15-19.
程裕淇，陈毓川. 罗马尼亚火山岩地区地质矿产概述（未刊）. 1974：1-77.
程裕淇. 瑞典铁矿考察报告（未刊）. 1974：20-58.
程裕淇. 谈福建省的变质岩问题. 福建区测，1975，（2）：1-5.
程裕淇，赵一鸣，陆松年. 我国几组主要铁矿类型. 地质科技，1976，（2）：8-29.
程裕淇，赵一鸣，陆松年. 我国主要铁矿类型的基本特征和寻找富铁矿的初步意见. 地质矿产研究，1976，（3）：1-23.
程裕淇. 关于铁矿普查找矿工作的几个问题. 黑龙江地质，1976，（1）：11-18.
程裕淇. 关于铁矿普查找矿工作的经验体会. 地质科技资料（长春地质学院），1976，（6）：1-4.
Cheng Y C，Zhao Y M，Lu S N. Main type-groups of Iron deposits of China（未刊，中国地质科学院铅印稿），1976：1-30.
程裕淇，沈其韩，王泽九. 山东新泰雁翎关一带泰山群变质岩系的初步研究. 地质矿产研究，1977，（3）：1-158.
程裕淇. 对于富铁矿地质工作的综合研究和矿产预测问题的一些意见. 地质科技，1977，（6）：1-4.
程裕淇. 关于我国已知主要富铁矿类型的一些认识的回顾以及对工作中某些科技问题和找矿方向的初步意见. 地质科技，1978，（3）：11-19. 又刊登于福建地质科技情报，1978，（2）：1-10.
程裕淇，赵一鸣，陆松年. 中国几组主要铁矿类型. 地质学报，1978，52（4）：253-268.
程裕淇. 火山岩系分布地区（浅成岩浆活动地区）铁矿普查找矿工作的二个问题//河南省冶金地勘公司，冶金会战指挥部“七·二一”大学. 富铁矿找矿理论和方法汇编. 1978：248-250.
程裕淇. 关于变质岩地区工作几个问题的探讨//河南省冶金地勘公司，冶金会战指挥部“七·二一”大学. 富铁矿找矿理论和方法汇编. 1978：310-315.
程裕淇. 赴西德、法国考察报告（未刊）. 1978：114-116，126-128.
程裕淇，陈毓川，赵一鸣. 初论矿床的成矿系列问题. 中国地质科学院院报，1979，（1）：32-58.
程裕淇，赵一鸣，陆松年. 中国几组主要铁矿类型. 国际交流地质学术论文集（3）·矿物 岩石 矿床. 北京：地质出版社，1979：134-151.
程裕淇，陈鑫，夏宪民. 中国主要铁矿类型及其区域成矿分析的一些认识//地质部书刊编辑室. 国际交流地质学术论文集（3）·成矿作用和矿床. 北京：地质出版社，1980：35-41.
程裕淇. 地质科学及有关地质工作今后的一些动向（未刊）. 中国地质代表团参加第26届国际地质大会汇报论文集，1980：5-8.

程裕淇，王泽九. 英伦三岛西北部赫布里底群岛内带早第三纪的火山中心（未刊）. 中国地质代表团参加第26届国际地质大会汇报论文集，1980：129-134.

程裕淇. 要珍惜矿产资源. 光明日报，1980-05-09：2.

程裕淇. 略谈我国的矿产资源. 解放军报，1980-06-26：4.

Cheng Y Q，Chen X，Xia X M. Some new knowledge concerning the main types of iron deposits of China and their Minerogenetic analysis. Abstracts 26th IGC，1980，III：919.

程裕淇. 地质科学正孕育着新飞跃. 百科知识，1981，（3）：59-62.

程裕淇. 围绕地质中心任务做好地质工作的几个问题和关于区域成矿分析问题（未刊）. 1981：1.

程裕淇. 地质部地质成果公开出版系列试行方案（未刊）. 1981：1-6.

程裕淇. 庆祝中国地质学会成立六十周年大会开幕词. 地质论评，1982，28（6）：514.

程裕淇，张寿广. 略谈我国不同变质时期的变质岩系、变质带和若干有关问题. 中国区域地质，1982，（2）：1-14.

程裕淇，闻广. 区域成矿分析若干问题. 中国区域地质，1982，（2）：93-101.

Cheng Y Q，Bai J，Sun D Z. The lower Precambrian of China. Rebista Brasileita de Geociencias，1982，12（1-3）：65-73.

Cheng Y Q. Preliminary study of the metamorphosed Yanlingguan formation of the Taishan Group of Xintai，Shandong，China. Rebista Brasileita de Geociencias，1982，12（1-3）：74-77.

程裕淇，白瑾，孙大中. 中国的下、中前寒武系//中国地质科学院. 中国地层1·中国地层概论. 北京：地质出版社，1982：1-46.

程裕淇. 地质科学的基本特点//程裕淇，涂光炽，等. 世界地质科技发展动向. 北京：地质出版社，1982：1-4.

程裕淇. 地质科学及有关地质工作今后的一些动向//程裕淇，涂光炽，等. 世界地质科技发展动向. 北京：地质出版社，1982：5-11.

程裕淇，沈其韩，王泽九. 山东太古代雁翎关变质火山-沉积岩. 北京：地质出版社，1982：1-89.

程裕淇. 谈省局地质实验室的工作. 中国地质报，1982-04-23：1-2.

程裕淇，陈毓川，赵一鸣，等. 再论矿床的成矿系列问题——兼论中生代某些矿床的成矿系列. 地质论评，1983，29（2）：127-139.
程裕淇，陈毓川，赵一鸣，等. 再论矿床成矿系列问题. 中国地质科学院院报，1983，（6）：1-64.
程裕淇，闻广. 关于矿产地质勘探工作中矿床分类的几点意见. 中国地质报，1983-12-09：2.
Cheng Y Q，Sun D Z，Wu J S. Evolutionary mega-cycles of the early Precambrian proto-north China platform. Journal of Geodynamics，1984，1（3-5）：251-277.
程裕淇. 在中国地质学会第 32、33 届理事会及“2000 年中国地质”讨论会的讲话. 地质论评，1984，30（3）：294-296.
程裕淇，陈毓川，赵一鸣，等. 矿床的成矿系列问题（未刊）. 地质技术人员培训班（铅印），1984，6：1-64.
程裕淇. 地质科学技术的今天和未来（未刊）. 2000 年的中国研究资料，1984，6：1-11.
程裕淇. 关于民主德国地质机构的一些情况. 中国地质，1985，（3）：4.
程裕淇. 关于苏联 1 : 5 万区域地质调查工作的一些情况. 中国地质，1985，（3）：31.
程裕淇. 对于地质工作三个基本问题的认识. 中国地质，1985，（11）：1-5.
程裕淇. 当前地质工作中的技术业务管理和业务建设问题. 中国地质，1985，（11）：17-19.
程裕淇，徐惠芬. 中国前寒武纪矿床及成矿的某些特征的探讨//国际交流地质学术论文集 4——为二十七届国际地质大会撰写. 北京：地质出版社，1985：311- 320.
程裕淇. 国际前寒武纪成矿作用讨论会致辞（未刊，会议铅印稿）. 1985-01-10.
程裕淇. 加强地质自然保护区建设工作. 中国地质报，1986-01-03：3.
程裕淇. 加强管理，合理开发. 中国地质，1986，（5）：20-21.
程裕淇. 最大限度地合理开发利用矿产资源. 中国地质，1986，（11）：6-8.
程裕淇. 祝贺《中国区域地质》定期发刊和几点建议. 中国区域地质，1986，（1）：2.

程裕淇，孙大中，伍家善. 古华北陆台早前寒武基底某些地质和演化特征//中国地质学会，中国地质科学院. 国际前寒武纪地壳演化讨论会论文集第二集·变质岩 地球化学和成矿作用. 北京：地质出版社，1986：1-19.

Yang Z Y，Cheng Y Q，Wang H Z. The Geology of China. Oxford：Oxford University Press，1986：1-303.

Cheng Y Q. International symposium on geology of tin deposits：Review of the progress in the geological study tin deposite. Journal of Southeast Asian Earth Sciences，1986，1（1）：59-61.

程裕淇. 关于制定基础研究中长期发展规划有关问题的几点意见（未刊）. 中国科协三届三次全委会发言（铅印稿），1986：1-3.

程裕淇. 参加第七届国际矿床成因协会的一点感想——代前言. 国外矿床地质，1987，(3)：1.

程裕淇. 当代地质工作中的若干基本问题. 世界地质，1987，6（1）：1-3.

程裕淇. 有关混合岩和混合岩化作用的一些问题——对半个世纪以来某些基本问题的回顾. 中国地质科学院院报，1987，(16)：5-19.

程裕淇. 变质岩和变质作用的研究在不断前进//张炳熹. 当代地质科学动向. 北京：地质出版社，1987：99-102.

程裕淇. 混合岩和混合岩化作用//张炳熹. 当代地质科学动向. 北京：地质出版社，1987：112-115.

程裕淇.《宁镇山脉地质志》序//江苏省地质矿产局. 宁镇山脉地质志.北京：地质出版社，1987：1.

Cheng Y Q，Xu H F. Some characteristics of the Precambrian mineralization in China. Krystallinikum，1988，19：21-29.

杨遵仪，程裕淇，王鸿祯. 中国地质学. 武汉：中国地质大学出版社，1988：1-294.

程裕淇. 关于制定基础研究中长期发展规划的几点意见. 科技日报，1988-02-20：2.

程裕淇. 当前地质工作存在的一些问题和改革意见. 中国地质，1989，2：6-10.

程裕淇，伍家善. 陕西潼关附近太古宙变质铁建造中条带状铁矿层和富磁铁矿角闪质岩石//中国地质科学院矿床地质研究所. 中国矿床学——纪念谢家荣诞辰 90 周年文集. 北京：学术书刊出版社，1989：199-221.
Cheng Y Q，Shen Q H，Sun D Z，et al. Ancient basement of Proto-North China platform：A study of early Precambrian geochronology，metamorphism，and geological evolution. 28th IGC Abstracts，1989，1：280.
程裕淇. 关于李四光教授往事回忆. 第四纪研究，1989，（9）：224-226.
夏国治，程裕淇. 当代中国的地质事业. 北京：中国社会科学出版社，1990：1-628.
程裕淇. 1∶500 万中国地质图（附说明书）. 北京：地质出版社，1990.
Cheng Y Q，Wu J S. On the occurrence of banded iron ore beds and magnetite-rich hornblendic rocks in an archaean metamorphic iron formation near Tungguan，Shaanxi，China//Ancient Banded Iron Formations（Regional Presentations）. Greece，1990：389-417.
程裕淇，徐惠芬. 对山东新泰晚太古代雁翎关组中科马提岩类的一些新认识. 中国地质，1991，（4）：30-33.
程裕淇，沈其韩. 古华北地台古老基底早前寒武纪地质年代学，变质作用及地质演化. 世界地质，1991，10（1）：37-38.
程裕淇. 为《高级变质岩区填图方法——冀东地区构造-岩石法填图研究》一书所写的序//李勤，杨振升. 高级变质岩区填图方法——冀东地区构造-岩石法填图研究. 北京：地质出版社，1991，Ⅰ.
程裕淇，贾跃明. 八十年代我国岩石学工作回顾//中国矿物岩石地球化学学会. 80 年代中国矿物学 岩石学地球化学回顾. 北京：地震出版社：4-8.
程裕淇. 庆祝中国地质学会成立 70 周年大会开幕词. 地质论评，1992，38（6）：490.
Cheng Y Q，Shen Q H. Recent progress in the study of Archean geology of China. 29th IGC Abstracts，1992，（1）：50.
Cheng Y Q，Xu H F. Archaean rocks of West Shandong，China. 29th IGC Abstracts，1992，（1）：50.
程裕淇. 进一步把《中国地质》办好. 中国地质，1993，（4）：4-6.
程裕淇. 建议制定矿业法，促进矿业发展上新台阶. 中国地质，1993，（7）：18-19.
程裕淇，陈克强，陶惠亮. 关于区调工作的思考和意见. 中国地质，1993，

（10）：2-4.
中国大百科全书总编辑委员会《地质学》编辑委员会，中国大百科全书出版社编辑部. 中国大百科全书•地质学. 北京：中国大百科全书出版社. 1993. 其中程裕淇撰写了混合岩、混合岩化作用、矿床成矿系列、太古宙（与孙大中合写）、地质学、丁文江（与潘云唐合写）、翁文灏（与潘云唐合写）、中国地质矿产部 8 个条目.
程裕淇.《当代地质科学前沿》序//肖庆辉，等. 当代中国地质科学前沿——我国今后值得重视的前沿研究领域. 北京：中国地质大学出版社，1993：III-V.
张良弼，程裕淇，刘广志，等. 加强重大地学基础性研究推动我国大陆科学钻探——参加《国际大陆科学钻探会议暨管理者会议》的收获. 地质科技管理，1994，（1）：33-39.
程裕淇，李廷栋. 关于加强基础性、公益性地质工作的意见和建议. 中国地质，1994，（8）：4-8.
程裕淇，贾跃明，李廷栋. 我国跨世纪的地质科学技术工作与社会发展. 中国地质，1994，（10）：3-7.
程裕淇，沈其韩. 为庄育勋《中国阿尔泰造山带热动力时空演化和造山过程》序//庄育勋. 中国阿尔泰造山带热动力时空演化和造山过程. 长春：吉林科学技术出版社，1994：1-3.
程裕淇，叶连俊，王鸿祯. 地质学名词. 北京：科学出版社，1994.
程裕淇，沈永和，曹国权. 中国区域地质概论. 北京：地质出版社，1994：1-517.
程裕淇，赵一鸣，林文蔚. 中国铁矿床//《中国矿床》编委会. 中国矿床（中册）. 北京：地质出版社，1994：386-479.
程裕淇，李廷栋. 跨世纪的地质科学技术与社会发展. 中国科学报，1994-11-16：1.
Cheng Y C，Chen Y C，Pei R F，et al. On minerogenetic（metallogenetic）series of the mineral deposits of China：A case study. IAGAD，1994，1：1-3.
Cheng Y C，Zhang L F. Progress in the study of eclogitic rocks of Eastern Central China. IIP Task Group III-6 CA，U. S. A. 1994：1-4.
程裕淇. 为肖庆辉、贾跃明、刘树臣. 李晓波所著《推进我国地质科学前沿研究的谋划》序//肖庆辉，贾跃明，刘树臣，等. 推进我国地质科学前沿研究的谋划. 北京：地质出版社，1994：Ⅰ-Ⅱ.
程裕淇，陈毓川，裴荣富. 关于中国成矿系列：一个例子. 国外矿床地质，1995，(4)：4-5.
程裕淇，张立飞. 华中东部榴辉岩研究进展简述. 中国地质，1995，3：20-23.
程裕淇，李廷栋. 加强基础性地质工作深化体制改革的思考. 中国地质，1995，(12)：7-10.
程裕淇. 中国大陆的地质构造演化. 中国区域地质，1995，(4)：289-294.
程裕淇. 21世纪前期矿产资源的研究. 中国科学报，1995-06-14：2.
程裕淇."科教兴地"战略实施中要解决的问题. 中国地质矿产报，1995-09-12：3.
程裕淇. 应及早开展东海海域研究. 中国科学报，1995-11-17：1.
程裕淇，其和日格. 关于区调工作几个问题的思考. 中国地质，1996，(1)：11-12.
程裕淇，向缉熙. 再论最大限度地合理开发和利用矿产资源. 中国地质，1996，(3)：9-12.
程裕淇，陈梦熊. 前地质调查所（1916～1950）的历史回顾——历史述评与主要贡献. 北京：地质出版社，1996：1-331.
程裕淇，高吉凤，万渝生. 河北平山晚太古代阜平群一些主要变质岩类深熔特征的初步研究//国家计委国土司，地矿部科技司. 地质科学研究论文集. 北京：中国经济出版社，1996：273-284.
Cheng Y Q，Xu H F. On komatiities of the Archaean Yanlingguan Formation of Xintai，Shandong，China. 30th IGC Abstracts，1996：549.
Cheng Y Q，Gao J F，Wan Y S. On the anatexis of some metamorphic rocks types of the late Archaean Fuping Group of Pingshan，Hebei Province，China. 30th IGC. Abstracts，1996：612.
程裕淇. 及早开展东海海域地貌地质与矿产资源的研究. 中国科学院院刊，1996，1.
程裕淇. 关于矿产资源的几个问题//周光召，朱光亚. 共同走向科学——百名院士科技系列报告集（下）. 北京：新华出版社，1997：351-362.
Cheng Y Q, Gao J F, Wan Y S. Notes on the anatexis of some metamorphic rock

types of the late Archaean Fuping Group of Northwestern Pingshan，Hebei Province，China. Proceedings of the 30th International Geological Congress V. 17. Precambrian Geology and Metamorphic Petrology，1997：173-185.

程裕淇. 关于矿产资源的两个问题. 中国科学报，1997-05-25：5.

程裕淇.《黄汲清纪念文集》序言//中国地质科学院. 黄汲清纪念文集. 北京：地质出版社，1998：Ⅰ-Ⅱ.

程裕淇. 怀念黄汲清院士//中国地质科学院. 黄汲清纪念文集. 北京：地质出版社，1998：49-51.

Werner S，Cheng Y Q. The Preface of "Ultra-high pressure metamorphism and geodynamics in collision-type orogenic belts"：Final report of the task group III-6 of the international lithosphere project. International Book Series，1998，4：1-2.

程裕淇，庄育勋，沈其韩. 变质作用研究的回顾与展望. 地学前缘，1998，5（4）：257-265.

程裕淇，伍家善.《华北地台早前寒武纪地质研究论文集》序//程裕淇. 华北地台早前寒武纪地质研究论文集. 北京：地质出版社，1998：1-2.

程裕淇，徐惠芬. 关于山东新泰雁翎关地区新太古代雁翎关组的两个问题//程裕淇. 华北地台早前寒武纪地质研究论文集. 北京：地质出版社，1998：31-37.

程裕淇，徐惠芬. 山东沂水太古宙黑云二辉斜长片麻岩和紫苏花岗闪长岩的岩石学特征及其成因关系//程裕淇. 华北地台早前寒武纪地质研究论文集. 北京：地质出版社，1998：137-145.

Cheng Y C，Chen Y C，Pei R F，et al. On minerogenetice（metallogenetic）series. Proceedings Ninth IAGOD Symposium，1998：33-46.

程裕淇. 混合岩和混合岩化作用//陈述彭. 地球系统科学. 北京：中国科学技术出版社，1998：368-370.

程裕淇. 怀念孙大中同志. 地球化学，1998，2：Ⅱ-Ⅲ.

程裕淇. 关于我国矿产资源问题的思考（未刊）. 第九次院士大会报告汇编，1998，6：92-98.

程裕淇，高吉凤，万渝生. 论中国河北平山西北部新太古代阜平群一些变质岩类的深熔作用//钱祥麟，游振东. 第30届国际地质大会文集第17

卷•前寒武纪地质学和变质岩石学. 北京：地质出版社，1999：126-136.
程裕淇. 贺张炳熹教授八十华诞//中国地质学会 2000 年中国地质研究会. 中国地质工作发展战略——祝贺张炳熹院士八十寿诞暨从事地质工作六十周年. 北京：地质出版社，1999.
程裕淇. 我国地质工作发展战略的研究序//中国地质学会 2000 年中国地质研究会. 中国地质工作发展战略——祝贺张炳熹院士八十寿诞暨从事地质工作六十周年. 北京：地质出版社，1999：3.
程裕淇. 第二篇依靠科技进步推动地质工作发展序//中国地质学会 2000 年中国地质研究会. 中国地质工作发展战略——祝贺张炳熹院士八十寿诞暨从事地质工作六十周年. 北京：地质出版社，1999：89-90.
程裕淇，万渝生，高吉凤，等. 河北平山阜平群两种岩石类型的初步熔融实验及其启示. 中国地质，1999，(3)：18-22.
程裕淇，张寿广，张梦岩. 中国变质岩系和变质带//李四光. 中国地质学（扩编版）. 北京：地质出版社，1999：173-237.
王清晨，从柏林，程裕淇. 从超高压变质岩看大陆岩石圈的演化//钱祥麟，游振东. 第 30 届国际地质大会论文集第 17 卷•前寒武纪地质学和变质岩石学. 北京：地质出版社，1999：92-99.
程裕淇. 河北平山小觉地区阜平群变质作用和深熔作用同位素年代研究的初步报道. 地质学报，2000，74（1)：30-38.
程裕淇，万渝生，高吉凤，等. 河北平山小觉地区新太古代阜平群中变质岩所显示深熔改造的一些岩相学特征——介绍一组显示深熔特征的显微镜照片. 中国地质，2000，12：14-16.
程裕淇. 关于我国地质科学技术工作持续发展的三个问题//张炳熹. 50 年来中国地质科学技术进步与展望. 北京：地质出版社，2000：1-7.
程裕淇，刘敦一，Williams I S，等. 大别山碧溪岭深色榴辉岩和片麻状花岗质岩石 SHRIMP 分析——晋宁期高压—超高压变质作用的同位素年代学依据. 地质学报，2000，74（3)：193-205.
程裕淇. 第二届全国地层委员会工作报告. 中国区域地质，2000，19（3)：226-236.
程裕淇. 程裕淇院士在中国地质调查局前寒武纪地质研究中心、同位素年代研究中心成立大会学术讨论会上的讲话. 前寒武纪研究进展，2000，

23（4）：193-197.

Cheng Y Q，Liu D Y，Williams I S，et al. SHRIMP U-Pb dating of zircons of a dark eclogite and a garnet-bearing gneissic-granitic rock from Bixiling，Eastern Dabie area，Anhui Province：Isotope chronological evidence of Neoproterozoic UHP metamorphism. Acta Geologica Sinica，2000，74（4）：748-765.

程裕淇，万渝生，高吉凤，等. 河北平山小觉地区阜平岩群中三种岩类深熔现象的岩相学特征. 地质论评，2001，47（1）：1-8.

程裕淇，朱裕生，宋国耀. 大地中的宝藏——实说中国的矿产资源. 北京：清华大学出版社，广州：暨南大学出版社，2002.

万渝生，程裕淇，高吉凤，等. 河北小觉地区阜平岩群斜长角闪岩及深熔产物的稀土和 Nd 同位素地球化学研究. 地球学报，2002，23（5）：429-434.

程裕淇，庄育勋，高天山，等. 大别山菖蒲—碧溪岭地区高压—超高压榴辉岩相变质岩和有关岩石的岩石类型及其原岩性质. 地质学报，2002，76（1）：1-14.

程裕淇. 关于我国矿产资源形势、任务的几点认识及建议（未刊）.在中国矿产资源形势与可持续供应高级论坛的发言稿.

程裕淇，张炳熹，王泽九，等. 21 世纪初我国地质工作的改革与发展（未刊）. 中国地质科学院，2003：1-140.

程裕淇，杨崇辉，等. 太行山中北段早前寒武纪地质和深熔作用对地壳岩石的改造. 北京：地质出版社，2004：1-191.

程裕淇. 怀念恩师谢季骅//郭文魁，谢学锦，殷维瀚，等. 谢家荣与矿产测勘处——纪念谢家荣教授诞辰 100 周年. 北京：石油工业出版社，2004：96-99.

程裕淇，张立生，张以诚. 谢家荣教授科学工作的特色//郭文魁，谢学锦，殷维瀚，等. 谢家荣与矿产测勘处——纪念谢家荣教授诞辰 100 周年. 北京：石油工业出版社，2004：158-164.

程裕淇. 程裕淇文选. 北京：地质出版社，2005.

程裕淇. 怀念恩师谢季骅//张立生. 丰功伟识 永垂千秋——纪念谢家荣诞辰 110 周年. 北京：地质出版社，2008：76-81.

后　记

经过4年的编写，终于将程裕淇院士丰富而精彩的地质人生梳理出来，形成了这部传记。4年来，我们不断阅读程裕淇院士留给后人的科学论著，体会他在地质科学领域的建树和发展；不断阅读和回忆程裕淇院士留给我们的几十本日记，追寻他的地质生涯足迹；不断阅读和回忆纪念程裕淇院士的文章，从中感悟他对我国地质事业发展做出的贡献。程裕淇院士传奇式的人生历程是我们学习的楷模，我们不仅学习到他不断为国奋斗、追求真理的广阔胸怀，不断求索、不断创新的科学精神，而且学习到他一丝不苟、精益求精的治学态度，等等。程裕淇的一生和贡献不仅是他个人的人生历程，而且反映了时代发展的脉络。因为他的经历跨越了新旧中国两个重要阶段，他的思维跨越了野外实践与地质理论两个重要方面，他的贡献跨越了地质科学和管理科学两个不同领域。由于作者水平所限，很可能还没有完全悟透程裕淇院士波澜壮阔、贡献颇丰的一生。但是我们竭力追索和还原程裕淇院士一生的经历，希望能留给读者一个真实反映程裕淇院士人生足迹和对我国地质事业贡献的传记。

经中国科学院学部地学部委员会第十六届第九次会议批准，设立了程裕淇院士的传记撰写项目。《程裕淇传》的创作就是源于2018年8月中国科学院学部工作局与中国科学院大学签订的传记项目任务书，项目负责人是潘云唐和琚宜文，并获得科学出版社的出版立项。在传记撰写过程中，先由潘云唐根据《程裕淇年谱》、《程裕淇纪念文集》、程裕淇日记，以及他本人前期撰写的媒体报道等多种材料撰写了编年体的《程裕淇传》书稿，琚宜文进行了材料补充、细节描写与文稿修改工作。此后，琚宜文、王泽九等组织召开了 4 次传记撰写工作座谈会并征求相关人员意见。由于撰写工作需要以及潘云唐年老体迈等因素，经会议讨论确定由耿元生、潘云唐和琚宜文共同完成，并由耿元生为主执笔传记初稿。此后，耿元生根据大家的意见，补充了相关素材，对编年体的《程裕淇传》文稿进行了重写，调整了传记结构。在进一步征求意见的基础上，琚宜文和耿元生对传记内容进行了补充、修改和完善，从而彰显出程裕淇院士一生的辉煌业绩。

沈其韩院士对这项工作非常重视。在传记编写过程中，他提出了很多中肯的意见和建议，并订正了一些史实。在百岁高龄时为该书撰写了序言，在此深表感谢！

传记编写材料的收集和整理是一件烦琐的工作，尤其是程裕淇院士的日记。他去世后，由作者之一的潘云唐和朱沐、伍家善先生把程先生的日记逐一录入计算机中，形成 word 版材料，使我们参阅和编辑起来更加方便。为此，对他们的工作深表感谢。

程裕淇院士的儿子程学枢和程学林全力支持、配合我们的工作，提供了大量的珍贵照片与有关素材，让我们更全面地了解了程裕淇院士的一生，在此向他们表示感谢。

在资料收集、整理与本书编写过程中，王泽九、陈毓川院士、裴荣富院士、毕孔彰、陆春榕、郭友钊、张寿广、伍家善、陶惠亮、庄育勋、万渝生、杨崇辉、丁全利等为真实反映程裕淇的人生经历与科学贡献，提高传记的写作水平和质量提出了很好的意见与建议。宋会侠、李午阳和冯宏业为几次座谈会的召开，以及相关资料的整理做了组织联络与服务工作。对这些为我们提供了帮助和支持的同志表示衷心的感谢！

科学出版社的张莉编辑对《程裕淇传》的撰写始终给予热情的关注，并介绍了“科学与人生：中国科学院院士传记”丛书的总体要求和其他科学家传记的特点，给我们以很大启示，并对传记文字进行了认真的编辑与校对，在此深表谢意！

除此之外，还感谢为本书的出版工作提供过支持和帮助的领导、同事和朋友！

2022年是程裕淇110周年诞辰暨逝世20周年，也是中国地质学会成立100周年，程裕淇院士曾任中国地质学会第33届（1982—1988年）理事长，在纪念程老110周年诞辰、中国地质学会成立100周年之际，我们谨以本书怀念尊敬的程裕淇院士，庆祝中国地质学会百年华诞。

愿《程裕淇传》的出版，能够激励更多青年学子和地质工作者深入了解老科学家的成长历程，传播科学家精神，积极投身地质事业，为建设社会主义现代化强国、实现中华民族伟大复兴的中国梦做出新的更大贡献。

作　者

2021年12月